日本教育制度学会
教育制度学研究

㉕

東信堂

教育制度学研究25

目　次

特　集

■教員養成・研修制度の変革を問う

教員育成制度創設の課題—大学の役割を中心に— ‥‥‥‥‥‥　田子　健　2

教特法研修条項（第21・22条）の原理と課題
　　—「勤務時間内校外自主研修」の活性化をめざして— ‥‥‥　久保富三夫　19

教員養成の質保証政策の意味—諸外国の動向を踏まえて— ‥‥‥　佐藤　仁　37

自由研究論文

近代沖縄における小学校経営研究会による教員の組織化過程
　　—運営実態を分析視点として— ‥‥‥‥‥‥‥‥‥‥‥　藤澤　健一　56

アメリカ連邦政府による大学生に対する学資ローンの返還
　　制度改革—所得連動型返還プランの導入・拡大過程に注目して—‥‥　吉田　香奈　74

2000年以降のドイツにおけるギムナジウム年限改革
　　—新制度論的方法意識を踏まえた政策転換要因の分析— ‥‥‥‥　前原　健二　91

市町村教育委員会事務局による学校運営協議会への関与
　　—「行政委員」の政策的配置— ‥‥‥‥‥‥‥‥‥‥‥　小林　昇光　110

研究ノート

米国高等教育における調整型州管理機構の廃止の影響
　　—カリフォルニア中等後教育コミッションを例に— ‥‥‥‥‥　中世古貴彦　132

米国教員養成制度における「スタンダード化」への対応
　　実践の展開とその意義
　　—志望者の主体的な学びを大学側はいかに支援できるか—‥‥‥‥太田　知実　147

研究大会報告

■公開シンポジウム：教育制度は人を幸せにしてきたか
—教育の制度分析の現在地と未来—

企画の趣旨‥‥‥‥‥‥‥‥‥‥‥‥‥‥‥‥‥‥‥‥‥‥‥　後藤　武俊　168

教育実践との関係性から見た教育制度研究の方法論的課題‥‥　山下　晃一　169

インクルーシブ教育から見た教育制度分析の現状と課題‥‥　雪丸　武彦　174

国際教育開発研究から教育制度を問い直す
　　―幸福は制度を必要とするか― ……………………… 橋本　憲幸 179
教育制度学は幸福にどうアプローチするのか……………… 阿内　春生 184

■課題別セッション

I　拡張・拡散する義務教育―その把握と再構築の課題―
現代日本の義務教育の拡張・拡散
　　―制度外教育機会・規制緩和の観点から― ……………… 横井　敏郎 189
義務教育段階における追加的な教育機会保障の
　　今日的動向………………………………………………… 高嶋　真之 190
義務教育における年齢主義の緩和
　　―中学校夜間学級の形式卒業者の受け入れを事例に― ……… 横関　理恵 192
コメンテーターからの問題提起…………………………………… 窪田　眞二 194

II　臨教審以降の教育制度の再検討（その2）
　　　―教育委員会制度の変遷に焦点をあてて―
臨教審以降の教育委員会制度改革……………………………… 大畠菜穂子 198
教育委員会制度改革の展開と教育委員会制度の現代的意義… 柳林　信彦 200
仙台市教育行政の成果と課題…………………………………… 今野　孝一 202
臨教審以降の教育委員会制度原理の変遷をめぐって
　　………………………………………… 元兼　正浩・髙妻紳二郎 204

III　米国教員制度改革の新動向
　　　―改正初等中等教育法（ESSA）における教員制度改革の検討―
新初等中等教育法（ESSA）における教員法制改革の分析
　　―教員評価法制を中心に― ………………………………… 髙橋　　哲 207
ESSAからみる米国教師教育制度の方向性
　　―タイトルⅡの内容分析を通して― ……………………… 佐藤　　仁 209
ESSAにおける教員養成制度に関する規定の特質
　　―アカデミーおよび教員試補プログラムを手がかりとして―… 小野瀬善行 211
討論とまとめ……………………………………………………… 黒田　友紀 213

IV　学修成果の可視化を考える
山梨県立大学における取組み事例……………………………… 清水　一彦 215
筑波大学の試み…………………………………………………… 溝上智恵子 218

大学基準協会の調査結果から見る大学における学習成果の
設定と測定……………………………………………… 山田　礼子 220

V　家庭教育支援施策における公と私

広域行政における家庭教育支援施策
―北海道教育委員会における事業モデル形成の取組― ……… 柴田　聡史 225
私立幼稚園における家庭教育支援の公共的な意義と課題 … 宮口　誠矢 226
北海道安平町の公私連携型認定子ども園の環境整備……… 下村　一彦 227
家庭教育支援チームによる家庭教育支援の取組…………… 背戸　博史 228
本課題の今後の展開に向けて（総括）…………………………… 泉山　靖人 230

教育制度研究情報

■研究動向

教育制度原理の研究動向
―G．ビースタの民主主義教育論と教育制度― ……………… 佐藤　晋平 234

■国内最新情報

義務教育学校制度の創設と導入状況…………………………… 押田　貴久 242

■国外最新情報

トルコにおける2012年義務教育改革とイスラーム
教育の強化……………………………………………………… 宮崎　元裕 250

書　評

神林　寿幸 著
『公立小・中学校教員の業務負担』 ………………………… 雲尾　　周 258
書評にお応えして……………………………………………… 神林　寿幸 265

楊　川 著
『女性教員のキャリア形成
―女性学校管理職はどうすれば増えるのか？』………… 柴田　聡史 272
書評にお応えして……………………………………………… 楊　　川 278

iv

日本教育制度学会情報

日本教育制度学会会務報告··· 284

日本教育制度学会会則 ··· 286

日本教育制度学会役員選挙規程··· 289

日本教育制度学会役員一覧·· 292

日本教育制度学会紀要編集規程··· 294

日本教育制度学会著作権規程·· 295

『教育制度学研究』投稿規程 ·· 296

紀要編集委員会··· 298

編集後記··· 299

特　集

■教員養成・研修制度の変革を問う

教員育成制度創設の課題
　　―大学の役割を中心に―　　　　　　　　　　　　　　田子　　健

教特法研修条項（第21・22条）の原理と課題
　　―「勤務時間内校外自主研修」の活性化をめざして―　久保　富三夫

教員養成の質保証政策の意味
　　―諸外国の動向を踏まえて―　　　　　　　　　　　　佐藤　　仁

特集：教員養成・研修制度の変革を問う

教員育成制度創設の課題

―大学の役割を中心に―

田子　健（東京薬科大学）

はじめに

　教員養成の歩みのなかで、2009年から2018年の10年間は目まぐるしく議論が変化し、文字通り激動の時代であった。大学等における2019年度からの新教職課程開始を目前にした現在、教員育成制度として立ち上がってきた新たな教員養成・研修の課題を大学の役割を中心に考えてみたい。

1　教員養成に係る議論の推移 —— 2009 − 2018

(1)「6年制（修士）の養成」論の登場

　2009年8月、民主党は衆議院選挙マニュフェストにおいて「教員養成制度の抜本的見直し・6年制（修士）の養成において、修士修了を基本とした一般免許を基本とした、教育実習（1年間）、教職8年経過10年までに専門免許（3類型、学校経営類型は管理職に必須）取得等を提起した（全私教協 2011, p.185）。この構想は、民主党（当時）政権の発足を背景に、実現の可能性を持つものとして、大学等に極めて大きな反響をもたらした。

　2010年6月3日には文部科学大臣による諮問「教職生活の全体を通じた教員の資質能力の総合的な向上方策について」がなされ、同日中央教育審議会は初等中等教育分科会に教員の資質能力向上特別委員会を設置した。

　この時期の教員養成・免許制度改革論の特徴は、従来の教育職員免許法改正による教職課程カリキュラム改革を中心とするものとは異なり、免許の基礎資格である学歴要件の変更（学部卒から大学院修士課程修了を基本）を行うことによる教員（養成・研修・採用）制度の抜本的な改革（教員養成の高度化）にあったといえる。実現すれば第2次大戦後の制度改革に匹敵するものであった[1]。

こうして2009年から2年ほどが他の時期に例を見ない制度改革論議の時であったとしても、では新しい教員免許制度の骨格がすぐに提案されるのかというと、周辺から伝わるのは、熟議、慎重な審議の必要という改革への態度であった。教員免許更新制も現行制度として存続という状況が2011年春には誰の眼にも明らかとなった頃には、次第にこの改革構想の行く末が見えてきていた。この改革の契機はその後どのような展開を見たのだろうか。

(2) 2012年中教審答申 ── 「教職生活の全体」という視点

2012年夏の時点では、教員養成全体の「高度化」の方向はかなりの程度微妙なものとして捉えられていたが、2009年以来の議論の結論であるはずの中教審答申「教職生活の全体を通じた教員の資質能力の総合的な向上方策について」(2012年8月28日)は「修士レベル化」をいうものの教育実習の長期化や修士課程を経なければ教員免許を得ることができないほどのことは記さず、「教職生活の全体を通じた」という改革の方向性が、「6年制」にとって代わった瞬間であった(全私教協 2014, pp.3-34)。

(3) 改革方針の確立 ── 新たなミッションと教育再生実行会議の提言

その後も事態は動かなかったが、2013年10月15日になり、中教審答申の具体化を内容とする協力者会議報告が行われた[2]。この報告は、国立教員養成系大学の大学院修士課程定員3, 300名をすべて教職大学院化したうえで教育委員会との連携協力による地域教員養成システムの構築をめざすことを主とする改革構想である。同時に、一般大学大学院教職課程には「実践的な科目」の導入が推奨され、専門領域に詳しい教員の養成機関として教職大学院と並列する構図が描かれている。2009年に始まった教員養成制度改革の検討は曲折を経て、新たなミッションを得ることで再活性化し、今後の方向性の確立を見たのであった。

2012年12月自民党政権が回復し、翌年1月教育再生実行会議の発足に伴い、同会議が取り組む教育改革に関する議論による教育政策の再構築が喫緊の課題となった。国・地域レベルの広範囲の教育政策上の課題を次々と提言したが、これに対応する教員免許制度の構築が新たな課題となってくる。根本的な変革期には、大学における教員養成そのものが問われることとなるが、その時期は目前に迫っていた。

4 特 集

さて、教育再生実行会議は、第1次提言（2013年2月）から第10次提言（2017年6月）まで行っている。特に第5次提言「今後の学制改革等の在り方について」（2014年7月3日）において、小中一貫教育など学校制度改革を打ち出しており、これに対応する教員免許制度の構築が求められた。さらにこれからの時代に求められる資質・能力と、それを培う教育、教員の在り方について、養成・研修・採用の一体的改革の観点から提言されている（第7次提言・2015年5月14日）。教育再生実行会議は、文字通り教育制度改革の「実行」を活発に行ってきたが、第7次提言が教員制度について見解を取りまとめ、同年の12月、次にみるような中央教育審議会答申が行われた（答申に関する文部科学大臣諮問は2014年7月29日に行われている）[3]。

2009年から12年は、民主党政権の改革案による議論の盛り上がりと沈滞、これに代わる12年答申の「教職生活の全体」による教員の資質能力の向上という改革の基本方向の引き直しは、13年に教職大学院整備にまず具体的な方針として現れ、後の15年答申の大学側の担い手を先行して整備していった。内閣府所管の教育再生実行会議が主導する教育改革の一環としての教員養成・研修・採用の一体的改革案（教員育成制度の創設）を前提にした中教審答申は15年答申が嚆矢であり、その内容と実施に向けた法整備に関心が集まったのも当然といえる。

2　2015年中央教育審議会答申の持つ意味 ── 改正法律の構成から

(1) 同日の3つの中教審答申

2015年12月21日「これからの学校教育を担う教員の資質能力の向上について ─学び合い、高め合う教員育成コミュニティの構築に向けて─」及び「チームとしての学校の在り方と今後の改善方策について」の2件の答申が行われた。また、答申「新しい時代の教育や地方創生の実現に向けた学校と地域の連携・協働の在り方と今後の推進方策について」もなされている。この答申は2015年4月に諮問されたもので、教員の在り方に大きな影響を及ぼすものであるが、前二者のように直接に教員の養成、研修に言及しているものではないとしても、重要な答申が同日に3件揃ってなされたことは珍しく、今後に重要な示唆を与えるものといってよい。

(2) 答申「教員の資質能力の向上」

①主な課題

　学校における教育課程・授業方法の改革への対応（アクティブラーニングの視点から授業改善、教科等を越えカリキュラム・マネジメント）、英語、道徳等新たな課題への対応、「チーム学校」の実現、社会、学校を取り巻く環境の変化、教員の大量退職、大量採用から年齢、経験年数の不均衡を課題化、解決を図ることを可能とする教員養成・採用・研修の課題を整理した。教員養成の課題として、「教員となる際に最低限必要な基礎的・基盤的な学修」「学校現場や教職に関する実際を体験させる機会の充実が必要」「教職課程の質保証・向上」「教科・教職に関する科目の分断と細分化の改善」をあげている。

②具体的方策

　「教員は学校で育つ」との考えのもと、養成・採用・研修を通じて教員育成を図るため、教育委員会と大学等による教員育成指標を作成する。教員養成において、指標の活用を通じた新たな課題への対応可能な教員養成への転換、学校インターンシップの導入、教職課程に係る質保証評価、科目区分の大くくり化（「教科に関する科目」「教職に関する科目」の統合）を通じた養成内容の改革を行う。このため、教員養成コアカリキュラムの開発、教員育成協議会の設置等、体制整備を行う等を提起した。

(3)「教育公務員特例法等の一部を改正する法律」の公布

①改正法律の構成

　答申「教員の資質能力の向上」を経て、2016年11月28日「教育公務員特例法等の一部を改正する法律」が公布された。改正法律は教育公務員特例法、教育職員免許法以下8の法律を一括改正したものである（全私教協 2014, pp.92‑102）[4]。今日の教員養成制度改革は、教員制度改革の一環にあることは先に指摘したが、これらの法律改正を「教育公務員特例法等の一部を改正する法律」のくくりで表すことからも明らかである。

　改正の趣旨に、近年大都市圏のみならず地方中核都市圏においても顕著となった、特に小学校を中心とした教員の大量採用による資質向上の課題を正面から打ち出したものであり、「教育課程・授業方法の改革への対応を図るため、教員の資質向上に係る<u>新たな体制を構築</u>する」（下線筆者）必要度の極めて高い

6　特集

課題であることは論を待たない。この体制を構築、運営する制度を教員育成制
度と称されるようになった。

②改正法律の要点

　次に改正法律の内容について、目的とする制度改正の要点からは次の通りで
ある。

1. 教育公務員特例法の一部改正
   (1) 校長及び教員の資質向上に関する指標の全国的整備
       文部科学大臣は資質の向上に関する指標を定めるための必要な指針を策
       定。教員等の任命権者（教育委員会等）は、教育委員会と関係大学等で構
       成する協議会を組織し（中略）指標を参酌しつつ、必要な指標を定めると
       ともに、指標を踏まえた教員研修計画を定める。
   (2) 十年経験者研修の見直し
       中堅教諭等資質向上研修に改め、実施時期の弾力化。
2. 教育職員免許法の一部改正
   普通免許状の授与における大学において修得を必要とする単位数に係る科
   目区分を統合し、外国語の小学校特別免許状を創設する。
3. 独立行政法人教員研修センター法の一部改正
   業務に、教職員その他の学校教育関係職員に必要な資質に関する調査研究
   及びその成果の普及、任命権者が指標を定めようとする際の助言並びに教
   員免許更新講習の認定、教員資格認定試験の実施及び教育職員免許法認定
   講習等の認定に関する事務を追加する（文部科学省からの業務移管）とともに、
   その名称を「独立行政法人教員育成支援機構」に改める。
4. 施行期日
   平成29年4月1日（ただし、2.については平成31年4月1日（一部公布日又は平
   成30年4月1日、3.の一部については平成30年4月1日又は平成31年4月1日）

③2015年答申の意味

　2015年12月の中央教育審議会答申は、教育再生実行会議の諸提言を踏まえ
た答申として、最初のものであることは先に指摘した。新教職課程の開始が
2019年度であることから、通常の教員養成カリキュラム改革の制度化とほぼ

同様の期間のなかで、教員養成・研修・採用の一体的な教員育成改革―教員育成指標・教員育成協議会・教職課程カリキュラム―の基盤を構築した。この意味から、本答申は今後の教員制度全般に対して長く影響を与えるものとなる。

3　教職課程カリキュラム改訂と再課程認定
　　──「大くくり化」から「教職課程コアカリキュラム」へ

(1) 教職課程カリキュラム改訂
①「大くくり化」──「教科内容構成科目」創出の課題
　本来この改革は、2015年末の答申以降、それまで停滞気味であった教員養成制度改革が教員育成制度の創設の一環として動き出したものである。こうした流れのなかで、2017年度末の再課程認定申請（2018年4月末締切）に対する準備が、教員養成を行う大学の大きな課題となった。2019年度の新教職課程の開始が順調なものとなるよう、各大学は短い準備期間において相当の努力を重ねたといってよい。

　教育職員免許法一部改正の主要点は、外国語に関する部分のほかはこれまでの教科、教職の科目区分から「教科及び教職に関する科目」に全体を統合した「大くくり化」であった。この中心にいわゆる教科専門と教科指導法の架橋科目、融合科目（教科内容構成科目）の創出が、少なくとも2015年末の答申から2016年11月の関係法改正を経て、2017年度の初め頃まで新教職課程カリキュラムを構築する大学の大きな課題であった。

　勿論、科目区分の統合は、答申の準備過程にすでに登場していたが[5]、あまり関心が高いとも思われない状態から、法律改正となってその理解は深くなってきた。一方、このことを大学として自らの具体的なカリキュラムとしようとする場合、教科の専門と教授法の統合、融合について、方法の未開発、両者に知見を有する専門研究者の不足などが大きな壁となり、その作業は容易に進んでいない。

　さらに特徴的な出来事として、次に見る「教職課程コアカリキュラム」が改革の前面に登場することで、本来これが改革のテーマであったことも短期間の間に見失われた。特に一般大学においてその傾向が見られる。

8　特　集

②「教職課程コアカリキュラム」

　答申において、それほどには目立たなかったコアカリキュラムについて、その後検討が急速に進んだ。「教職課程コアカリキュラムの在り方に関する検討会」が、2016年8月2日初等中等教育局長決定として設置がなされ、その際「検討会の目的」として次のように定めている[6]。

　「中央教育審議会答申（略）において、大学が教職課程を編成するに当たり参考とする指針（教職課程コアカリキュラム）を関係者が共同で作成することで、教員養成の全国的な水準の確保を行っていくことが必要であることが提言されたことを踏まえ、教職課程で共通的に身につけるべき最低限の学修内容について検討することを目的とする」。検討事項は「教職課程カリキュラムの在り方について」となっている。ここでいう「教職課程コアカリキュラム」は、「全国の教職課程で共通的に修得する教育内容」つまり「教職課程コアカリキュラム」の範囲として定めた内容と大学それぞれで考案する「大学の自主性や独自性を発揮する教育内容」「地域や採用者のニーズに対応した教育内容」との組み合わせで一つの科目を成立させる構想である（**参考資料1**・論文末尾参照）。当面、これまでの「教職に関する科目」を対象としており、その範囲は小学校を例として示された**参考資料2**（論文末尾参照）の通りである。

　「教職課程コアカリキュラム」は、原案審議の最終段階に審議会内部での意見の相違、2017年6月に行われた原案を提示してのパブリックコメント前後に一部教育学関係者からの再考を求める意見表明等もあり、最終的に2017年11月17日同検討会名にて提示された。とはいえ、大筋において原案との違いはない。正式に示されなければ、各大学での再課程認定に向けた教職課程カリキュラムの準備に支障が出ることから、相当な遅れには関係者の心配も大きかった。今後、実施段階に移行する時期に、全体としての「底上げ」効果が発揮されるよう、大学側でのコアカリキュラムを活かす教職課程カリキュラム研究の深化が課題となる。

(2) 教職課程再課程認定 —— 改正教育職員免許法施行規則・『教職課程認定申請の手引き』

　2016年11月の改正法律成立後、中央教育審議会では教員養成部会を中心にその具体化が進んだ。2017年2月2日に開催された教員養成部会（第96回）では、平成28年度教職課程認定大学等実地視察報告（案）について、改正教育公務員

特例法への対応について、教職課程コアカリキュラムの検討状況について等が議題とされている。当日資料には、「公立の小学校等の校長及び教員としての資質の向上に関する指標の策定に関する指針（素案）」も公表されている。この頃までは準備は順調に進んできたと感じられたが、先にも触れた7月初旬の審議の最終段階でのある種の混迷は、再課程認定申請の当事者である大学に対する影響が大きかった。

2019年度開始の新教職課程の準備が、この時期には教員養成を行う大学の直面する大きな課題となっていたが、例えば2017年5月に玉川大学において開催された一般社団法人全国私立大学教職課程協会第37回（2017年度）研究大会の参加者数が過去最大となったように、制度改革の重要性について大学それぞれの高い自覚が伺われた。

再課程申請関係書類の作成を始め、文字通り申請の手引きとなる『教職課程認定申請の手引き』[7]の正式版は、文部科学省からの11月2日配信でようやく最終確定し、改正教育職員免許法施行規則は11月17日公布となった。これは2017年3月に公布する予定としていたものである。これら遅延の理由は明らかではないが、「教職課程コアカリキュラム」の公表までの経緯、同カリキュラムの法的な性格付け、再課程認定申請上の書類形式の検討等、同施行規則の確定に時間を要したことは事実であろう。こうして大学は2017年11月から一月延期された締め切り期日である2018年4月までに申請書類の本格的で最終的な作成に取り組んだ。具体的な事例として「教育に関する社会的、制度的又は経営的事項（学校と地域との連携及び学校安全への対応を含む。）」コアカリキュラムと教職課程授業科目（東京薬科大学「教育行政学」2019年度実施）シラバス（シラバス本文は略）との対応表を**参考資料3**（論文末尾）に示しておく。また教職課程カリキュラムの構造化モデルとして、カリキュラムマップ例が示された。まだ初歩的なものではあるが、次に見る教員育成協議会における育成指標と大学のカリキュラムの関連づけなどの検討指針ともなると思われ、今後の扱いに注意したい。

4　教員育成指標・教員育成協議会と大学の役割

さて、もうひとつの大きな課題である教員育成指標・教員育成協議会について見ておきたい。

10 特集

(1) 教員育成指標・教員育成協議会

①改正教育公務員特例法第22条

　2016年に行われた教育公務員特例法一部改正の概要は先に見た通りであるが、校長及び教員の資質向上に関する指標の全国的整備のため、以下の3点を規定した。

1. 文部科学大臣が指標策定のための指針を策定する。
2. 教員等の任命権者は、教育委員会と関係大学等とで構成する協議会を組織し、指標に関する協議等を行い、指針をもとに校長及び教員の職責、経験及び適正に応じてその資質の向上を図るための必要な指標を定める。
3. 教員等の任命権者は、2. を踏まえた教員研修計画を定める。

　同法改正は、第21条から第23条の教員研修関連条文の箇所に枝番号を附して行う順当な方法をとっており、同法による行政の実施に責任を持つ教育委員会に対する配慮もうかがわれる。

　第22条は研修の基本条文であるが、新たに4項を加えている。

・第22条の2　校長及び教員としての資質の向上に関する指標の策定に関する指針
・第22条の3　校長及び教員としての資質の向上に関する指標
・第22条の4　教員研修計画
・第22条の5　協議会

②文部科学大臣による教員育成指針・任命権者による育成指標・育成協議会

　第22条の2において、指針の策定を文部科学大臣の義務とし、1. 資質向上のための基本的事項、2. 指標の内容に関する事項、3. その他配慮すべき事項、の3点を指針の要素としている。同3では、任命権者に対する指標策定を求めており、このための協議会を設置することとしている。この場合、独立行政法人教職員支援機構は専門的助言を行うことを規定した。同4では、指標に基づく教員研修計画の策定を求めており、対象として初任者研修、任命権者実施研修（従来の十年経験者研修を法律上必須の研修としていたものを中堅教諭等資質向上研

修と改称して任命権者の計画による研修に位置づけ、その他任命権者による研修をいう）をあげている。同研修の体系、実施時期、方法及び施設、研修奨励の方途その他を定めることとしている。同5では協議会を規定し、指標を策定する任命権者及び「公立の小学校等の校長及び教員の研修に協力する大学その他の当該校長及び教員の資質の向上に関係する大学として文部科学省令で定める者」を構成員としている。

③教員育成協議会の役割

　教員育成協議会の役割について、2015年中教審答申に立ち返って見ておきたい。本答申において教員育成協議会の設置が提唱されたためである。答申は、その目的を「国は、<u>教育委員会と大学等が相互に議論し、養成や研修の内容を調整</u>するための制度として「教員育成協議会」（仮称）を創設する」とした。また、その構成員として、「市町村教育委員会、<u>地域を含め周辺の教員養成大学・学部やその他の教職課程を置く大学</u>、関係する学校種の代表、職能団体の代表等が、<u>国公私立を通じて参画出来得るものとする</u>」とし、多様な関係者によって構成されることを想定している。この協議会は、関係者の参加によって、「指標」を含め、地域の教師育成（養成・採用・研修）全体の質の向上をはかる議論や調整の場となることが期待されていた。

　この構想をもとに教育公務員特例法が改正され、2017年度以降順次、都道府県及び政令市教育委員会に校長及び教員の資質向上に関する「協議会」が設置され、「指標」が作成されることになり、その組織化、指標の考案が進んでいる。

　牛渡淳によれば、「協議会の設置と指標の作成は、特に、大学と学校現場と教育委員会の間で『共通言語』を作る試みであり、また、開放制教員養成の多様性と、教師の専門性の「共通の枠組み」を統合し、地域の教師と教師教育の質の向上をねらいとしており、今後のわが国の教師教育にとって非常に大きな意味を持つものと思われる」（牛渡2018）。

(2) 新たな教員研修の開始

　教員研修に対する任命権者である都道府県・政令市教育委員会の権限と主体性を高め、教員研修に対する大学の協力を一層求める改正である。この場合、文部科学省令で定めるところの大学とは具体的にどのようなタイプの大学か、

12　特集

各地域での具体化の進展とともにその状況について研究が求められる。答申等で「教育育成指標」「教員育成協議会」との名称が登場していたが、法令上の名称としては特段の指定はないため、今後これが用語として定着するかどうかも推移を見守る必要がある。

中堅教諭等資質向上研修も始まっている。これは、同法第24条のこれまで十年経験者研修を改正して設けるものであるが、法定（実施に関し政令で定める）研修としていない。これは教員免許更新制との連関から、従来課題とされていた時期の重複等に対する必要な整理であり、単に十年経験者研修を廃止したものではないところに意味があるといえるが、中堅教諭等資質向上研修を行政研修として行い、この受講をもって教員免許状更新講習の受講と見なす都道府県教育委員会の措置も一部に始まっている。教員免許状更新講習は狭義の研修なのかは議論のあるところであり、その趣旨の再確認からの的確な運用が望まれる。

(3) 独立行政法人教員支援機構の創設

これまでの教員研修センター業務に、教職員その他の学校教育関係職員に必要な資質に関する調査研究及びその成果の普及、任命権者が指標を定めようとする際の助言並びに教員免許更新講習の認定、教員資格試験の実施及び教育職員免許法認定講習等の認定に関する事務を追加する（文部科学省からの業務移管）とともに、その名称を「独立行政法人教職員支援機構」に改め、2017年4月発足した。

教員研修に対して都道府県教育委員会の主体性を高め、これを支える全国レベルの教員研修支援機構の創設は、上手く機能していくことができれば、双方相俟って相当程度教員研修の充実に寄与することとなる。今次の教員制度改革の主要課題のひとつはこの点にあるのではないか。それだけに今後の具体化に注目したい。

5　教職課程の質保証評価──今後の課題

小論は、教員育成制度として従来の教員養成・研修・採用制度が統合され、新制度として2018年度、2019年度に発足する過程を時間の流れのなかで検討してきた。正しく生みの苦しみのなかから、軌道修正を含め実施までに10年

を要した改革であり、この成否はまさに今後の教育の基本に関わる重要な問題である。

　2015年末の答申から法改正の全体の検討では、大学教職課程の役割が養成と同時に初任者から中堅レベルの教員研修と連動する、新たな教職課程を構築する改革であることを示した。しかし、改革の意図するものと再課程認定作業を通じて形づくられる大学教職課程の現実とがかみ合っているのか否か、申請までに短期間での改革の具体化のなかで、その重点の置き方が変化するように感じる関係者も少なくなかった。教育全体に目を転じれば「社会に開かれた教育課程」を目指す学習指導要領の改訂に伴う実施準備作業も急ピッチである。これに応じて教科内容構成科目として教職課程カリキュラムに登場してきた科目が、大学の研究を基盤として充実した内容となり、新たな教育課程実施の担い手となるこれからの教員を育てることが可能となるのか。新教職課程の開始される2019年度以降、実施状況の検討により明らかとなる。最後に2015年答申に示されながら今後の課題である教職課程の質保証評価について触れておきたい。

　「教職課程コアカリキュラム」が、答申後の改革具体化の議論の途中から登場し、結果的には新たな教職課程カリキュラム準備への波乱を含んだ問題提起となった。今後も注視しなければならないものであるが、課程認定制度をベースとする教員養成を進めるうえで、「底上げ」に留まらない高い水準の養成のための条件設定としての必要性もあるため、今後も当事者間での議論をもとに、質の高い「教職課程コアカリキュラム」への改善が求められる。これに対する関連学会の積極的な支援も欠くことができない。

　コアカリキュラムの登場は、当然ながら質保証の議論を呼び起こすものである。この間、東京学芸大学を中心とした学部段階の教員養成に関わる大学間相互の評価も第一次の検討段階を終え、2014年度から評価の試行実施の段階に移行したが、2017年度に一応の終了を見ている。質保証評価事業の難しさが浮かび上がる。

　東京学芸大学を中心とした評価プロジェクトの取り組みの結論は、学部を単位とした質保証評価の実施ということであり、具体的な評価項目は割愛するが、この目的に応じて作成されている。こうした先行事例、つまり国立教員養成学部を前提にした大学全体及び学部を単位とする質保証の仕組みは、なかなか一般大学には適用しにくいところがある。汎用性に配慮された点は評価されるし、

14　特　集

試行には国立、私立の一般大学も参加している。関係者の努力には頭の下がる思いであるが、開放制を基本とする専門学部学科をベースとする国公私立一般大学での質保証評価の具体化の視点から、養成学部と同時に質保証評価に関する新たな方法の開発が急がれる。そうすることで残された課題である教職課程質保証評価について、近い将来に新たな変化の時期を迎える可能性はあり得るだろう。

おわりに ── これからの教員育成に関わる大学の役割

　教員養成を行ってきた大学の今後の新たな役割は、養成・研修を通じて教員が専門的、人間的に成長していくことを可能とする組織に再生することによって果たされる。その最初の法的制度的な枠組は、これまで概観してきた通りである。大学はこの役割をよく自覚するならば、可能な限りのこの制度枠組を活用する必要がある。その点では、枠組提示が予定よりも遅くなり、2019年度の新教職課程スタートまでに大学内での充分なゆとりある制度設計が行えなかったという課題は残している。

　例えば、「薬学コアカリキュラム」は、学会と各大学の持続的な取組が結果したものであり、多くの関係者の参加した討議によって形作られている[8]。翻って、教員養成の世界はどうか。まだ改善の余地は多くあることに気づかされる。教員育成に関する公開の討議は大学の役割であり、期待されることである。

【註】

1　教育を専門としていた民主党国会議員 A 氏に当時ヒアリングしたところ、この6年制教員養成案についてまったく知らないとのことであった。

2　教員の資質能力向上に係る当面の改善方策の実施に向けた協力者会議「大学院段階の教員養成の改革と充実等について」（文献2、35-70頁）。また同時期の私立大学大学院教職課程の状況について、文献3を参照。

3　教育再生実行会議「これまでの提言の実施状況について（報告）」2018年5月。

4　教育公務員特例法、教育職員免許法、独立行政法人教員研修センター法、独立行政法人教職員支援機構法、船員保険法、国家公務員共済組合法、地方教育行政の組織及び運営に関する法律、教育職員免許法及び教育公務員特例法の一部を改正する法律。

5　中央教育審議会教員養成部会教員の養成・採用・研修の改善に関するワーキンググループ「教員の養成・採用・研修の改善について―論点整理―」2014年7月（文献

2、71‐91頁）。
6　初等中等教育局長決定「教職課程コアカリキュラムの在り方に関する検討会の設置について」2016年8月2日。
7　文部科学省初等中等教育局教職員課『教職課程認定申請の手引き（教員の免許状授与の所要資格を得させるための大学の課程認定申請の手引き）（平成31年度開設用）【再課程認定】2017年11月。
8　例えば、「第2回日本薬学教育学会大会講演要旨集‐教育のアウトカムを測る―大学教育から生涯研鑽へ―」（2017年9月）参照。

【文献一覧】

1. 全国私立大学教職課程研究連絡協議会編（2011）『教員養成制度改革資料集Ⅰ』。
2. 全国私立大学教職課程研究連絡協議会編（2014）『教員養成制度改革資料集Ⅱ』。
3. 全国私立大学教職課程研究連絡協議会編（2014）『大学院教職課程を中心とした私立大学教課程の充実に関する調査』。
4. 一般社団法人全国私立大学教職課程協会編（2018）『教員養成制度改革資料集Ⅲ』。
5. 牛渡淳、原田恵理子、太田拓紀、田子健、森田真樹（2018）「教員育成協議会の全国的な設置状況の特色と課題」（『日本教師教育学会第28回大会発表要旨集』2018年9月所収）。

参考資料1　教職課程コアカリキュラム概要

教職課程コアカリキュラム概要

作成の背景・目的

- 〇大学における教員養成の下、学芸的側面が過度に強調されたり、担当教員の関心に基づいた授業が展開
- 〇大学現場の課題が複雑・多様化する中、教員養成課程において、実践的指導力や今日的な課題への対応力の修得が不可欠
- 〇すべての大学の教職課程で共通的に修得すべき資質能力を明確化することで教員養成の全国的な水準を確保

教職課程における位置づけ

| 地域や採用者のニーズに対応した教育内容 |
| 大学の自主性や独自性を発揮する教育内容 |
| 全ての大学の教育課程で共通的に修得する教育内容＝教職課程コアカリキュラム |

各大学においては、コアカリキュラム・地域のニーズ・大学の独自性等を踏まえて体系的な教職課程を編成

事項例	到達目標（一部抜粋）
各教科の指導法	・学習指導要領における当該教科の目標及び主な内容並びに全体構造を理解している。 ・学習指導要領の構造を理解するとともに、具体的な授業を想定した学習指導案を作成することができる。
特別の支援を必要とする幼児、児童及び生徒に対する理解	・発達障害や軽度知的障害をはじめとする特別の支援を必要とする幼児、児童及び生徒の学習上の支援の方法について例示することができる。 ・通級による指導及び自立活動の教育課程上の位置付けと内容を理解している。
道徳の理論及び指導法	・道徳教育の歴史や現状を踏まえ社会における道徳教育の課題（いじめ・情報モラル等）を理解している。 ・学校における道徳教育の指導計画や道徳科の授業を構想し、その実践に必要な基礎的な知識・技能を身に付けている。
教育実習 （学校体験活動）	・教育実習生として遵守すべき義務等について理解するとともに、その責任を自覚した上で意欲的に教育実習に参加することができる。 ・学習指導要領及び児童又は生徒の実態等を踏まえた学習指導案を作成し、授業を実践することができる。

※現行の「教職」に関する科目についても「教科」に関する各科目についても認識を共有して今後順次整備。

活用方法

教員を養成する大学、教員を採用・研修する教育委員会等、教育制度を所管する文部科学省等の各関係者が認識を共有して取組みを推進

【大学関係者】
- ・コアカリキュラムの内容を踏まえて教職課程を編成
- ・シラバスを作成する際や授業等を実施する際に、学生がコアカリキュラムの内容を修得できるよう授業を設計・実施

【採用者（教育委員会関係者、学校法人関係者）】
- ・コアカリキュラムの内容を踏まえた教員採用選考を実施

【国（文部科学省）】
- ・教職課程の審査・認定及び実地視察においてコアカリキュラムを活用

出典：「教職課程コアカリキュラム」付属資料、2017年11月。

参考資料2 「教職に関する科目」見直しイメージと「教職課程カリキュラム」対象範囲

【小学校】

現行

各科目に含めることが必要な事項	専修	一種	二種
教科に関する科目 ※国語（書写を含む。）、社会、算数、理科、生活、音楽、図画工作、家庭及び体育の各教科のうち一以上について修得すること	8	8	4
教職の意義等に関する科目 教職の意義及び教員の役割 教員の職務内容（研修、服務及び身分保障等を含む。） 進路選択に資する各種の機会の提供等	2	2	2
教育の基礎理論に関する科目 教育の理念並びに教育に関する歴史及び思想 幼児、児童及び生徒の心身の発達及び学習の過程（障害のある幼児、児童及び生徒の心身の発達及び学習の過程を含む。） 教育に関する社会的、制度的又は経営的事項	6	6	4
教職に関する科目 教育課程の意義及び編成の方法 各教科の指導法（一種2単位×9教科、二種2単位×6教科） 道徳の指導法（一種2単位、二種1単位） 特別活動の指導法 教育の方法及び技術（情報機器及び教材の活用を含む。） 生徒指導、教育相談及び進路指導等に関する科目 生徒指導の理論及び方法 教育相談（カウンセリングに関する基礎的な知識を含む。）の理論及び方法 進路指導の理論及び方法	22	22	14
教育実践に関する科目 教育実習	5	5	5
教職実践演習	2	2	2
教科又は教職に関する科目	34	10	4
	83	59	37

見直しのイメージ

※網掛けの事項は省令において単位数を設定

各科目に含めることが必要な事項	専修	一種	二種
教科及び教科の指導法に関する科目 イ 教科に関する専門的事項（国語を追加） ロ 各教科の指導法（情報機器及び教材の活用を含む。）各教科それぞれ1単位以上修得 ※外国語の指導法を追加。	30	30	16
イ 教育の理念並びに教育に関する歴史及び思想 ロ 教職の意義及び教員の役割・職務内容（チーム学校への対応を含む。） ハ 教育に関する社会的、制度的又は経営的事項（学校安全への対応を含む。） ニ 幼児、児童及び生徒の心身の発達及び学習の過程 ホ 特別の支援を必要とする幼児、児童及び生徒に対する理解（1単位以上） ヘ 教育課程の意義及び編成の方法（カリキュラム・マネジメントを含む。）	10	10	6
イ 道徳の理論及び指導法（一種2単位、二種1単位） ロ 総合的な学習の時間の指導法 ハ 特別活動の指導法 ニ 教育の方法及び技術（情報機器及び教材の活用を含む。） ホ 生徒指導の理論及び方法 ヘ 教育相談（カウンセリングに関する基礎的な知識を含む。）の理論及び方法 ト 進路指導（キャリア教育に関する事項を含む。）の理論及び方法	10	10	6
イ 教育実習（学校インターンシップ（学校体験活動）を2単位まで含むことができる。（5単位）） ロ 教職実践演習（2単位）	7	7	7
大学が独自に設定する科目	26	2	2
	83	59	37

※「教科に関する科目」「教職に関する科目」、「教科又は教職に関する科目」の科目区分を廃止し、総合的な科目として設定できるようにする。

※「教科に関する科目」「教職に関する科目」、「教科又は教職に関する科目」の科目区分を大くくり化するとともに、「教育の基礎的理解に関する科目」、「道徳、総合的な学習の時間等の指導法及び生徒指導、教育相談等に関する科目」においては、アクティブ・ラーニングの視点等を取り入れること。

※教育実習に学校インターンシップ（2単位）を含める場合には、他の学校種の免許状取得における教育実習の単位流用（2単位）を認めない。

出典：「教職課程コアカリキュラム」付属資料、2017年11月。

参考資料3 教職課程コアカリキュラム対応表「教育に関する社会的、制度的又は経営的事項」

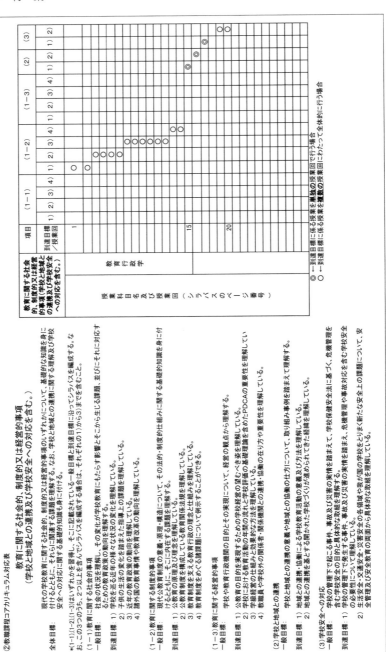

出典：東京薬科大学教職課程研究室作成資料、2017年12月。

特集：教員養成・研修制度の変革を問う

教特法研修条項（第21・22条）の原理と課題
―「勤務時間内校外自主研修」の活性化をめざして―

久保富三夫（立命館大学）

はじめに

　1948年の第4回国会で審議され制定された教育公務員特例法（1949年1月公布・施行。以下、教特法）第19・20条（現第21・22条、以下同じ）は、今日まで条文に基本的変更のないまま[1]教特法研修条項（以下、研修条項）として存在している。とくに、「勤務時間内校外自主研修」（以下、「校外自主研修」）の法的根拠である第20条2項は教員の「研究の自由保障」規定としての性格を有していた（久保2005, pp.281-282）。国公立大学法人化以前には、これらの大学教員の大学外での研究（勤務時間中に勤務場所を離れて行う研究）は、この条項に法的根拠があった。公布・施行以来、教特法は、特に区別されている以外は大学を含むすべての校種の教育公務員に適用されてきたのであり、第20条2項も例外ではない。小・中・高等学校等の教員も、長期休業中を中心として自宅を含む学校外での多様な研修（研究と修養）活動を行ってきた。中学・高校等の教員の場合には、定期考査中の担当教科の試験や試験監督がない日には第20条2項が適用されることがあったし、高校教員の場合には、週1日または半日の「研修日」を実現した地域・時期も存在した（久保2017, pp.43-47, pp.56-73）。それは、研修と年休の混同など自律性における弱点を内包しながら、民間教育研究団体の研究会や学会、大学・自治体等主催の各種講座への参加、図書館での調査、博物館見学、史跡・文化財探訪など自己の課題に基づく研修活動実施のための法的根拠であった。しかし、後述するように、現在、第22（旧20）条2項は死文化の危機に瀕している。2015年12月21日の中教審答申「これからの学校教育を担う教員の資質能力の向上について」（以下、2015年答申）と、それに基づく2016年の教特法改正によって研修条項自体は変更されなかった。しかし、これら中教審答申と教特法改正はさらに第22条2項の死文化を加速することが危惧される。

20　特　集

　小論は、「校外自主研修」を活性化するための課題を考察することを目的とする。そのために、第1に、研修条項の立法趣旨・原理を確認し、第2に、研修条項と「研修関係規定」[2]の矛盾・課題を指摘し、第3に、行政解釈・判例の変遷と第22条2項の運用実態を把握し、第4に、2015年答申とそれに基づく2016年の法改正の問題点を考察し、第5に、教育法学説の精緻化と教特法改正に関する筆者の提言を示す。そして、最後に、教職員組合対象調査から把握される「校外自主研修」の現況を述べ、直面する事態打開のための緊急の方策を考える。

1　教特法研修条項の成立過程と立法趣旨・原理

(1) 教特法成立過程の概観

　教特法案の前身法案である教員身分法案要綱案が史料にその姿を見せるのは、1946年の12月下旬である。それを起点として考えても、1948年12月の教特法案可決成立、1949年1月の公布・施行まで2年間を要している。法案の名称が大要でも、教師身分法案－学校教師（員）身分法案－教員身分法案－教員身分法（学校教員法）案－学校教員法案－国立、公立学校教員法案－教育公務員法案－教育公務員の任免等に関する法律案（第2回国会提出：1948年6〜11月、第4回国会で撤回）－教育公務員特例法案（第4回国会提出：1948年11〜12月、可決成立）と幾度も変わっているように、その立法目的・対象も各時期において同一ではない。当初は、教員組合運動対策的契機からの身分保障的側面が強く、また、国公私立すべての教員を対象とした法案が構想されていた。（久保 2005, pp.85‐162）

(2)「研究の自由保障」条項の形成・消失・継承

　教員身分法要綱案や学校教員法要綱案などには、研修規定とは別に「研究・教育の自由」を保障する条項が存在していた。筆者は、これを「研究の自由保障」条項と呼んでいる。1946年12月26日の教育刷新委員会第6特別委員会第6回会議で報告された要綱案の「研究の自由保障」条項と研修規定は次のようなものであった。

　　一二、研究及び教育の自由　教員の研究の自由はこれを尊重し、何人もこ

れを制約してはならないこと。但し教育に当たっては教育の目的に照らし各級の学校により法令その他学校の定める制約の存することは認めねばならないこと。

一三、再教育又は研修　教員は一定の期間その勤務に従事したときは、現職現俸給のまま再教育若しくは研究のため、学校その他の研究機関に入り又は研究のため留学もしくは視察をする機会が与えられなければならないこと。[3]

　前記「一二」の「研究の自由保障」条項は、1947年9月の国立、公立学校教員法要綱案（「1947.9.8」案）において消失する。その理由は、国家公務員法原理による教特法原理の包摂と考えられる（羽田 1987, pp.387-388）。しかし、教育公務員法要綱案（「1947.12.27」案）では研修を具体的に保障する規定が登場する。すなわち、第30条「研修」、第31条「勤務場所以外での研修」、第32条「勤務時間外の研修」、第33条「長期の研修」、そして、第34条「給与」において「研修費支給」、第36条「授業担当時間」では「1週につき24時間を超えないこと」（標準）を規定した。筆者は、「1947.9.8」案で消失した「研究の自由保障」条項の理念が教育公務員法要綱案の研修諸規定の中に継承され、その後も変遷を経て研修条項として法制化されたと考えている。なお、これらの規定が登場した要因は二つ考えられる。第1に、教職員組合の研修保障要求運動が労働協約締結交渉の中で展開されたことである。第2に、文部省と日教組の労働協約改定交渉が難航したために中央労働委員会が調停に乗り出し、1947年12月20日の調停案の中で「教職員一般がたえず自ら修養研究して、その資質の向上に努力し得る様、これに必要な給与を特別の手当として支給されたい」（小出 1981, pp.252-253）と記したことである。

(3) 研修条項の立法趣旨

　研修条項の立法趣旨を確認しよう。第1に、教特法が「教員擁護の規定」[4]あるいは「教育公務員を保護する規定」[5]として制定されたことである。第2に、辻田力調査局長が「……義務としてのみでなく、権利としても研修をなし得るような機会を持たなければなりませんので……」（衆議院 1948a, p.4）と「研修の権利性」を示す答弁をしていることである。なお、教特法案形成過程における英訳文では、前述の「1947.12.27」案の第31条「教員は、授業に支障のない限り、

22 特 集

本属長の承認を受けて、勤務場所を離れて研修を行うことができること」は、"Teachers shall be entitled to study and improve themselves, outside of their place of service"[6]と記されている。"be entitled to"は、教育公務員の任命等に関する法律案以降は消失するが、調査局審議課において、「研修をおこなう権利」として構想していた事実を示すものである。第3に、教員自身が自ら研修に努める場合と、行政当局から機会を与えられて行う研修と、どちらの場合も「職務としての研修」と位置づけられている[7]。また、後者の場合も「研修の機会を与えられる(受ける)」のであって、研修を行う主体は教員である。第4に、研修費支給規定の欠如が第4回国会における議論の焦点となり、1948年12月9日には、松本七郎委員が「研修の第20条ですが、……第4項として研修に要する費用は、国または地方公共団体において計上しなければならぬという1項を入れていただきたい」と要望し、辻田調査局長が「第3章の研修に関しまして、費用の問題について当然考えるべきであるということは、私たちもまったく同感に存じておるのであります」と応答している(衆議院 1948a, p.8)。12月11日には、衆議院文部委員会の4名の委員が、前述の松本委員の発言内容を第19条3項として規定する修正提案を出すために CIE ルーミスと直接交渉したが要求は否定された[8]。これを受けて、下條康磨文部大臣が、「今後御趣旨を体しまして、また久保委員がお述べになりました4つの御希望等を十分に尊重いたしまして、この案が両院を通過いたしましたあかつきには、その運営につきましては遺憾なきを期したいと思っております」(衆議院 1948b, p.5)と約束している[9]。

2 研修条項に内在する課題と「研修関係規定」制定により生起した矛盾

(1) 研修条項制定時から内在する矛盾と改革課題

矛盾の第1は、「研修」とは、「研究」と「修養」を約めた言葉であり、「研究」、「修養」いずれもが自主的・主体的営為(study and self-improvement)であるにもかかわらず、教特法第20(現22)条の条文には、研修を「受ける」(1・3項)と「行う」(2項)の二つの表現が存在することである。有倉遼吉は、「立法論的にいえば、『研修を受ける機会』とするのは妥当ではなく、『研修の機会』または、『研修を行う機会』と規定すべきであろう」(有倉 1958, p.544)と述べた。なお、次に掲げる教特法英訳版の第20条には「研修を受ける」に相当する表現はない。

Article20. Educational public service personnel shall be given opportunities for study and self-improvement.

2. Teachers may leave their place of service for their study and self-improvement with the approval of the chiefs of their appropriate administrative agencies provided that it shall not impede their class work.

3. Educational public service personnel may be allowed to make study and self-improvement extending over a long period of time retaining their current positions in accordance with the provision ordained by competent authorities." [10]

　近年の文科省解釈は、第21条に関して、「第1項の『研究と修養』という用語については、実務上用いられている研修とは必ずしも同じ意味と解されるわけではない。研修の主体が任命権者である場合は、研修は教育訓練の意味となり、研修の主体が教育公務員その他の職員である場合は、研修は『研究と修養』の意味となると解される。ただし、『研究と修養』自体は自律的態度であるが、自己の研究と修養を完成するためには他律的な教育訓練を受けることもまた必要なのであり、1つの手段である」（初等中等教育企画課 2012, p.65）という。第22条の「行う」と「受ける」の混在については何も述べていないが、この解釈を第22条に適用すると、第1項と第3項は「教育訓練」、第2項のみが「研究と修養」ということになる。「研修」という言葉が法律の同一条項において異なる意味を持つことになる。しかも、大学院における「研修」も「教育訓練」ということになってしまう。研修の主体は教員・教育公務員であり、「与えられる（受ける）」のは「研修」ではなく、「研修を行う機会」である。この原理を明確にしない限り法的かつ実践的矛盾は解消しない。

　矛盾の第2は、「職責遂行の不可欠の要件」と位置づけながら研修費支給規定が存在しないことである。教特法案の形成過程においては、たとえば、国立、公立学校教員法要綱案（「1947.7.14」案）において、「第6章　給与及びその他の待遇　第21条（研究費）　教員は、一般の官吏が受ける給与の外、在職中その職務に必要な研究費を受けることができること。研究費は、大学の教員にあっては俸給の10分の2、その他の学校の教員にあっては、俸給の10分の1を基準とする。但し、教員が現に従事する職務及び担任する学科の種類により増減して支給することができること。……」[11] というように研究費支給規定が存在して

いたが、主に財政的問題から同規定が消失した。文部省は、研修費支給につい
て今後の措置を約束して法案を成立させたが、初等中等教育教員の研修費支給
規定制定は今日まで未着手の課題である[12]。

(2) 法改正により生起した矛盾

①「教員擁護の規定」から「教員統制の規定」へ

「研修関係規定」については、1988年の法改正（初任者研修）、2002年の法改
正（10年経験者研修）により「任命権者が実施する研修」が法定され、研修条項
とは異なる原理に基づく規定が混在することになった。さらに、2007年改正
により「指導改善研修」条項（現第25条）が設けられ、「指導改善研修後の措置」
として「免職その他の必要な措置」が規定された（現第25条の二）。2016年の法
改正では資質向上指針・指標の策定（第22条の二、三）、その策定等のための協
議会の設置（第22条の五）、10年経験者研修の中堅教諭等資質向上研修への改
変（第24条）などが行われ、教員研修における他律的かつ統制的側面を強め、「教
員擁護の規定」としての教特法原理との矛盾を激化させた。

②長期派遣研修と大学院修学休業の矛盾

2001年度から実施された大学院修学休業制度は、国内外における長期研修
機会を拡大する一方で、教特法第22条3項の長期研修規定との原理的矛盾を
拡大した。第1に、「ノーワーク・ノーペイ」の原則を持ち出して無給としたこ
とによる制度利用者への経済的打撃と一方では機会の不均等（制度を利用できな
い教員の存在）である。第2に、学校教育と関係する研究を行っている（職務性を
有している）にも拘わらず、第23条3項に基づく派遣教員との待遇上の絶大な
格差である。「自由性」「機会均等性」「職務性の公認」の3つの研修原理（久保
2004, pp.453）を統一的に実現する制度変革の必要がある。

3　第20条2項解釈の変遷と2002年度以降の運用実態

(1) 1960年代以降の行政解釈・判例動向

1964年12月に文部省解釈がいわゆる研修3分類説[13]に転換し今日に至って
いる。その運用については次第に制約が厳しくなっていったが、また、地域・
学校差がありながらも90年代までは長期休業中の職務専念義務を免除されて

行う研修（以下、職専免研修）を中心に、「校外自主研修」が幅広く保障されていた。一方で、1960年代後半から各地で研修関係裁判が展開されるが、その後90年代にかけて第20条2項に関わる行政解釈・判例が大きく変化した。すなわち、「授業に支障がなければ、校園長は基本的には校外研修を承認しなければならない」という立法時の解釈（教育法学の通説である羈束行為説）から、70年代後半には「反面解釈的羈束裁量権」説（門田見1977, p.106）が登場し、また、「授業」の意味が「授業以外の教育や校務」に拡大した。1993年11月2日の最高裁第3小法廷判決（「定期考査時事件」）は「上告人が本件各研修を行うことにより、各研修予定日に実施される定期考査やその他の校務の円滑な執行に支障が生じるおそれがないとはいえない」[14]と判示し、「校務等への漠然たる支障の可能性」が不承認の理由として容認された。さらに、この判例では、「緊急性の存在」も本属長（校園長）の承認の要件とされている。（久保2007, pp.191-192）このような判例状況のなかで、1990年12月26日の札幌地裁判決および1998年10月7日の札幌高裁判決（ともに「宿日直教研等事件」）が、部分的ではあるが校長の裁量権濫用を判示したことは注目される（久保2017, pp.262-263）。

(2) 2002年7月4日付文科省通知とその影響

　90年代末の3次にわたる教育職員養成審議会答申は、個性豊かな教員像と自主的・主体的研修の奨励・支援を提言したが、結実しないまま、21世紀になってからは自主的・主体的研修が逼塞する事態が進行した。これは、2002年7月4日の文科省初等中等教育企画課長通知「夏季休業期間等における公立学校の教育職員の勤務管理について」（14初初企第14号。以下、2002年通知）とそこに記載された「なお、夏季休業期間終了後に、左記事項の取り組み状況について調査を実施したいと考えておりますので、念のため、申し添えます」の文言が教育委員会や管理職に強い圧力を与えたものと思われる。これ以降、長期休業中の職専免研修が激減した。

　2002年通知は決して職専免研修を否定するものではない。また、研修と年休との混同を「是正」することについては首肯できるし、計画書・報告書についても申請事項の研修性とその実施を確認することを目的とするものであれば筆者も同意する。職専免研修の場合に「自宅研修」の呼称を用いている場合には「承認研修」等に改めるという示唆も適切である。しかし、「二－（二）」の「職務と全く関係のないようなものや職務への反映が認められないもの等……につ

26　特　集

いて承認を与えることは適当ではないこと」及び「二－（三）」の「自宅で研修を
行う必要性の有無等について適正に判断すること」は、研修内容を担当科目の
授業や生徒指導に直結するもの、職務への直接的効果がみられるものに限定す
ることになった。それにより幅広い教養を獲得することや原理的・歴史的研究
を排除し、また、学校の劣悪な研究環境と通勤時間などを棚上げにして「校外
自主研修」を強く抑制した。（久保 2013, p.46）

　文科省「夏季休業期間中における公立学校の教育職員の勤務管理等の取組み
状況について」によると、たとえば、神奈川県は職専免研修の全学校種平均が3.4
日（小3.5日、中1.9日、高3.9日、盲・聾・養4.5日）、埼玉県は2.4日（小0.8日、中1.1
日、高5.6日、盲・聾・養7.2日）であった（初等中等教育企画課 2002, pp.99-102）。校
種別では、全体として小学校と中学校での取得日数が少なく、1日を切る場合
も見られる。しかし、神奈川・埼玉県立高校の年間取得日数のその後の推移を
見ると、高校教員も激減している。神奈川県立高校における年間取得日数は、
2002年度4.3日であったが2005年度には0.4日に、埼玉県立高校では、2003年
度は年間5.3日（夏季休業中は3.0日）であったのが2006年度には1.2日（0.7日）と
なっている。[15]

4　近年の研修政策動向と「校外自主研修」

(1) 2015年中教審答申の特徴

　筆者は、かつて、中教審答申「教職生活の全体を通じた教員の資質能力の向
上方策について」（2012年8月28日。以下、2012年答申）に対して、期待を表明す
るとともに、次の二つの点で批判と危惧を表明した。一つは、同答申の「②校
内研修や自主研修の活性化」の部分に関して、「答申では、その『厳しい逆風』
を吹かせてきたのが何であったのか、についてほとんど究明されていないよう
に思われ……『学び続ける教員像』を掲げる答申の理念との隔絶を感じざるを
得なかった」と述べた（久保 2013, pp.40-41）。そして、中教審・教員の資質能力
向上特別部会による「審議のまとめ」（2012年5月15日）に対して、日本教師教
育学会が当時の山﨑準二会長名で提出した意見書の中の次のような主張に賛同
の意を表した（久保 2013, p.41）。

　　教員管理の点で上記のような自発的自主的な研究会・研修会への参加が公

的に認められなくなってきていることが大きいといえる。多様で創造的な教育実践を生み出していくことのできる資質能力の育成を図るためには、その自己研鑽の機会も教育行政によって公認されたものだけに限定することなく多様に認められ保障されなくてはならないと考える。

　二つ目に、「2012年答申が掲げる『学び続ける教員像』の『学び』は、これまでの研修統制政策とは異なり、専門職教師にふさわしい多様で深い学び、探究的な学びを保障することでなくてはならない。『学び続ける教員像』の『学び』を教育政策の枠内に閉じ込めないことが肝要である」（久保2013b、p.47）と述べた。
　2015年答申は、2012年答申に対する筆者の危惧をさらに深くする。同答申は、「教員自身が探究力を持ち学び続ける存在であるべきという『学び続ける教員像』を具現化していくための教員政策を進めていく必要がある」（4頁）と述べながら、提言されている研修の主体は徹底して行政機関（及びその認定を受けた大学等）であり、教員は徹底して客体（研修を受ける者）である。文科省の研修概念に基づくと教育訓練を受ける者である。専門職に相応しい教員の自律的、主体的研修活性化についての施策はほぼ皆無といって過言ではない。[16] 2015年5月の「審議のまとめ」に対する前述の意見書で「自己研鑽の機会も教育行政によって公認されたものだけに限定することなく多様に認められ保障されなくてはならない」と指摘したことは全く反映されていない。
　2015年答申の「3（1）教員研修に関する課題」では、「我が国の教員は……必要な研修のための時間を十分に確保することが困難な状況であることがうかがえる。……授業準備や授業研究を含めた広い意味での研究、修養の機会……の確保が大きな課題となっており、課題解決のための条件整備が急務となっている」（13頁）や「（学び続ける：筆者註）モチベーションの維持のためには、研修時間を確保した上で教員の主体的な『学び』が自他共に適正に認められ、その『学び』によって得られた能力や専門性といった成果が、子供たちの学びの質を向上させることにつながるなど見える形で実感できるような取り組みやそのための制度構築を進めていく必要がある」（14頁）と指摘している。筆者も同感である。ところが、「4（1）教員研修に関する改革の具体的な方向性」の「①継続的な研修の推進」で記述している大半は校内研修に関わることであり、その他は大学等と連携した研修やその単位化のみである。すなわち、「個々の教員が自ら課題を持って自律的、主体的に行う研修に対する支援のための方策を講じることが

必要である」（20頁）というが、それは教特法第22条2項の「校外自主研修」を視野に入れたものとは考えにくい。むしろ、意識的に忌避しているようにさえ思われる。「教員が学び続けることのできる環境整備」（44頁）のためには、教特法第22条2項や3項、及び第26〜28条（大学院修学休業）を教員が積極的に活用するための改善方策を検討し提言することが必須課題であった。それが欠落した答申は、結果として、教員の「学び」を教育政策の枠内に閉じ込めることになるだろう。しかも、答申も認めているように、教員は異常な長時間過密労働に疲弊しており、その一つの要因が、網の目のように張り巡らされた法定研修を含む行政研修であることは客観的事実である。その現状における「資質向上に関する指標」（以下、資質向上指標）策定とそれに基づく行政研修計画の策定・実施は「個々の教員が自ら課題を持って自律的、主体的に行う研修」（20頁）をますます実施困難に追い込んでいく恐れが大きい。

(2) 第192回国会における教特法等一部改正案審議の特徴

　第192回国会における教特法等一部改正案（以下、改正案）審議（2016年10〜11月）は、2002年の第154回国会での10年経験者研修制度創設のための教特法一部改正案審議（5〜6月）と比べても、教員研修の自主性・主体性尊重に関して後退しているという印象が拭えない。そもそも、第192回国会での改正案は、教特法、教育職員免許法、独立行政法人教職員支援センター法の三法の一部改正案[17]からなっており、第154回国会での教特法一部改正案よりも改正規模が格段に大きい。それにもかかわらず、衆議院文部科学委員会と参議院文教科学委員会の合計審議時間は、第154回国会約8時間、第192回国会約9時間で、後者が1時間多いのみである。第192回国会での審議が不十分であることは、この点にも由来するであろう。しかし、それだけではなく、教特法の立法趣旨を認識している委員や「校外自主研修」を体験した委員がいなくなり、「教員研修＝行政研修＝研修を受ける」観が国会議員の中にも浸透してきていることの反映のように思われる。

　第192回国会衆参両院委員会での改正案審議は、合わせて13人が質疑に立ったのであるが、教特法の立法趣旨や教員研修の自主性・自律性に関して質問した委員はわずかである。この中で、木戸口英司委員が、「10年経験者研修の内容面に関する総括」の必要性を追及し、また、「本法律案により教員免許更新制に関する総括や検証が終了してしまうのではないかという危惧」を表明したこ

とは重要である。10年経験者研修を中堅教諭等資質向上研修に切り替えようとするのであるから、第154回国会での附帯決議（衆議院 2002, p.26）（参議院 2002, p.22）、とくに、「教員一人一人の専門性の向上や得意分野を伸ばすなど、真にニーズに応じたもの」となったのか、「教員の自主的・主体的な研修意欲が喚起」されたのか、それはどのような施策によって実現できたのか、が検証されるべきであった[18]。また、「指標」策定における任命権者の「指針」からの独立性を確認する質疑が行われたことは意味のないことではない。しかし、「指針」のみならず「指標」策定がそもそも教員にとって外在的・他律的であることについての委員の認識は著しく弱かった。

　その中で、専門職教師の研修、すなわち自主性・自律性に貫かれた研修の観点から、松野文科大臣を問い詰めていったのは畑野君枝委員であった。その質問の一部を要約し列挙しておく（答弁は省略）。「ILO・ユネスコの教員の地位に関する勧告……の六には何と書いてありますか」、「勧告の六を尊重し、生かしていくということでよろしいですね」、「一般公務員と教員の研修の違いについて伺います」、「教員研修では、この判決[19]で言う自由と自主性が尊重されなければならないと思いますが、いかがお考えですか」、「国が号令をかけて地方に国の考えている研修をやらせる、そのことによって教員の研修の自由と自主性を阻害することに拍車をかけるのではないかと思いますが、この点、いかがですか」「教員研修の自由と自主性の尊重という観点は、自治体が行う行政研修でも尊重されなければならないと思いますが、いかがですか」、「行政が行う研修には、教員の自由と、そして自主性の尊重が入っているということでよろしいですね」（衆議院 2016, pp.5-6）。これらは研修の在り方の本質に迫る質問であるが、限られた時間の中で審議が深まることには至らなかった。

　教特法一部改正により研修条項そのものに変化はなかったが、教職課程コアカリキュラムと教員の資質向上指標、そして、結局は教員評価が結合させられて[20]教員研修を生涯にわたり教育行政の管理下に置く体制が強化されるであろう。それは、小論が課題とする「校外自主研修」を死滅に導くものであり、「『専門職としての教師像』への接近」をより困難にすることでもある。

5　教育法学説の精緻化と教特法改正の提言

　教員の自主的・主体的研修を根本的に活性化させるための方策であり、した

がって中長期的課題としては、研修に関する教育法学説の精緻化と教特法の原理的矛盾克服のための法改正が必要である。これに関しては、筆者が主に二つの観点からの提言を行っている。それは、第1に、研修の学習権保障性についての予定調和論から脱却し、生徒と保護者に開かれた研修理論を構築すること、第2に、「校外自主研修」と学校の組織的運営とを統一する研修理論を構築することである（久保 2017, p.289）。そして、具体的には、①研修は児童生徒に対する義務であり教育行政・管理職に対する権利である（結城 1982, pp.303-304）、という権利・義務関係認識を確立すること、②研修活動の事実確認のために計画書・報告書を作成し提出すること、③学校ごとの適切な方法によって研修課題と成果を児童生徒、保護者、同僚に公開すること、そして教特法改正として、④第22条2項の「授業に支障のない限り」を「授業その他の教育活動ならびに校務に支障のない限り」に（覊束行為説に立って）、⑤「研修を受ける」を「研修を行う」に、⑥教特法成立過程での長期研修構想や日教組教育制度検討委員会（梅根悟会長）、同第2次教育制度検討委員会（大田堯会長）の提言を継承・発展させた「一定勤務年数での長期研修機会附与制度」創設、⑥第22条2項の研修を「勤務とみなす」、⑦研修費支給を規定する、⑧学校事務職員を教育公務員とする、⑨国私立学校教員・事務職員への準用（準用条項は政令により定める）、などである。（久保2017, pp.289-293, pp.361‐386）「校外自主研修」を活性化させるために、前述の提言も含めて、教育行政機関・審議会、学会、教職員組合、あるいは協議会（第22条の五）等における改善策の検討と実行が待たれる。

6 「校外自主研修」の逼塞と打開の方途

(1) 現　況

　筆者は、2018年4〜5月にかけて、全国の141の教職員組合（都道府県・政令市教職員組合90、都道府県・政令市高等学校教職員組合51）を対象に「自主研修の現況と教職員組合の要求運動等に関する調査」を実施した。43組合（都道府県・政令市教職員組合31、都道府県・政令市高等学校教職員組合12）から回答が寄せられた[21]。研修費支給や長期研修、資質向上指標・協議会、中堅教諭等資質向上研修についても尋ねているが、小論では、「校外自主研修」に絞って回答の特徴を述べる[22]。第1に、回答数の3割強の組合（主に小・中学校教員中心の組合）からは、「自主研修は名称さえ聞かれなくなって（20数年前までは若干聞いたことがあるが）

おり、申請したということをほとんど聞いたことがなく、手続き、計画書を見たことがない」、「まず認められることがない。申請する者もいない」など、長期休業中においても「校外自主研修」がほとんど承認されない、それどころか申請すらしない実態が回答されている。組合役員でさえ研修条項の存在を認識していない状況も一部の組合の回答には見られる。

第2に、申請書（計画書）及び報告書はおおむねA4で各1枚である。記載事項は、期日、目的、研修場所、研修内容、職務への反映、など。様式により研修内容記述欄の大きさに差異がある。一組合だけ、3行程度の記述でよいとの回答がある。

第3に、申請書を提出した後に管理職から執拗に問いただされることが教員に強い圧迫感を与えている。「『この研修を自分の教科にどう生かせるのか』、『仕事とどう関係があるのか』、ここをしつこく聞かれる」、「校長によっては自宅でなければならない理由を求められることが多くなっている」、「記載について管理職から根掘り葉掘り聞かれる」などの回答である。

第4に、「しだいに研修報告を書くなら、研修は取らないという雰囲気が広がり、自主研修は限りなく少ない」、「申請の煩雑さから年休処理してしまう教員が多く、承認・不承認の実情について報告が上がってこないのが現状である」というように申請者が激減し皆無に近くなっている実態が広く存在する。「3-(2)」で述べた職専免研修の減少は、その後も限りなくゼロに向かって進行しているものと思われる。

第5に、「校外自主研修」については、回答数のほぼ半数の組合が何らかの要求・取り組みを行っている（半数は取り組みなし）。一つは教委に対すること、もう一つは教員に対することである。前者については、1989年や2002年における確認事項・教委回答を現在も毎年再確認している事例がある。たとえば、「○○教組が確認をおこない、○○教委が回答した事項」（2002年5月17日）は、次の内容である。

①教員の研修については、憲法及び教育基本法に定める学問の自由を尊重して、教育公務員特例法に基づき実施するものである。②教育公務員特例法に規定する教員の研修は、「研究と修養」ということから、その内容は幅広いものである。③教員の研修は、自主的・主体的なものである。○○教委としても、教育公務員特例法第19条に基づき、教員の研修について奨

励する立場にある。④⑤〈略〉⑥「様式」は必要記載事項を定めたものであるが、様式は各学校で定めるものである。⑦文書の公開にあたっては、個人のプライバシー等の非公開事由を十分踏まえ、○○情報公開条例等に基づき慎重に対処する。⑧⑨〈略〉

　後者については○○県教職員組合の機関紙（2017年6月15日付）を紹介する。「夏休みこそ、自主的・主体的研修を　私たち教員には、『専門職』としての自由で自主的な『研究と修養』が義務付けられています」と掲げた後、次の前文を記している。

　　授業のない夏休みには、県や市町村の教育委員会、あるいは自主的な教育研究団体などで、さまざまな「研修」が企画されています。一方で、「自宅研修なんか、昔はあったけど、今はない。」と根拠も明らかにせずに一方的に言い切る校長もいます。そろそろ「夏季業中の計画」も視野に入ってくる今、私たち教員の研修について、整理してみましょう。

　なお、「小見出し」は、「研修を法律で、『研究・修養』と定めているのは、教員と裁判官だけ」[23]「研究も、修養も、自分で行うもの。中身を強制されるものではない」「文科省設置の審議会も、『自発的・主体的』な研修を奨励」などである。
　第6に、研修要求に取り組んでいる組合においても、行政研修の削減要求や「校外自主研修」を辛うじて維持することに精一杯であり、研修費支給や一定勤務年数での長期研修要求などの積極的改革要求を掲げるには至っていない。

(2) 打開の方途
　「校外自主研修」活性化のためには、教職員定数の抜本的改善を進めながら、「5」で述べた改革提言等についての検討と改革の実施が必要である。しかし、教職員組合対象調査の回答に見られる深刻な実態を正視するならば、中長期的な検討・改革を追求しながら、別途、事態打開のため緊急の取り組みが必要である。
　第1に、今回の教特法改正の枠内で研修の自主性、自律性拡大に結びつけ得る方策として、筆者は、すでに一部の任命権者によって実施されてきた単位制、

ポイント制を改善し発展させることを期待する。すなわち、従来は任命権者が狭く限定している研修センターなどの特定機関から、教員自身が選ぶ講座や学会、研究会等への参加・発表、さまざまな形態での大学院等での学修を幅広く単位・ポイント認定の対象として認める方向への改革である。

　第2に、個々の教員が積極的に研修申請を行うことが肝要である。負担過重な計画書・報告書であっても、その改善を求めながら、当面は要求される書類を提出する奮闘が求められている。研修活動を決して「年休」に解消してはならない。

　第3に、学校管理職が研修条項の歴史（行政解釈の変遷や学説との異同）と立法趣旨に則る運用の在り方を学ばねばならない。少なくとも、教員研修の奨励・支援のための条項であることを認識しなければならない。現況は、教職員組合と任命権者が原則を確認しても、管理職の無理解が「校外自主研修」を妨げる結果になっている。

　第4に、教職員組合・分会が教委・学校管理職と教特法立法趣旨を共有しながら、かつ学校運営も考慮しながら自主研修活性化のための合意形成を図ることである。教員に対しては、研修条項を法的根拠として「校外自主研修」機会が存在することの周知と積極的な研修申請を呼びかけることである。

　第5に、教特法第22条2項は、教職員組合・分会の有無やその力量とは関わりなく、どの教員にも適用されるべき規定である。2015年答申でも、任命権者だけではなく「学校の設置者である教育委員会や……校長等も、教員一人一人の成長を支える重要な存在であることを認識するとともに、校内研修等、継続的な研修の意義や重要性を理解し、その活性化に最大限努めるべきである」（21頁）と明言している。「継続的な研修」とはよもや「校内研修」のみではあるまい。

おわりに

　二つのことが今とりわけ重要である。一つは、教員・学校管理職・教育行政担当者が、研修条項の立法趣旨や行政解釈の変遷、学説との異同を事実として共通認識することである。その上での「校外自主研修」についての議論でありたい。もう一つは、研修主体である教員の「専門職たらん」とする矜持である。「子どもの最善の利益」に接近するためには、いかなる教育政策・実践をも相対化

34 特 集

して検討し必要な改善を行わねばならない。そのためには教育政策・実践を考察する力量と改革の方向性を構想し提言する力量が必要であり、その力量形成の重要な営みが「校外自主研修」である。ゆえに、専門職であろうとするならば、いかに過重労働や過大な校長裁量権の状況下においても、「校外自主研修」を行うために申請し続けなければならないのである。

【註】

1　異なる点は、第19条2項の「任命権者」が、当初は「大学管理機関」「文部大臣」「当該教育委員会」のいずれか、第20条3項の「任命権者」が「所轄庁」であったことである。

2　ここで「研修関係規定」というのは、現行の教特法第21～第28条のことを指す。

3　「教員身分法案要綱案」（「1946.12.26」案）『辻田力文書』（国立教育政策研究所教育図書館所蔵）所収。

4　1948年12月12日、第4回国会衆議院文部委員会での下條康麿文部大臣の発言。「第4回国会衆議院文部委員会議録」第5号、p.5。

5　1948年12月13日、第4回国会参議院文部委員会での下條文部大臣の発言。「第4回国会参議院文部委員会会議録」第3号、p.16。

6　CIE Records, Box No.5369, (C) 02059。国立国会図書館所蔵。

7　たとえば、1948年12月11日の衆議院文部委員会における久保猛夫委員と辻田力調査局長の質疑応答。なお、久保委員は、「与えられた研修の機会」と表現している。「第4回国会衆議院文部委員会議録」第4号、p.2。

8　"Amendments of the Educational Public Service Law", CIE Records, Box No.5360, (A) 03026。国立国会図書館所蔵。

9　下條文部大臣は、1948年12月13日に参議院でも同趣旨の答弁をしている。「第4回国会参議院文部委員会会議録」第3号、p.16。

10　"The Law for the Special Regulations concerning Educational Public Service"昭和59年度文部省移管公文書『教育公務員特例法』第3冊（国立公文書館所蔵）所収。

11　『辻田力文書』国立教育政策研究所教育図書館所蔵。

12　地方教職員組合による「研修費」獲得状況は、久保（2005, pp.321-325）を参照されたい。

13　①職務命令による職務としての研修（出張扱い）、②勤務時間内に職務専念義務を免除されて行う研修、これが第20条2項に規定する研修、③勤務時間外に自主的に行う研修。

14　『判例時報』1518号、判例時報社、1995年4月1日、p.126。

15　「読売新聞」2007年8月31日付朝刊の記事に基づいて、筆者が埼玉県・神奈川県教育委員会に対して質問し、文書回答を得たものから作成。

16　2015年答申では、教員が研修主体となり得るのは校内研修の一部のみのように思われる。

17　教特法一部改正は指針、指標、協議会、教育職員免許法一部改正は修得必要単位数に係る科目区分統合、外国語の小学校特別免許状創設、独立行政法人教職員支援センター法の一部改正は業務・事務の追加、「独立行政法人教職員支援機構」への改称。

18　第192回国会での審議不在以前に、2015年答申には第154回国会での附帯決議に関する記述がない。第166回国会での教員免許更新制に関わる附帯決議についての言及のみである。

19　1977年2月10日の札幌高裁判決。久保（2017, p.219, pp.246-252）参照。同判決は「反面解釈的羈束裁量権」説を判示している（久保 2017, pp.251-252）。また、小学校教諭と大学教授との「研究の勤務に対する意義は同質ではありえず」と述べている（久保2017, p.266）。

20　第192回国会では、育成指標（資質向上指標）と教員人事評価とは趣旨・目的が異なることが繰り返し確認され、附帯決議にも明記された。この点については、大畠菜穂子が丁寧な考察を行っている（大畠 2017, pp.63-80）。佐藤隆（2018, p.10）は育成指標（資質向上指標）と教員評価の結合を指摘している。

21　回収率30.5％。回答組合が所在する都道府県の総数は30である。回収率が30％と低いことは、「校外自主研修」をめぐる事態の深刻さを表しているものと思われる。

22　質問は、「……『勤務時間内校外自主研修』の実施について、貴組合が関わる地域の現況と教育委員会、管理職の方針と教員の状況とそれに対する貴組合の取り組みを教えてください。設置者や校種による差異があれば、その点もお書きください」というものである。

23　裁判所法第14条（司法研修所）参照。

【文献一覧】

有倉遼吉（1958）「教育公務員特例法」有倉・天城勲『教育関係法〔Ⅱ〕』日本評論新社、pp.375-627。

大畠菜穂子（2017）「教育公務員特例法改正にみる教員研修と人事評価」『日本教育行政学会年報』No.43、pp.63-80。

門田見昌明（1977）「判例研究　組合教研の研修性と職務専念義務免の承認権〈川上宏先生事件　札幌高裁昭52・2・10判〉」『季刊教育法』第24号、総合労働研究所、pp.102-107。

久保富三夫（2004）「教育公務員特例法成立過程における長期研修制度構想の原理から見る制度改革の展望」『教育学研究』第71巻第4号、pp.448-459。

久保富三夫（2005）『戦後日本教員研修制度成立過程の研究』風間書房。

久保富三夫（2007）「教員研修に関わる教育法学説の検討課題―90年代以降の判例・行政解釈からの考察」『日本教育法学会年報』第36号、有斐閣、pp.189-198。

久保富三夫（2013）「『学び続ける教員像』に対する期待と危惧」『日本教師教育学会年報』第22号、pp.40-49。

久保富三夫（2017）『教員自主研修法制の展開と改革への展望』風間書房。

小出達夫（1981）「戦後教育改革と労働協約」『産業と教育』第2号〈『北海道大学教育学部産業教育計画研究施設報告書』第19号〉pp.217-271。

佐藤隆 (2018)「教師の仕事を枠づける文科省流資質能力論」『教育』No.869、かもがわ出版、pp.5-13。

参議院 (2002)『第154回国会文教科学委員会会議録』第12号、6月4日。

衆議院 (1948a)『第4回国会文部委員会会議録』第2号、12月9日。

衆議院 (1948b)『第4回国会文部委員会会議録』第5号、12月12日。

衆議院 (2002)『第154回国会文部科学委員会会議録』第11号、5月22日。

衆議院 (2016)『第192回国会文部科学委員会会議録』第5号、11月2日。

初等中等教育企画課 (2002)「夏季休業期間中における公立学校の教育職員の勤務管理等の取組み状況について」『教育委員会月報』第54巻9号、第一法規出版、pp.90-103。

初等中等教育企画課 (2012)「教育公務員特例法概説」第6回『教育委員会月報』第64巻第6号、第一法規出版、pp.65-68。

羽田貴史 (1987)「戦後教育改革と教育・研究の自由」『教育学研究』第54巻第4号、pp.382-392。

結城忠 (1982)「第9章 教員研修をめぐる法律問題」牧昌見編『教員研修の総合的研究』ぎょうせい、pp.289-323。

特集：教員養成・研修制度の変革を問う

教員養成の質保証政策の意味

―諸外国の動向を踏まえて―

佐藤　仁（福岡大学）

1　問題設定

(1) 研究の目的

　本稿の目的は、わが国における近年の教員養成政策として高度化、スタンダード策定、そして外的評価システムに着目し、質保証（quality assurance）という観点から、それぞれの政策が持つ意味を考察することにある。その際、アメリカを中心とした諸外国の動向と比較することで、政策の特徴を捉えていく。

　矢継ぎ早に展開される教員養成改革。それは、わが国に限ったことではない。国際的な学力競争の中、学力向上の鍵として教員の質の向上が注目され、世界各国において様々な教師教育改革が進められている。中でも、教員養成段階の議論は、人材のリクルートを含め、各国の政策において最重要課題となっている[1]。学術的にも、世界各国の教師教育改革や教員政策に関する国際比較研究が盛んに行われている。

　例えば、Tatto（ed.）（2007）は、各国が直面する教員政策上の二つのジレンマを次のように指摘している（pp.271-272）。一つは、政策の基盤にある教師のモデルとしての「専門職（professionals）」と「官僚（bureaucrats）」である。前者の場合、より効果のある教授行為は専門的裁量による実践をベースとしているとの考えの下、教員がより良い判断や決定ができるような専門的自律性を確保しようとする政策が取られる。後者の場合は、そうした裁量や自律性といったものを重視することはない。児童生徒が身につけるべき知識やスキル等が明示されている中、効果的な教授行為には、定められたカリキュラム・スタンダードや標準化された教授実践に忠実であることが求められる。もう一つのジレンマは、教員養成における「専門的（professional）」と「技術的（technical）」である。前者の場合、教員養成においては強固な学問的背景だけでなく、教授学や学級運営等に関す

る専門性が必要とであるとの考えの下、養成そのもののレベルの高さや深さを要求する。後者の場合、教員養成の鍵をいかに優秀な人材を惹きつけるかという点に位置付けるため、強固な学問的背景を有した人材を採用し、短期間で技術的・実践的スキルの基礎を提供しようとする。

　この二つのジレンマからは、「専門職化」対「脱専門職化」という構図が見えてくる。わが国でも、こうした観点から教員養成政策を論じることは可能である。一つは、教員養成の高度化のような専門職化を目指す政策が導入されている一方で、特別免許状の積極的活用にみられるような規制緩和による脱専門職化を促す政策が存在するという、政策間の対立的構図である。もう一つは、丸山（2006）が指摘するように、一つの政策の中で専門職化と脱専門職化の両者が同居している構図である（p.182）。例えば、教職大学院の創設は専門職化の一要素とされる教員養成の高度化を支える制度的構造を提供するものであるが、実際には専門家教育ではなく実務家教育の傾向が強く、専門職性が否定されているとの指摘もある（佐藤 2013, p.13）。

　以上の議論を念頭に置きながら、本稿では質保証という観点から、近年の教員養成政策の意味を検討したい。その理由は、専門職化の枠で議論される教員養成の高度化、スタンダード策定、外部評価システムの政策は、同時に教員養成の質をどう保証するかという観点から論じられるものだからである。特に専門職化の議論において軸となる「専門的自律性の確保」をめぐっては、自律性を支える質保証、さらには自律性を促進するための質保証といった具合に、両概念を結び付けて論じることが重要となる。

　以下、まず質保証における「質」の位置づけを整理し、検討の枠組みを提示する。次に、教員養成の高度化、スタンダード策定、外部評価システムの構築それぞれの政策に関して、中央教育審議会答申（以下、中教審答申とする）等の内容を中心に検討を行う。そして、諸外国における同様の政策動向を整理した上で、「何を保証する仕組みなのか」という点からわが国の特徴を描き出す。最後に、今後の教員養成の質保証政策の方向性に関して若干の考察を行う。なお本稿では、基本的に教員という言葉を利用するが、意識的に教師を区別するものではない。

(2) 検討の枠組み —— 質保証における「質」

　質保証という言葉は、一般的に高等教育の文脈で利用されることが多い。そ

の定義や範囲は、国・地域の高等教育の歴史や制度に大きく依存する。わが国の場合、大学改革支援・学位授与機構 (2016) によると、次のように定義されている。

> 高等教育機関が、大学設置基準等の法令に明記された最低基準としての要件や認証評価等で設定される評価基準に対する適合性の確保に加え、自らが意図する成果の達成や関係者のニーズの充足といった様々な質を確保することにより、高等教育の利害関係者の信頼を確立することを指す (p.62)。

　この定義において重要なのは、「様々な質」とあるように、保証する質がいくつにも分類されていることである。ここでは、最低基準、評価基準、自らが設定した成果、そして関係者のニーズの四つが挙げられている。質保証を考えるにあたって、どの質を保証するかによって、その方法論やコンセプト、政策の位置づけは異なる。こうした質に関して、ユネスコ・ヨーロッパ高等教育センターは、特に学術的な質という位置づけで、**表1**のように分類している。
　「目的への適合としての質」と「目的の適合としての質」に関しては、前者が機関が設定した目的の内実を問わず、目的に向けた活動の内容を評価するのに

表1　質 (quality) の種類

優秀性としての質 (quality as excellence)	優秀性に関するベストな基準だけが、本物の学術的な質を示すと理解される伝統的、エリート主義的な見方。
目的への適合としての質 (quality as fitness for purpose)	評価機関が設定した基準を満たす必要性が強調される概念であり、焦点は大学やプログラム等の目的やミッションを達成する中での活動のプロセスの効果 (effectiveness) に当てられる。
目的の適合としての質 (quality as fitness of purpose)	大学やプログラムが設定した目的やミッションに焦点化し、外的な目的や期待に対するプロセスそのものの適合に対するチェックはない。あくまでも、組織としての質をめぐる意図 (intention) が十分かどうかが問われる。
向上または改善としての質 (quality as enhancement or improvement)	継続的な改善に向けた活動に焦点を当て、高等教育機関の自律性や自由を最大限に活用する責任を強調する概念。質を達成することは学術的なエートスの中心であり、最良の質は学術界自身が知っているという考え。

出典：Seto & Wells (2007), pp.71-73 より筆者作成。

40 特　集

対して、後者は機関が設定した目的の内実そのものを問うという違いがある。目的の適合をめぐっては、目的そのものを問うことは「目的への適合」の中でなされることであるゆえに質そのものではない、として前者に組み込む議論もある (Harvey 2006)。本稿では、そうした議論を踏まえながら、便宜上この分類を利用する。また四つの質は、どの質を保証することが重要なのか、ということを論じるためのものではない。むしろ、様々な質保証政策が何を目指すものなのかを考える時に、参照する枠組みとして有効であると考える。

2　教員養成の高度化の意味

(1) 政策の動向と論点

　教員養成の高度化を議論する時、二つの側面から言葉の意味を明確にする必要がある。一つは、どこまでを教員養成と見なすのかという点である。すなわち、教員免許を取得するまでに行われる教育を指すのか、それとも実際に教員として初めて教壇に立つまでに行われる教育を指すのか、という違いである。これは、教員免許の取得が教員という職業を選択することと必ずしも結び付かないわが国の構造と大きく関わる。もう一つは、何をもって高度化とするのかという点である。大きく分けて、等級を上げるという upgrade や advance の意味を持つ高度化と、内容を洗練するもしくは改良・改善するという sophisticate や improve の意味を持つ高度化がある。例えば「修士レベル化」は、これまで学士レベルだった教員養成の水準を上げるという意味で、前者の意味となる。一方で、実践的指導力の重視に代表される教員養成の内容を充実していく場合は、後者の意味となろう。

　こうした言葉の意味をめぐる微妙な相違を考えると、教員養成の高度化の一環として議論されてきた政策そのものも、意味が異なってくる。教員養成の高度化の発端は、一般的には、教職大学院の創設を提言した 2006 年の中教審答申「今後の教員養成・免許制度の在り方について」（以下、2006 年答申）にある[2]。ただし、この答申自体に教員養成の高度化という言葉は使われていない。2004年の諮問の段階から専門職大学院制度の一環としての教職大学院という位置づけで、「高度専門職業人材」の養成を目指すという点が強調されている。この場合の「高度」とは、高度な専門性を意味するものである。また、答申では教職大学院の入学者選抜に関して、開放制の原則や特別免許状制度等を理由に、教

員免許状を有していない者を受け入れることには消極的な見解が示されている。実態としても、ほとんどの教職大学院において教員免許状の保持（もしくは取得見込み）が出願条件となっていることからも、教職大学院が免許取得のための教員養成を意味していないことは明白である[3]。

　次に教員養成の高度化を打ち出したのが、2012年の中教審答申「教職生活の全体を通じた教員の資質能力の総合的な向上方策について」（以下、2012年答申とする）である。ここでは、教員養成の高度化に関して、「教科や教職についての基礎・基本を踏まえた理論と実践の往還による教員養成の高度化」（p.3）としている。そしては、教職大学院をモデルとして、教育委員会と大学の連携・協働によって教員養成の高度化を推進することが示されている。一方で、教員を高度専門職業人として明確に位置付けるという目的の中で、「教員養成の修士レベル化」が登場する。具体的方策は、いわゆる教員免許状の上進制の構築であり、学部レベルの「基礎免許状」を最初の段階として、「基礎免許状」取得後は、早期に修士レベル「一般免許状」へ上進することが求められる構造である。ただし、教員として採用されるには「基礎免許状」で問題なく、最終的に教員が「一般免許状」を保持することを目指していることから、それは「教職の修士レベル化」、そして「教職の高度化」と理解できよう。

　最後に、2015年の中教審答申「これからの学校教育を担う教員の資質能力の向上について〜学び合い、高め合う教員育成コミュニティの構築に向けて〜」（以下、2015年答申とする）では、教員の資質能力の高度化という言葉が登場する。ここでは、教職大学院のさらなる充実を通して、教員の資質能力の高度化を図ることが目指されている。教職大学院を質・量的にも教員養成の主軸に据えるとされているものの、その工程に関しては、当面は現職教員の再教育を主な役割とするとされている。また、学校インターンシップの導入にあるように、教員養成の内実の改良方策が提言されているが、それらが教員養成の高度化とは明確に位置付けられていない。

　以上の展開から、教員養成の高度化をめぐっては、教職大学院の創設・充実に関する議論と、教育委員会や学校現場と連携した教員養成の内容的充実に関する議論の二つがあることがわかる。前者の意味は、教員として初めて教壇に立つまでの教育の等級を引き上げることであり、後者の意味は教員免許の取得のために行われる教育の内容を洗練・改善することである。ただし、2015年答申にあるように、教職大学院の役割が現職教員の再教育へとシフトし、教員

42　特　集

養成の内容的充実が高度化とは明確に位置付けられていないことから、教員養成の高度化という枠組みでの教員養成政策そのものが衰退したと言える。

(2) 諸外国の状況と質保証としての意味

　油布 (2016) によれば、諸外国における教員養成の高度化は、教員養成が修士レベルで行われる点と、学校現場での実習を中心に内容を改革している点に特徴がある (p.137)。

　一つめの教員養成が修士レベルもしくは大学院レベル（学士課程卒レベル）で行われることは、確かに教員養成の国際的潮流となっている。ただし、それが教員免許（特別免許状や臨時免許状等を除く）を取得する際に必須であるかどうかは、国によって大きく異なる。修士レベルの教員養成の国として度々取り上げられるフィンランドでは、師範型の教員養成を 1970 年代から段階的に修士レベルに移行していった（渡邊 2018, p.29）。現在では、初等・中等教員に限らず、教員免許取得には修士レベルの教育が必要となっている。ドイツやフランスにおいても、EU 圏内の高等教育の構造を調整するボローニャ・プロセスの影響を受け、教員免許または資格取得に向けた教員養成の修士レベル化が全面的に整備されている。

　対して、特にアメリカとイギリス（イングランド）では状況が異なる。イギリスでは、1980 年代後半から 90 年代にかけて、学士課程修了者を対象とした Postgraduate Certificate in Education のプログラム（学校を基盤としたプログラムも含む）が隆盛し、教員養成の主流となった（加藤 2011, p.66）。しかし、それは教員養成が全面的に学士課程から大学院レベルに移行したことを意味しているわけではない。既存の学士課程で行われる教員養成も併存している。アメリカも歴史をたどると、20 世紀初頭から修士を含む大学院レベルの教員養成が行われているが、その後、全面的に大学院レベルに移行していったわけではない（佐藤 2012, p.98）。現在でも、学士課程での教員養成は行われているし、州における教員免許取得の条件は学士号であり、修士号ではない[4]。

　二つめの学校現場での実習の充実という観点は、修士レベル化と密接な関係を有している。例えばドイツの場合、上述のボローニャ・プロセスに沿った高等教育の構造整備に伴い、養成期間が延長されるようになり、その結果、伝統的な試補制度の期間を短縮する傾向にある。そして、延長された養成段階に縮小された試補での活動、すなわち現場での実習を盛り込み、そうした実習を重

視するようになってきた（坂野 2018, p.14）。またアメリカでは、大学院レベルの教員養成を進める契機となった1980年代後半の教職の専門職化の中で、同時に現場での実践経験を重視するような方策（例えば、職能開発学校の創設等）も打ち出されている。

　他方で、学校現場での実習を重視するという方向は、これまでとは異なる大学院レベルのプログラムを生み出している。それが、学校（単独あるいは複数）で教員養成を行うイギリスの学校における教員養成（School-Centred Initial Teacher Training）であったり、NPOや学区教育委員会が開設するアメリカのオルタナティブ・ルートであったりする。これらは、学士課程修了者を対象としている点で大学院（学士課程卒）レベルと位置付けることもできるが、主体が高等教育機関ではないという点において、区別されよう。

　こうした諸外国の状況を踏まえると、わが国の教員養成の高度化の特徴は、教職大学院という制度そのものではない。教職大学院をモデルとして展開される学校現場での活動を重視する、という教員養成の内容の高度化にある。ただし、教職大学院が教員免許を導く教員養成機関ではないため、そこで行われている内容を教員養成（教職課程）にそのまま移行することなどは到底できない。そう考えるならば、教職大学院を中心と据えた教員養成の高度化が保証する質とは、教員養成の全体的な質ではない。あくまでも一部の教員養成の質を保証するものである。そして、教職大学院が教員養成の先導的モデルと位置付けられるのであれば、それは優秀性としての質（特定の質）に近い。また、わが国の場合、開放制の原則を基盤としていることから、教員養成の高度化は、英米のように教員養成の多様化を促進するものとなる。ゆえに、多様化した教員養成の質をどう保証するのか、という課題に直面することになる。

3　教員養成におけるスタンダード策定の意味

(1) 政策の動向と論点

　本稿において教員養成におけるスタンダード策定とは、教員養成のコアカリキュラムやモデル的なカリキュラムの策定、さらには到達目標や学習成果の設定など、教員養成機関が指針とするような枠組みを設定することと位置付ける。その上で政策的な展開を確認してみよう。

　教員養成におけるスタンダードの策定の発端を見極めることは難しいが、

1999年の教育職員養成審議会の第3次答申「養成と採用・研修との連携の円滑化について」において、各大学が体系的なカリキュラム編成を行う際の教職課程のモデルカリキュラムの開発研究が提言されている。2001年の文部科学省の「今後の国立の教員養成系大学学部の在り方について（報告）」において、モデル的な教員養成カリキュラムの作成が提言された際にも、カリキュラムの体系性という目的が示されている。その後、日本教育大学協会の「モデル・コア・カリキュラム」プロジェクトによって、体験的プログラムとその省察の往還を基軸にした教員養成コア科目群が示されたことは、周知のとおりである。

　教員養成カリキュラムの体系化という文脈とは異なるのが、高等教育の質保証という論点である。2005年の中教審答申「我が国の高等教育の将来像」において、学士課程教育の質的向上や出口管理が示され、分野ごとのコア・カリキュラム作成が望ましいと示された[5]。2006年答申では、「教職実践演習」の設置に関して、大学が養成しようとする教員像や到達目標等に照らして学生の資質能力を確認することが示された。さらに、教育実習の改善の方策として、教育実習履修に際しての満たすべき到達目標を設定することも挙げられた。これらの議論は、学士課程教育の出口保証の議論と親和性が高い。一方で、上述したモデルカリキュラムの開発研究については、その重要性を指摘した上で継続を求めている。

　2012年答申では、教職課程の質保証の方策として、コアカリキュラムの作成の推進が示されている。この時、「近年の大学教育改革に見られるように」（p.15）という前置きをしながら、学生が修得すべき知識・技能の明確化の必要性が指摘された。その上で、学位プログラムとしての体系と同時に教職課程としての体系の確立に向けて、コアカリキュラムの作成が提案されている。ここでも、高等教育の質保証という観点から、その必要性が指摘されていることがわかる。

　ところが、2015年答申では、教員養成のスタンダード策定は、教員の養成・採用・研修の一体性の確保という文脈で位置付けられている。そもそも2015年答申の背景には、同年の教育再生実行会議による第七次提言「これからの時代に求められる資質・能力と、それを培う教育、教師の在り方について」がある。そこでは、「教師がキャリアステージに応じて標準的に修得することが求められる能力の明確化を図る育成指標を策定する」（p.12）ことが示された。これを受ける形で、2015年答申でも同様の趣旨で教員育成指標の策定が提言された。

教員育成指標を策定する主体は、大学や教育委員会等から構成される教員育成協議会とされ、教員育成指標を通して大学や教育委員会等が教員の育成に関する目標を共有し、養成・採用・研修の一体性を確保することが示されている。そして、教員育成指標に関する国の策定方針を踏まえた上で、「大学が教職課程を編成するに当たり参考とする指針（教職課程コアカリキュラム）を関係者が共同で作成すること」（p.49）が提言され、それを「教職課程における科目の大くくり化」を進める際に活用することが目指された。以上を勘案すれば、これまでの議論の前提となっていた高等教育の質保証という論点は後景に退いたといえよう。

　こうした政策の展開から二つのことが指摘できる。一つは、教員養成のスタンダード策定の流れは、教員養成カリキュラムの体系化、高等教育の質保証、そして養成・採用・研修の一体化というように、異なる文脈で提言されてきたことである。もう一つは、特にコアカリキュラムをめぐって、当初は内容的なコアを示そうとしたものであったのに対し、高等教育の質保証という文脈や他領域（医学や薬学等）の動向といった状況から、到達目標型のコアカリキュラムの必要性が論じられるようになったことである。日本教育大学協会が2002年に示した「教員養成コア科目群」はコアとなる科目の内容を示していた（日本教育大学協会 2002）。一方で、2017年に策定された教職課程コアカリキュラムは、「教職課程で共通的に修得すべき資質能力を示すもの」（教職課程コアカリキュラムの在り方に関する検討会 2017, p.2）と位置付けられている。

(2) 諸外国の状況と質保証としての意味

　諸外国では、2000年前後から教員養成に限らず、教員のスタンダード策定（専門職基準等）の動きが活発化した。ただし、同型化するスタンダード策定の一方で、それが埋め込まれる文脈は異なり、その活用方途も様々である。以下、いくつかの国をピックアップしながら確認していこう[6]。なお、諸外国では教員養成の「コアカリキュラム」というよりは、資質能力を表す「スタンダード」と位置付けられることが一般的であるため、以下、スタンダードの状況を確認したい。

　各国に先駆けてスタンダードを策定したとされるアメリカは、上述したように1980年代後半からの教職の専門職化の流れの中で、スタンダード策定の動きをスタートさせた。その発端となったのが、1989年の優秀教員の資格証明

46　特　集

を認定する National Board for Professional Teachign Standards のスタンダード
である。この基盤には、公的資格である免許 (license) ではなく、専門職団体に
よる証明 (certification) によって教職の信頼性を高め、その専門職性を確保しよ
うとする意図があった (Carnegie Forum on Education and the Economy 1986, p.65)。
この動きに対応する形で、全米の州教育長協議会によるプロジェクトを通して
新任教員段階のスタンダードが1992年に定められ、その後、2011年には新任
に限らない教員のスタンダード (Interstate Teacher Assessment and Support Consortium
(InTASC) によるスタンダード) が作成される。このスタンダードは、各州にお
いてその内容がアレンジされており、教員養成段階では学生の資質能力を測定
する際に利用され、現職段階では教員免許状の更新や教員評価において利用さ
れている。

　イギリス (イングランド) では、先述した教員養成の多様化を背景に、その質
を保証すべく教員のスタンダードが導入された。スタンダードの策定は国が設
置した機関 (現在は National College for Teaching and Leadership) によって行われて
いる。2007年に教員のスタンダードが策定されたが、その項目数が102にも
及び、活用しづらいとの批判を受け、2011年に項目数の精選を踏まえた改訂
がなされた。このスタンダードは、実践の最低限のレベルを意味しているもの
となっており、教員養成機関の学生に対する評価、現職教員の評価、上級資格
への申請といった場面で活用されている。

　教員養成に特化したスタンダードを設定しているのが、ドイツとニュージー
ランドである。ドイツでは、常設各州文部大臣会議によって、各州に共通のス
タンダードが設定されている。具体的には、教育科学編と教科内容及び教科指
導法編に分かれており、加えて試補勤務及び修了試験の共通スタンダードも設
定されている。ニュージーランドでは、教員養成、教員登録、現職教員の三つ
の段階ごとにそれぞれスタンダードが設定されている。教員養成スタンダード
は、教員養成機関の学生が修了時までに獲得しておくべき資質能力を示してい
る。一方でオーストラリアのように、一つの教員のスタンダードの中に、新卒
教員、熟達教員、高度熟達教員、主導的立場の教員という段階を設定し、それ
ぞれの段階で必要とされる内容を示している事例もある。

　以上の諸外国の動向を踏まえると、教員のキャリアステージを踏まえた教員
育成指標の策定、そして教員養成段階の学生の学習成果を保証するための教職
課程コアカリキュラムというわが国の動きは、国際的な動向と一致している。

そして、教員養成のスタンダード策定を通して、教員養成機関のアカウンタビリティを確保するだけではなく、社会に対して専門職としての指針を示す点でも意義は大きい。ただし、策定プロセスや策定主体に対する批判的見解が見受けられるのも事実である（牛渡2017、浜田2017）。

　質保証の文脈で整理すれば、教員養成のスタンダードは、学生が到達すべき資質能力を示している点において、教員養成機関の目的として機能する。その意味で、目的の適合としての質を保証するものである。教員養成機関は自らの目的や目標の設定に際し、教員養成のスタンダードを参酌することが求められる。ただし、その時に教員養成機関が教員養成のスタンダードをどの程度「解釈」できるのか、そして「解釈」の自由度がどの程度担保されているのかということが、教員養成機関の自律性や自主性という観点から問われることになる。それは、目的への適合としての質を保証する機能が、教員養成のスタンダードに内在されているかどうかということを意味する。例えば、アメリカの場合、InTASCスタンダードを教員養成機関のミッションや目的と結び付けて解釈することが、後述する外部評価システムにおいて求められている。

　この点に関して、諸外国と大きく異なるのは、2017年の教職課程コアカリキュラムが科目ごとに設定されていることである。牛渡（2017）によれば、教職課程が科目ごとに授業を組んでいることから、関係者の理解が得やすい等の理由で科目ごとに設定されたという（p.34）。そして、教職課程の科目が専門学会と対応しているゆえ、教育内容を到達目標だけからではなく、学問性・系統性の観点からも整理できると指摘する。しかし、教職課程コアカリキュラムには、多分に内容的な要素が含まれている。そして、科目という枠ゆえに課程認定制度で求められる内容上の条件が到達目標の解釈の余地を狭めてしまう可能性は否定できない。そこで、教員養成のスタンダードの解釈を含め、教員養成機関の自主的・自律的な取り組みをどう支えるかという点において、外部評価システムの意味が重要となる。

4　教員養成の外部評価システムの意味

(1) 政策の動向と論点

　高等教育において、質保証の枠組みとしての外部評価システムは、大きく事前評価と事後評価に分けられる。わが国では、事前から事後へという近年の政

策的展開に基づき、認証評価制度を中心とした事後評価システムの在り方が中心的に議論される。本稿でも、教員養成の外部評価システムとして、特に事後評価のシステムに着目する。わが国の文脈で言えば、課程認定制度に基づく実地視察が挙げられる[7]。

実地視察は、2001年の中教審教員養成部会の決定に基づいてスタートした。教職課程認定大学実地視察規程によれば、目的は教職課程の水準の維持・向上にある。しかし、その方法は教職課程認定基準と教職課程認定審査の確認事項に基づき、「必要な法令等の基準を満たし、適切な教職課程の水準にあるかどうかを確認する」とされており、あくまでも法令順守の観点からのチェック機能を有するものでしかない。とはいえ、運用実態として教職課程が自らの教育を省察する機会であったことから、事後評価システムとしての機能が期待されてきたのも事実である。

2006年答申では、事後評価システムの必要性が示され、実地視察の充実が提言されている。その必要性は、是正勧告や認定の取り消しを可能とする措置という位置づけで議論されており、課程認定の強化という側面からの趣旨と捉えられる。2012年答申では、同様に課程認定審査の厳格化を示す一方で、実地視察に関しては関係者からの評価を加えるといった改善が求められている。そして、実地視察とは別の評価システムや大学間コンソーシアムを活用した相互評価システムといった事後評価システムの構築が提言されている。この提言の背景には、2008年の中教審答申「学士課程教育の構築に向けて」の影響を看取できる。同答申には、内部質保証体制の構築や学習成果の把握を中心に、大学の自己点検・評価の充実が求められており、その一環として大学コンソーシアム等の大学間連携による相互評価の活用が提案されている。

2015年答申においては、事後評価システムの提案に関して、大きく踏み込んだ記述となっている。教職課程の自己点検・評価を制度化するという提案だけではなく、教員養成の質保証システムの確立を求めている。具体的には、東京学芸大学が立ち上げた教員養成評価開発研究プロジェクトを取り上げ、同プロジェクトで展開された多様性を尊重しながら相互に学び合うコミュニティ形成を通した質保証・向上システムの継続を求めている[8]。さらに、地域や大学の特性を踏まえて、多様な評価主体による第三者評価の推進を期待している。

以上のように、事後評価システムに関しては、高等教育の質保証の概念を踏まえながら、徐々に議論が進展してきた。課程認定基準をチェックするという

実地視察ではなく、事後評価システムとしての内容の充実、そして実地視察に代わる大学間の相互評価や第三者評価システムの構築へという流れは、教職課程を有する大学の自主性や自律性を踏まえた質保証への流れとも捉えられよう。2015年答申の内容に関して、「専門的自律性の原理が、ようやくわが国でも受け入れられつつあることを示すもの」（牛渡 2016, p.222）という評価は、政策的な展開からしても、筆者も同感するところである。

(2) 諸外国の状況と質保証としての意味

　教員養成の外部評価システム（特に事後評価）の構築は、質保証政策として各国でも重視され、様々な形態が見られる。大きく分けると、教員養成機関に特化した外部評価システムを有する国と、大学の外部評価システムの中に含まれる国がある。前者としてはアメリカとイギリス（イングランド）等、後者としてはドイツ、フランス、フィンランド等が挙げられる[9]。

　アメリカにおける教員養成の外部評価システムとしては、専門分野別のアクレディテーションが長い歴史を有している。その特徴は、専門職組織によるボランタリーな取り組みにあり、現在は Council for Accreditation of Educators Preparation（以下、CAEP とする）がその主体となっている。CAEP のアクレディテーションでは、学生のアウトカムとともに、プログラムの内部質保証の内実が問われる。他方で、各州による認定制度（わが国の課程認定に相当）においても事後評価が定期的に行われているが、CAPE のアクレディテーションと連動している州も多い。教員養成の多様化が進んだイギリスでは、2005年から教員養成機関の外部評価システムは、初等中等学校の査察を行っている教育水準局が担っている。先述の教員のスタンダードを踏まえながら事後評価の観点として、訓練生の成果、訓練の質、組織のリーダーシップとマネジメントの三つが示されている。

　一方、大学評価の枠組みで教員養成機関の評価が進められるドイツでは、各州の高等教育法に基づき、大学はアクレディテーションを受けることが義務付けられている。アクレディテーションは、課程区分ごとのプログラム・アクレディテーションと大学全体を対象としたシステム・アクレディテーションがある。前者の場合は自己評価に基づく外的な評価が中心となるが、後者の場合は内部質保証が機能しているかどうかが評価に対象となる。フィンランドでは、1990年代以降に大学の自律性を踏まえた大学評価システムが整備された。そ

50 特 集

の特徴は、大学の内部質保証システムを問うオーディット型にあり、教員養成機関もこの枠組みの下で評価を受けることになっている。

諸外国の状況から、教員養成機関の自主性や自律性、教員養成を行う大学の質保証との関係、そして大学の自律性といった特質をそれぞれのシステムの中に看取できる。多様な教員養成機関や大学の目的・ミッションを踏まえた内部質保証の重視という展開を踏まえると、教員養成の外部評価システムで保証する質は、目的への適合としての質である。わが国の場合、実地視察が課程認定基準の順守状況をチェックするだけに留まるのであれば、目的への適合としての質を保証するものではない。対して、2015年答申で提言された内容、そして東京学芸大学のプロジェクトの取組は、目的への適合としての質を保証するものとなろう。また、大学間の相互評価やピアレビューといった観点は、教員養成コミュニティの醸成にも貢献することになる。アメリカの専門分野別アクレディテーションは、この考え方がベースにあり、外部評価システムを通して集団的な自己規制（collective self-regulation）を推進し、集団としての専門的自律性の確保を可能にしている。

5　若干の考察

本稿では、諸外国の動向を踏まえて、質保証という観点から近年の教員養成政策の特徴を検討してきた。教員養成の高度化に関しては、教職大学院を先導的なモデルとして展開される学校現場での活動の重視という特徴があり、教員養成全体の質というよりは、優秀性としての質（特定の質）を保証するものと位置付けられる。教員養成のスタンダード策定は、到達目標として身につけるべき資質能力が含まれることから、目的の適合としての質を保証する。ただし、そのスタンダードを教員養成機関がどの程度解釈できるかという点に関わっては、目的への適合としての質を保証する機能も有することになる。教員養成の外部評価システムは、単なる規制的内容のチェックではなく、各機関の内部質保証に焦点を当てるのであれば、目的への適合としての質を保証する可能性を有するものとなる。

最後に、今後の教員養成の質保証政策の方向性に関する若干の考察として、次の二点を指摘したい。まず一点目が、今回取り上げた三つの政策の関係性である。質保証という枠組みから見ると、それぞれ別個に機能しているのではな

く、密接に関わっていることがわかる。教員養成の高度化とスタンダード策定に関しては、高度化を含めた多様化する教員養成の取り組みに対して、到達目標としてのスタンダードを設定することで一定の質を保つことが求められる。スタンダード策定と外部評価システムに関しては、到達目標としての解釈の幅を広げるためにも、外部評価システムで教員養成機関の自律性を担保した評価を行うことが求められる。そして、外部評価システムと教員養成の高度化については、教員養成の高度化によってもたらされる先導的な取り組みや多様な取り組みが、外部評価システムを通して保証されることが求められる。こうした関係性の構造によって質保証は成立するのであり、政策を個別に見るのではなく、総体として捉えていくことが重要となる。

　二点目が、冒頭で示した専門職論と質保証の関係性である。基本的に両者の関係は、「自らの質を自らで保証する」という自律性の考え方で結びつく。そうした自律性に基づく質保証に関わって、表1の「向上または改善としての質」に触れておきたい。向上又は改善としての質を保証する仕組みは、個別の政策によってなされるわけではない。むしろ、教員養成に携わる個人や組織によって作り上げられるものと理解すべきである。それを可能にする一つの考えとして、上述した集団的な自己規制がある。El-Khawas (1983) は、アメリカのアクレディテーションを論じる中で、集団的な自己規制の重要な機能として、問題と課題の同定、そして優れた実践に向けた指針の策定と普及を挙げている (p.60)。この機能のそれぞれは、外部評価システムとスタンダード策定が担っていることがわかる。その意味でも、集団的な自己規制の推進そして専門的自律性の確保は、今後、教員養成関係者が教員養成の質保証政策にどう主体的に関わるか（政策の策定だけではなく、政策の遂行においても）にかかっている。

【註】

1　例えば OECD は、国際教員指導環境調査（TALIS）のオプショナルな調査として、初期教員準備調査（Initial Teacher Preparation Study）を 2016 年からスタートさせている（http://www.oecd.org/education/school/talis-initial-teacher-preparation-study.htm, 2018/7/16）。

2　油布 (2016) においても、教員養成の高度化という言葉が使われるようになったのは、2005 年ぐらいからとされている (p.138)。

3　教員免許状を有していない者に対して、全く門戸が開かれていないわけではない。三年間で教員免許状の取得も含めたコースを用意している教職大学院は少なからず

52　特　集

　　存在するが、あくまでも若干名となっており、教職大学院の核となっているとは言
　　えない。
4　近年では、どの教育段階の教員であっても教科内容にかかわる学士号を有するこ
　　とを求める州が増えている傾向にある（U.S. Department of Education 2016, p.84）。
5　2005年度に「大学・大学院における教員養成推進プログラム」（教員養成GP）が始
　　まり、採択された横浜国立大学等において、到達目標や資質能力に関するスタンダー
　　ド開発の動きが活発化した。こうした実践が主導となる動きも存在していた。
6　以下の記述は、特に断りがない限り、国立教育政策研究所（2017、2018）に掲載さ
　　れている各国の状況の記述に基づく。
7　教職大学院の場合は、専門職大学院制度に基づいて、専門分野の認証評価制度が
　　存在している。また教員養成系大学や学部は、機関別認証評価において評価を受け
　　ることになるが、ここでは教職課程に特化した制度とし、考察の対象とはしない。
8　東京学芸大学のプロジェクトの内実については、ホームページを参照されたい
　　（http://www.u-gakugei.ac.jp/~jastepro/html/index.html, 2018/8/2）。
9　以下の記述は、特に断りがない限り、国立教育政策研究所（2018）に掲載されてい
　　る各国の状況の記述に基づく。

【文献一覧】

牛渡淳（2016）「教師政策の課題と展望」佐藤学編著『学びの専門家としての教師』岩波
　　書店、pp. 197-226。
牛渡淳（2017）「文科省による「教職課程コアカリキュラム」作成の経緯とその課題」『日
　　本教師教育学会年報』第26号、pp. 28-36。
加藤潤（2011）「イギリスにおける一年制教職課程（PGCE）についての事例分析：その
　　歴史社会的背景とわが国への政策インプリケーション」『名古屋外国語大学外国
　　語学部紀要』第41号、pp. 63-87。
教職課程コアカリキュラムの在り方に関する検討会（2017）『教職課程コアカリキュラ
　　ム』。
国立教育政策研究所編（2017）『平成28年度プロジェクト研究調査研究報告書　諸外国
　　における教員の資質・能力スタンダード』。
国立教育政策研究所編（2018）『平成29年度プロジェクト研究調査研究報告書　諸外国
　　の教員養成における教員の資質・能力スタンダード』。
坂野慎二（2018）「ドイツ」国立教育政策研究所編『平成29年度プロジェクト研究調査
　　研究報告書　諸外国の教員養成における教員の資質・能力スタンダード』pp. 13-
　　21。
佐藤仁（2012）『現代米国における教員養成評価制度の研究』多賀出版。
佐藤学（2013）「大学・大学院における教師教育の意義―専門職性と自律性の確立へ―」
　　『日本教師教育学会年報』第22号、pp. 8-15。
大学改革支援・学位授与機構（2016）『高等教育に関する質保証関係用語集 4th edition』
日本教育大学協会（2002）『教員養成の「モデル・コア・カリキュラム」の検討―「教員
　　養成コア科目群」を基軸としたカリキュラムづくりの提案―』。

浜田博文（2017）「ガバナンス改革における教職の位置と「教員育成指標」をめぐる問題」
　　『日本教師教育学会年報』第26号、pp. 46-55。

丸山和昭（2006）「日本における教師の"脱専門職化"過程に関する一考察―80年代以
　　降の教員政策の変容と教員集団の対応を中心に―」『東北大学大学院教育学研究科
　　年報』第55集、第1号、pp. 181-196。

油布佐和子（2016）「教師教育の高度化と専門職化―教職大学院をめぐって―」佐藤学
　　編著『学びの専門家としての教師』岩波書店、pp. 135-163。

渡邊あや（2018）「大学の自律性にもとづく教師の質保証―フィンランドの教員養成―」
　　『教育』第869号、pp. 28-34。

Carnegie Forum on Education and the Economy（1986）, *A Nation Prepared: Teachers for
21st Century*, Task Force on Teaching as a Profession, Carnegie Forum on Education
and the Economy

El-Khawas, E.（1983）, "Accreditation: Self-Regulation", in Young, Kenneth E.,
Chambers, Charles M., Kells, H.R., and Associates, *Understanding Accreditation:
Contemporary Perspectives on Issues and Practices in Evaluating Educational Quality*,
Jossey-Bass, pp.54-70

Harvey, L.（2006）, "Understanding Quality", in Purser, L.（ed.）, *EUA Bologna Handbook:
Making Bologna work*, European University Association

Seto, M., & Wells, P. J.（eds.）（2007）, *Quality Assurance and Accreditation: A Glossary of
Basic Terms and Definitions*, UNESCO-CEPES

Tatto, M. T.（ed.）（2007）*Reforming Teaching Globally*, Information Age Publishing

U.S. Department of Education（2016）*Preparing and Credentialing the Nations' Teachers:
The Secretary's 10th report on Teacher Quality*, U.S. Department of Education

自由研究論文

近代沖縄における小学校経営研究会による
　教員の組織化過程
　　―運営実態を分析視点として―　　　　　　　　　　　　藤澤　健一

アメリカ連邦政府による大学生に対する
　学資ローンの返還制度改革
　　―所得連動型返還プランの導入・拡大過程に注目して―
　　　　　　　　　　　　　　　　　　　　　　　　　　　吉田　香奈

2000年以降のドイツにおけるギムナジウム年限改革
　　―新制度論的方法意識を踏まえた政策転換要因の分析―
　　　　　　　　　　　　　　　　　　　　　　　　　　　前原　健二

市町村教育委員会事務局による学校運営協議会への関与
　　―「行政委員」の政策的配置―　　　　　　　　　　　小林　昇光

[自由研究論文] 　　　　　　　　　　　　　教育制度学研究第 25 号〔2018 年〕

近代沖縄における小学校経営研究会による
教員の組織化過程
―運営実態を分析視点として―

藤澤　健一（福岡県立大学）

1　課題と方法

　本稿の課題は、沖縄県（以下、学務当局）が設置した「小学校経営研究会」（以下、経営研）への着目を通じ、近代沖縄において教員が組織化された過程を解明することである[1]。本研究の対象である経営研のあらましをはじめに説明する。学務当局は 1928 年頃に「小学校経営研究会開催要項」を制定した[2]。同要項は「小学校経営の改善刷新を図り、併せて各学校に於ける不断の研究気分を旺盛ならしめ、以て初等教育の振興発達を助成」することとして、同会の目的をさだめた。同会は郡市ごとに学務当局から指定を受けた学校（以下、指定校）において、当初は年一回の頻度で二日間にわたり開催された。自由参観による「公開教授」、学年と内容を指定した「指定教授」のほか、校長による「学校経営」、教員による「学級経営」の発表、近隣学校からの「協議題」、また、講演や指定校所在地の視察が内容とされた。「研究内容に就いては、県より指示することあるべし」とされ、学務当局による指示権が明示された。定常的な「会長」は配置されず、随時、指定校の校長が会長を務めた。出席者は指定校にとどまらない。設置の当初、近隣学校では 1 人以上の出席が義務づけられた。その終末は不詳であるが、1943 年 7 月までは、ほぼ継続的に開催されたことが史料的に確認できる。

　ところで、学務当局はなぜ 1920 年代後半の時点において経営研を設置したのであろうか。すくなくとも以下のふたつが指摘できる。ひとつは他府県にも通有する背景として、1926 年の郡役所廃止（勅令 147 号）がある。地方教育行政の改編期となる同時期には、歴史的文脈を異にし、開催形態や名称は均一ではないものの、学校経営の改善などをねらいとした類似する施策が他府県で実施された[3]。もうひとつに既存の教員団体との関係がある。沖縄師範学校（以下、制度的改編にかかわらず、沖縄師範学校）により主催された沖縄県初等教育研究会

（以下、初等研。従前もおなじ）が1915年10月に設置され、1940年代はじめまで継続的に開催された。同会は同時期を契機にすべての小学校を動員する開催方式を採択した[4]。沖縄県教育会[5]とともに同会は、教授法の伝播や教員の教育研究において影響力を保持したが、沖縄島南部の人口集中地域に所在する、沖縄師範学校附属小学校（以下、沖師附小）を唯一の開催地としたため一般の小学校への影響において相対的に限界があった。実際、開催地の「地方進出」などが審議され、一定の支持を得ていたものの、実現にはいたらなかった経緯がある。通信交通において不利な条件となる広範な海域をふくみ、多くの離島とへき地をもつ沖縄では県域全体への影響をもつ施策が学務当局において必需化していた[6]。こうした複合的要因を後背として同会は設置をみたと考えられる。

　経営研における仕組みの特徴として、以下の2点がとくに注目される。①通有の概念枠組みにもとづけば、管理運営過程（学校・学級経営の発表）と教授学習過程（授業公開）という、ふたつの側面を同時に内容に組み込んだことである。指定校の校長は各校の沿革、施設設備や経費、地域性にはじまり、児童観や教育課程の編成、校務分掌を集約した「学校経営案」「学校経営要項」を、おなじく教員は「学級経営案」を作成・発表した。しかも、②指定校における教育実践が学務部長や地方視学官などの学務当局関係者に直接、参観・批評されることである。実際、それら関係者は在勤地であった那覇からは遠方となる宮古・八重山両郡をふくめ、指定校に直接赴き、終日、内容を聴取のうえ講評を訓示している。これらの特徴のため開催期間中はもとより、準備過程をふくめ、指定校での負荷はすくなくなかった[7]。くわえて先述の出席義務にとどまらず、指定校以外にも影響がおよぶ。後述のように、近隣学校には「協議題」の提出のほか、事前事後の業務が課せられるためである。こうして学務当局にとって経営研は、教育政策の実効性を実地に視察し、あるいは担保するうえで他にはない特徴をもつ施策であった。半面、研究史での取り扱われ方は、その位置に見合うものではない。研究史における本稿の意義を確認するため、同会に関する研究史をつぎにみる。

　これまで沖縄教育史にかかわる研究は教育政策・制度史を基軸として展開し、なかでも沖縄県教育会に注目することで、他府県とは異なる歴史的背景をもつ、沖縄教育史の特徴を解明してきた（照屋2014）。しかし、経営研についての着目には乏しい。言及される場合でも同会における研究内容が単年、あるいは指定校別の部分として取り上げられるにとどまる[8]。これは通史的な視野の開拓を

ふくめ、初等研の影響力が注目され、比較的、早くから一定の研究蓄積がみられるのとは対照をなす（阿波根1977, pp.97-98ほか）。総じて経営研は、その設置から終末までの全体像について、未解明のままにあるといえる。こうした研究状況の背景にはなにがあるのか。史料的制約は容易に指摘できるがそれだけではない。私見では以下の3点が要因として指摘できる。①学務当局による、いわば官製団体として安易に総括されることで一面的な性格付けが先行した結果、運営の内実に立ち入った精細な分析がなおざりにされてきたため。②指定校制という運営方法の特徴にかかわるが、単発あるいは単年において同会を観察した場合、県内の小学校総数に占める指定校数の割合は高くはない。このため同会は限定的なものとして誤認されてきたため。さらに決定的な要因として、③学務当局や沖縄県教育会、および初等研（沖師）の三者が連係したとの常識的な理解が従来の研究における暗黙の前提とされ、三者間の異同や接続関係について注意がおよばなかったためである。直截にいえば同会は過小評価されてきた。こうした研究史を受け、藤澤（2014, pp.183-187,199）は同会開催の事実経過について44件を復元した。おなじく近代沖縄において教員を組織化した仕組みには県、郡市といった階層性と同時に「沖縄県系統」「教育会系統」「師範学校系統」という系統性があることを指摘した。しかし、指定校選定をはじめとした運営方法についての立ち入った分析にはおよばず、また、三者間の異同や接続関係の具体的内実については解明できていない。

　そこで本稿は経営研を主題として掲げ、通史的な視野において分析する。そのうえで同会において採択された運営方法が実態としてどのように変容したのかに着目する。教員を組織化するうえで、そうした運営実態こそが固有の役割をはたしたと仮定されるためである。この場合の運営実態とは、指定校の選定から配置にいたるまで、同会の運営にかかわり学務当局により採択された仕組みに限定される。したがって、同会における個別の研究内容といった、運営実態という用語から一般に想定される位相には立ち入ることができない。この背景にはすぐのちに説明する史料的な制約があることをおことわりする。接近のための方法として、以下の3点を分析視点とする。①指定校数はどのように推移したのか。②指定校にはどのような特徴があるのか。③指定校が選定される枠組み、および経営研と他の団体との接続関係はどのように変容したのかである。このうち①は、ここでいう運営実態の量的側面にかかわり、②は学校規模と所在地に焦点化した、おなじく質的側面にかかわる分析として関係づけられ

る。③は両者が現出した背景に着目する。

　つぎに本稿が依拠する史料について説明する。沖縄教育史研究では、沖縄戦の戦災により他府県においては一般的な県庁文書といった基礎史料の散逸が大きな桎梏となってきた。このため個別事象の解明には制約があり、本稿もこうした条件にかわりはない。他方、近年、県教育会機関誌『沖縄教育』の復刻刊行[9]が実現したことにより史料的な視野が着実に拡張した。また、新聞をはじめとする基礎史料の発掘が継続的にすすめられている（沖縄県文化振興会2007, 2018）。本稿ではこれら史料調査の成果をあまねく反映させるとともに、残存する関連史料を相互補完的に活用する。くわえて経営研にかかわる複数の新出史料に依拠することで、あらたな歴史記述を提示する。なお、本稿では同会が4月にはじまり3月末日に完了する通行の学年度を単位として運営されたことにもとづき、とくに指摘しない場合でも、この点を前提とする。

2　指定校数

　本稿での調査の結果、108件の開催を捕捉した。学校数では85校におよぶ。このうち19校は2回、2校は3回の開催経緯が確認できる。複数回の開催があった21校について、本稿では重複することをふまえながらも、いずれも異なる年に別途、選定されたという経過に着目し、原則として分析対象の母数を当該108と仮定する（混用を避けるため、以下、件数を校数とする）。**図1**ではその時系列上の推移を集約した。

　のちに分析するように、指定校数は一定の枠組みにより選定されていたため、実際には安定的に推移していたことが予想できる。これに照らせば、同図に観測される幾度かの指定校数の急激な降下は不自然である。史料的根拠にもとづき指定校を具体的に特定できないかぎり、こうした指定校数の変容が事実経過をどこまで正確に復元できているのかは不明としなければならない。このかぎりで同図はあくまで指定校数の推移を傾向として示したものと位置づけられる。この点を前提条件とすれば、指定校数について読み取るべき特徴は以下の2点である。

　第1にもっとも大きな特徴として、指定校数は10校以下での推移をへて末期には急激な増加に転じた。その変容過程について、以下の3つの段階に区分できる。すなわち、第1段階は1928年から1940年までの比較的、長期におよび、

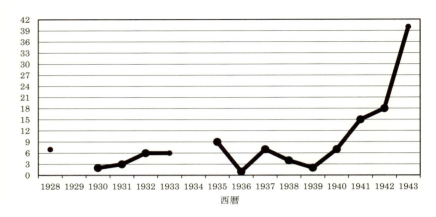

図1 指定校数の推移（単位：校）
出典：『沖縄教育』174・186・194・199・200・235・269・283・285号[10]。
注記：1929年および1934年は開催がない、あるいは開催の経過を示す史料が確認できない。一部に補正をくわえた[11]。

10校以下で推移した。第2段階は15校以上に増加した、1941年から1942年である。つづく第3段階は40校にまで急増した1943年の単年である。このうち第2段階以降の増加については、直接的には指定校選定の枠組みの変容に起因するため、のちに分析をくわえる。ここでは第1段階に焦点化して説明する。

第1段階は、史料的根拠にもとづき、さらにつぎのふたつの時期に区分できる。すなわち、①経営研の設置された当初、各郡市から1校の合計7校が選定された1932年までの時期[12]、②沖縄島の3郡のみ先行して「二校制」となり指定校数が形式的には10校にまで増加した1933年から1940年までの時期である[13]。つまり、同図には反映されないが、第1段階において指定校数は実際にはわずかながらも増加した。ただし、この場合の指定校数の増加は同会を単純に拡大したものではない。『琉球新報』(1935年9月17日、記事名不詳)によれば、学務当局は同会について「単なる形式上の研究会や発表会」ではなく、「実質的に充実した研究会」へと改編することを表明していたのである[14]。実際、学務当局は1935年に指定した沖縄島8校の校長を全員招集し、「改善に関する具体的協議会」を開催した。その結果、「六項目に重点」を置くことで同会の運営内容を改編することが決定した。これらから学務当局は指定校数の単純な増加をもとめていたわけではなく、むしろ質的な改編を目論んでいたといえる。新出と

なる当該記事は、以上の内容を示す断片のみが残存するにとどまる。このため「六項目」をはじめ改編の内容については、これ以上の追究ができない[15]。とはいえ、関係史料にもとづき同時期以降の運営を事後的にみることで、その内容のいくつかを類推できる。それはすくなくとも以下の2点におよぶ[16]。①指定校、および参加校の義務の変更、②出席義務を課す者の拡充である。まず①について、設置当初、指定校は開催案内を一週間以上前に学務課と郡市小学校に通知することとされた。改編後はそれにくわえ、学校経営案を事前に参加校に送付することが指示された。また、参加校に対しては「各校出席者は（当該学校経営案を―引用者）予め研究の上、出席する」ことが明示された。さらに参加校はあらかじめ指定された「研究調査綱目」について研究調査し、研究会終了後、二週間以内に学務部長に結果を報告することとされた。つぎに②についてはおなじく当初、当該郡市内の小学校には「校長及職員一名以上出席」する義務が規定された。改編後には当該郡市内のすべての小学校の校長および首席訓導の出席がともに義務づけられた。各小学校からの出席者は当初の1人以上から2人に増加した[17]。いずれも形式にとどまらず、事前事後の期間をふくめ指定校と参加校に積極的な取り組みを仕組みとして要請する運営実態の改編といえる。以上から第1段階における指定校数の増加傾向が、第2段階以降に比して相対的に抑制的であり、10校以下にとどまった理由について、つぎのように指摘できる。それは学務当局が同会の運営実態について無条件に肯定的な見解をもっていなかったためである。むしろ、同会のあり方が形式化し、かならずしも実効性を持ちえていないとの学務当局による判断が背景にある[18]。にもかかわらず、第2段階以降に指定校数が増加したのはなぜか。この問いに応じる前に、図1から読み取るべき、さらなる特徴があるため、あらためて同図の分析にもどる。

　図1から読み取るべき第2の特徴として、沖縄県内のすべての小学校数を分母とした場合、指定校数の占める比率は決して多くないということである。この点にかかわり、これまでの研究がすでにあきらかにしたように、同県内の本校数は1910年前後に140校に到達したのちは沖縄戦にいたるまで大きく変動することなく、安定的に推移した（藤澤2014, pp.58-59）。したがって、第1段階の当該比率は最大でも、6％程度にすぎない（小学校総数を140と仮定）。指定校数が40校に増加した最末期の場合でさえ、おなじく29％程度にとどまる。しかし、これらの事実は、経営研が局所的であり、限定的であったことを意味し

ない。というのは、既述のように同会では当初から近隣学校からの出席を義務づけており、指定校だけにその影響がとどまらなかったためである。くわえて、以下の2点がさらに重要な理由として指摘できる。①沖縄附小を筆頭とした、いわば拠点校といえる各地域の大規模校にとどまらず、小中規模校をふくめ、指定校が分散して選定されたため。また、②同会では一定の選定枠組みにしたがい、県内の一部地域に地理的に偏在することなく指定校が選定されていたためである。このうち②についてはのちに検証するため、①に焦点化して以下で検証する。

3　指定校の特徴

　現行では、だれがどのような基準にもとづき指定校を選定したのかについて学務当局の政策意図を直接的に示す史料は管見のかぎり見出せない。他方、実際に指定校に選定された学校にはどのような特徴があるのかを分析することは可能である。つぎの図2では、1943年時点の各小学校における就学児童数を学校規模の指標として仮に設定し、図1にみた108校の分布を時系列として示した[19]。

　1943年では総計で153の国民学校が確認できる[20]。その内訳は就学児童が2000人を超える学校を最大に、おなじく最少では98人の学校がある（就学児童数の平均値は798.5人。小数点第2位を四捨五入。以下、おなじ）。単純に大中小として全153校を均等に51校ずつに3区分すれば以下のように分類できる。すなわ

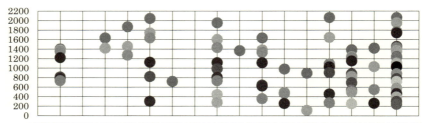

図2　学校規模別にみた指定校の分布推移（単位：人）
出典：沖縄県教育会 (1943) のほか図1におなじ。
注記：一部に補正をくわえた[21]。

ち、大規模校（就学児童数1000人以上）、中規模（同前500人以上、999人以下）、小規模（同前499人以下）である（従前もおなじ）。

　以上を前提条件として図2の数値と照合すれば、以下の2点を指定校の特徴として導き出すことができる。①通史的にみた場合、108校中、大規模校は49校（45.4％）、中規模校が38校（35.2％）、小規模校が21校（19.4％）である。大規模校が半数近くを占める一方、小中規模校が半数以上を占める。②さきに図1でみた指定校数の急増期である、第2段階（1941年）以降の59校にかぎれば、同前学校規模の順に23校（39.0％）、25校（42.4％）、11校（18.6％）である。つまり、経営研の最後年に限定すれば、指定校に占める小中規模校の割合が高まっている。指定校の特徴にかかわる、こうした傾向は郡市別にあてはめてみた場合、どのような異同を示すのか。つぎの**図3**で検証する。

　同図より郡市別にみた指定校の異同として、以下の2点を指摘できる。①極端に大きな郡市間の偏差は認められない。半面、②国頭・八重山の両郡については、いずれも指定校は小規模校に相対的に比重をもつ。実際、国頭郡では選定された18校のうち8校（55.0％）を小規模校が占め、八重山郡ではおなじく10校のうち6校（75.0％）は小規模校である。対照的に中頭郡では選定された20校

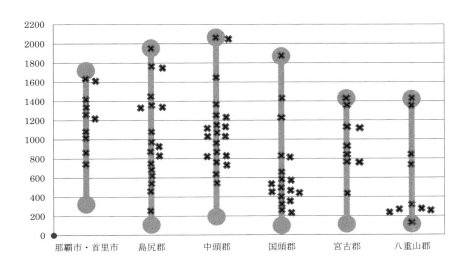

図3　郡市別にみた指定校選定の状況（単位：人）
出典：沖縄県教育会（1943）のほか図1におなじ。
注記：各郡市における最大および最小規模の学校を棒線で連結。指定校を×で掲示。

64　自由研究論文

はすべて中規模以上である。こうした両郡の特徴を具体的な数値として追認す
れば、指定校における就学児童実数では108校の平均が978.2人であるのに対
し、おなじく1219.0人（那覇市・首里市）、1059.3人（島尻郡）、1118.0人（中頭郡）、
665.8人（国頭郡）、975.1人（宮古郡）、582.6人（八重山）である。両郡の数値
が相対的に低いことが裏付けられる。こうした差異が生じるのは、もともと各
郡市に所在する平均的な学校規模のちがいが反映したためである。国頭・八重
山両郡では小規模校が順に、40校のうち22校（55.0%）、16校のうち12校（75.0%）
を占め、対照的に中頭郡ではおなじく3校（9.7%）にとどまる。

　以上から、学務当局は学校規模に照応し各郡市の特徴に応じることで指定校
を選定していたといえる。むろんすべての離島やへき地におよぶものではない
が、経営研は県域を偏差なく広範に包摂して開催された。先述した初等研では
限界をともなっていた、県域全体に影響をおよぼすという学務当局の課題は、
同会における運営実態においては結果的に実現をみていた。つぎにどのような
枠組みにもとづき指定校が選定されていたのか、他の団体との接続関係をふく
め解明する。

4　指定校選定の枠組みと接続関係

　設置当初、指定校の選定は先述の「開催要項」にもとづき郡市の枠組みに依
拠した。すなわち、沖縄島に位置する国頭、中頭、島尻の3郡、および那覇・
首里の2市（両市は1921年に市制に移行）、宮古・八重山の2郡の5郡2市である。
郡役所の廃止後にも学務当局は、事実として当該編成区分に依拠することで経
営研の指定校を選定した。この背景には、指定校の偏在を防ぐうえで、郡市に
もとづく編成区分は学務当局において便宜的であったことが容易に指摘できる。
また、同編成区分は沖縄県教育会の下部組織として設立され、教員においては
日常的な活動の場として接することの多かった、各郡市の教育部会（以下、地
方部会）とも整合していた。

　こうした郡市別の枠組みに依拠した選定の枠組みは第2段階となる1941年、
国民学校制度の実施とともに改編される。それは各郡市内部を「研究区」（以下、
括弧をはずす）としてさらに細分化するものであった。じつは指定校選定の枠組
みとして研究区が採択されたという経過については、その時期をふくめ、これ
まであきらかではなかった。筆者によりあらたに見出された「国民学校　教育

の振興　十六区の研究区設定」と題する、単体として見出された新聞記事により、はじめて判明する[22]。同記事は経営研について、学校衛生会とともに「統合」し「国民学校研究会」（以下、括弧をはずす）とする、学務当局の意向を以下のように伝える（下線部、引用者）。

　　　県では、各学校で実施されている、国民学校教育の研究会を一層活発にすると共に、<u>初等教育研究会、郡市教育会などとの連絡</u>を緊密にして、共同研究を旺盛にし、国民学校教育の振興を図るため、県下に十六の研究区を設け、国民学校研究会を実施することになつている。従来の学校経営研究会、学校衛生会などはこれに統合されるわけである。

　こうして経営研は国民学校研究会として発展的に改編された[23]。国民学校研究会の運営について同記事は引用箇所につづき、以下の2点を示す。①各学校を単位として、国民学校教員講習会修了者を中心に国民学校研究会を継続的に開催し、同時に教学局関係図書の「輪読研究」を実施すること。くわえて、②あらたに設置される研究区では、毎年一回、「県指定研究会」を開催することにより、「研究区内全職員の研究を旺盛ならしめる」ことである。こうした指示をともないつつ、指定校選定の枠組みは研究区制へと変容した。当該時点において研究区は16区に区画されたが、のちに区画数は変更されるため、かならずしも固定的ではない[24]。そのうえで研究区における区画の特徴は以下のように集約できる。すなわち、従前、郡市別を基準とした7区の構成は、那覇・首里の両市が合併のうえひとつの研究区とされ、八重山郡がひきつづき1区画であることをのぞき、いずれも細分化された。その内訳は、島尻、中頭、国頭の3郡がそれぞれ4区画、宮古郡が2区画である。各郡市所在の学校数にもとづけば、平均してひとつの研究区に8〜9校程度が配置されたことになる。もはや自明のように研究区に依拠して指定校が選定される仕組みが確立することで、さきにみた第2段階以降の指定校数の増加が促進された。

　じつは研究区制には歴史的な前提がある。主に授業研究を主題として近隣の複数の学校が連合して各郡区に設置された隣校研究会である。各郡市を細分化した区画に依拠した運営として研究区と隣校研究会とは類似する。すなわち、研究区制はまったく新規の区画として外在的に投入されたのではなく、こうした隣校研究会による蓄積にもとづいて採択された[25]。

66 自由研究論文

　あらためて引用史料にもどれば、下線部の「連絡」とはなにを意味するのであろうか。じつは研究区制は経営研だけではなく、初等研の運営にも適用された経緯がある。史料的にあきらかなかぎり、1942年9月の第31回初等研の準備過程において、研究区を枠組みとして合同研究会や実地授業が開催され、各小学校の意見が集約されていた[26]。こうして研究区制を共有することを通じて、経営研は初等研との接続関係を確立し、運営されたことがあらたに判明する[27]。

　研究区にもとづく指定校選定の枠組みは、第3段階となる1943年に矢継ぎ早に改編される。その内容に立ち入る前に、改編の前提となった、同時期の沖縄県教育会における組織機構の一元化について、ここで瞥見しなければならない[28]。従来、下部組織である地方部会が実動を担ってきたことから、「県教育会は無理矢理の存在にすぎず」として、その形骸化が同会において認識された。このことで「連絡を欠きいろいろの利害があった」が、これらを組織機構として一元化するとともに、同会を中等教育部、国民（学校―引用者）・青年教育の二部として再編することとした。こうして同会は1943年以降、中等教育部にくわえ、国民学校と青年（学校）教育を一体化した、あらたな組織機構にもとづく運営を開始する。

　これらの前提をふまえ、あらためて1943年の経営研における選定枠組み改編にもどる[29]。同会の運営について学務当局は「国民学校、青年学校、青少年団、社会教育等、本県教学の全野にわたり不離一体」とする、あらたな運営方針を示した。国語のほか「科学、体育、訓練養護、社会教育、軍人援護教育ならびに興亜教育」を「研究項目」として特定するとともに、同会については「研究指定校が中心となり、月一回、研究区毎に討議、共励切磋」を図ることとする。この改編で重要なのは、相互に関連した以下の2点である。①国民学校での研究項目に「社会教育」や「青少年団」があらたに差配され、学社間における文字通りの「不離一体」が企図された[30]。これにともない、②研究区制を踏襲しつつ、指定校は小学校に限定されず、すでに1939年から義務制が実施された青年学校にもおよんだことである[31]。もはやあきらかなように、1943年における指定校数の急激な増加の背景には、これら沖縄県教育会の組織機構の一元化、ならびに国民学校と青年学校などとの一体化という、戦時体制下における学務当局の政策方針があった。

5　結論と今後の課題

　本稿では経営研の運営実態に着目することで、近代沖縄において教員が組織化された過程を具体的にあきらかにした。あらためて従来の研究水準を確認すれば、同会については通史的な分析に欠けるとともに、言及される場合でも断片的な記述にとどまる。これに対し本稿は、指定校の選定から配置にいたる仕組みを分析視点として設定することで、複数の新出史料をまじえ運営実態の変容過程を通史としてはじめて解明した。郡市のちに研究区という枠組みに依拠することで、各郡市における拠点校というべき大規模校にとどまらず、小中規模校にいたるまで、指定校は県域全体に偏差なく選定・配置された。既述のように指定校選定にかかわる学務当局の政策意図については、現時の史料的な制約から検討ができない。このかぎりで学務当局が実際に意識的であったかは、慎重に留保しなければならないが、結果としてみれば、経営研は計画性を備えた教員制度として機能した。したがって、同会は近代沖縄における教員を組織化するうえで、その運営実態を通じて固有の影響力を保持したと結論づけられる。

　従来の研究では近代沖縄における教員への影響力という場合、既述のように初等研のはたした役割の重要性が通説化してきた。本稿の結論をふまえたうえでも、この通説はあやまりではないが、厳密にはいくつかの留保を要する。それは初等研と経営研との異同、両者の対比の意味においてである。確認すれば、前者の拠点が沖師附小に限定されたのとは対照的に、後者はすくなくとも108校が拠点となった。すなわち、初等研が沖師附小単独によって名実ともに主導されたという、いわば拠点特定型の運営実態として特徴づけられるとすれば、経営研は、いわば拠点分散型というべき特徴をもつ。前者は沖師附小の権威性に依拠した例外的な拠点というべきであり、これに対し後者は小中規模校をふくめた小学校の通有性に依拠した一般的な拠点といえる。前者では1920年代後半にすべての小学校を動員する開催方式が採択されたことをさきに指摘したが、後者でも近隣学校からの出席が義務づけられ、その動員性に大きな懸隔はない。つまり、経営研における指定校は初等研と比べ、指定校単体としてみれば相対的には小規模であったが、分散型という固有性に依拠することで県域全体への網羅性を備えるにいたった。従来の研究は通史的な視野をもたなかったために、こうした経営研の特徴を正確に評価できなかった。

68 自由研究論文

　さらに本稿では1941年以降、経営研が国民学校研究会として改編された事実経過とともに、研究区制を共有することで初等研との接続関係が確立したことをいずれもあらたに解明した。たしかに狭義の理解にもとづけば、経営研と初等研との接続は研究区制の共有以後に限定される。しかし、運営実態の固有性に即していえば、教員を組織化するうえでの事実としての両者の接続関係は、初等研につづき経営研が設置された時点、すなわち、1920年代後半からすでに作動していた。設置者の系統性を異にしながら、両者は併存することで教員の組織化を相乗的に進展させた[32]。

　あらたに見出された、この知見は教育制度学においてどのような意義をもちうるのか。それは教員を組織化する仕組みを分析する場合、法制度上の機構（政府や府県学務当局）に分析視点を限局すべきではないこととして集約される。むろん、経営研がそうであったように、学務当局は教員の組織化を立案し運営する中心的な役割を担った。しかし、教員の組織化は現実において、系統性相互の接続関係という、明示的ではないものの実効性を備えた、事実上の仕組みを不可欠とした。つまり、法制度上の機構は、運営実態としては組織化の過程の一端を担ったというべきである。これに照らせば、教員制度の分析は、こうした仕組みが発生し進展を遂げ、終末へといたる歴史過程を個別の事例に即し掘り起こさなければならない。

　さいごに従来の研究では不明瞭なままにあった、経営研の終末期について指摘する。既述のように同会は、1943年7月までその開催が確認できる。こののち学務当局は1944年1月14日、首里市第三国民学校を「決戦下の国民学校全般に亘る合同視察」先として「指定」し、県視学や県教育会主事、また、「那覇市内の校長、教頭、首里市内の全教員約八十名」が出席した。内容は公開授業、校長による学校経営方針の報告と質疑からなる研究会、講評であった[33]。注意すべきは、当該視察は一日完結であるという相違があるものの、経営研の運営方法および内容構成をほぼ踏襲していることである[34]。今後の調査研究の進展をまたなければならないが、最末期において経営研は、「合同視察」として簡易化のうえ継続していたと推定できる。この点の解明をふくめ、本稿では今後、検討すべき課題をいくつか見出すにいたった。なかでも基礎的な課題を挙げれば、指定校について捕捉数の増加が欠かせない。ひとつの手立てとして、学校沿革誌に依拠することで各校から個別の経営研への出張を高い精度で捕捉する方法が想定できる[35]。さらに経営研における個別の研究内容と教育政策との関

係、各学校への浸透過程といった、同会の運営実態として、本丸というべき範疇へと立ち入った分析が展望できる。いずれにおいても前提条件となるのは史料環境の改善にほかならない。これらの課題と展望を視野に収め、研究精度のさらなる向上が求められる。

【註】

1　本稿が対象とする研究会の名称は「小学校経営研究会」のほか「学校経営研究会」、のちの「国民学校経営研究会」などがあり一様ではない。本来は括弧を付すべきだが便宜上、題目をふくめ括弧をはずし略記する。なお、本稿において教員とは、校長をはじめ正教員など、小学校に勤務した教育担当者の総称として限定的に用いる。

2　以下、「雑報」『沖縄教育』169号、1928年9月（19巻）。

3　これによれば、経営研はかならずしも沖縄に限定される施策ではないと推定される。他府県の事例として、千葉県学務当局による「学校経営研究会」がある。「千葉県主催教育研究会」千葉県教育会『千葉教育』426号、1927年10月。なお、同時期の沖縄県は府県制度において一般制に移行しており、他府県と同格の地方制度下にあった。ただし、後述の初等研が全国的な組織性をともなっていたことが判明しているのとは異なり、これら施策の政策的な背景は自明ではない。高野（1961, pp.64-95）が示した、同時期における「学校経営」論の変容と分化という動向を注視しつつ、事実関係の把握が必要である。

4　初等研における開催方式の変容過程について、藤澤（2018）（以下、おなじ）。

5　1886年に創立の沖縄私立教育会を起源とする。改編をかさね1915年に沖縄県教育会として設立され、すくなくとも1945年2月まで組織的な活動を存続した。「移転御知ラセ」『沖縄新報』1945年2月2日。

6　とはいえ、経営研と初等研の関係を明文化した学務当局による規則類は管見のかぎり見出されない。半面、それぞれが別の教員団体でありながら、併存し相互に接続することで両者は教員を組織化する仕組みとして現実に機能した。本稿はこの点に焦点化する。

7　「全面的に教育振興　永山県視学の感想談」『海南時報』1942年10月23日。当事者の回想として、伊波（1974, p.61）、那根（1978, pp.39-40）。

8　近代沖縄の教育政策史を分析した、近藤（2006, p.208）は最初期の経営研における研究内容に言及する。

9　2009年に復刻刊行され現時点で全39巻（不二出版）。本稿では『沖縄教育』からの引用にあたり同復刻版を使用し、当該巻数を付記する（従前もおなじ）。

10　『八重山新報』1933年9月25日、『海南時報』1941年1月14日、『沖縄新報』1942年9月18日、『朝日新聞』（沖縄版）1943年2月19日ほか。

11　具体的には1930年は当初、「学務課の都合」で開催が見合わされる予定であったが、実際には2校での開催が確認される。「学校経営研究会行事」『先島朝日新聞』1930年6月23日、「期待される那尋高の学校経営研究会」『沖縄朝日新聞』1930年11月27日。逆に1933年と1942年は史料的な制約から予定にもとづく。「本会予算並昭

70　自由研究論文

　　和会館予算」『沖縄教育』201号、1933年5月（24巻）、「県学務課　諸行事を設定」『沖縄教育』309号、1942年5月（34巻）。このため以下の各図と数値が整合しない場合がある

12　「都市としての学校経営研究会」『琉球新報』1929年1月26日。

13　「八年度学校経営研究会の指定校きまる」『八重山新報』1933年5月25日。

14　『沖縄人の名前　序文』（沖縄県公文書館所蔵、資料コード 0000050234）。以下、同館所蔵史料についてコードのみを付記。

15　当該記事の残存が断片にとどまるのは、誌面裏側の記事が意識的に切り抜きされたことで偶然、保存されたことによる。

16　以下、「県主催学校経営研究会　二十二日川平校で　校長首席訓導出席」『海南時報』1940年1月14日。

17　ただし、実際の出席者数には郡市や指定校により懸隔がある。たとえば、那覇市の開催では300人以上の出席者がみられる一方、おなじく離島では40〜50人であった。以上、「那覇尋常高等小学校経営研究会」『沖縄教育』186号、1930年12月（21巻）、「黒島校学校経営研究会　真剣な研究行はれ大収穫を挙げ閉幕」『海南時報』1939年2月17日。

18　時期を特定するものではないが、真栄田（1966, p.105）は経営研が「年を経るにつれて、見せかけの実質を伴わないマンネリズム化」に陥ったと回想する（ただし、おなじく「昭和十年前後にはこれは（経営研を指す―引用者）廃止された」との記述は誤認である）。なお、1930年代はじめの史料は「指定された学校（経営研の指定校を指すと推定される―引用者）は人身御供の白羽の矢が立った」とし、「研究会だをれ」との表現によりその形式化を暗示する。あ・まつを生「対翠楼雑記」『沖縄教育』204号、1933年8月（24巻）。

19　1943年時点を基準としたのは、すべての小学校の児童数を共通の枠組みで捕捉可能であることにくわえ、1920年代後半以降、沖縄での就学児童の総数が大きく変動することなく推移したためである（藤澤 2014, pp.62-63）。

20　本校のみを対象とし分教場などはふくめない。沖師附小をふくむ（以下、那覇市・首里市所在）。

21　史料の欠損（沖縄県教育会 1943, pp.86-87）について、琉球政府文教局（1954）にもとづき補正した。

22　同記事は当該箇所のみが切り抜きされ、『八重山郡教育研究会記録』（石垣市内の公立小学校所蔵）に添付される。掲載誌名、発行年月日は確認できないが、つぎの史料との照合から1941年の記事として特定できる。嘉数国民学校「学校衛生・給食研究会」『沖縄教育』304号、1941年12月、39頁（33巻）。

23　ただし、こののちも「学校経営研究会」と冠された経緯がある。現時の史料環境では最末期となる、「学校経営研究会」『海南時報』1943年7月20日。

24　いずれも1943年時点で18区に区画されたほか、17区に変更された場合がある。順に「逞しき興亜教育」『朝日新聞』（沖縄版）1943年1月5日、「教育研究項目を決定す」『朝日新聞』（沖縄版）1943年3月3日。

25　ここでも経営研と他の団体との接続関係が確認される。ただし、隣校研究会については、藤澤（2014, pp.169-183）による類型化をのぞき、研究蓄積に乏しい。

26 「国民学校教育へ示す熱意」『大阪朝日新聞』（沖縄版）1942年2月8日。

27 こうした「連絡」関係は、経営研が依拠した経費に着目した場合、単純ではない。同会は学務当局だけでなく、沖縄県教育会からも経費補助を受けたためである。「学校経営研究会　主催校へ補助」『琉球新報』1938年5月15日。

28 以下、「県下の教育会を一元化」『朝日新聞』（沖縄版）1942年12月13日。沖縄県教育会の組織再編については、さらに前提があるが、ここでは立ち入らない。「純然たる民間団体に」『大阪朝日新聞』（附録九州朝日）1933年7月25日。

29 以下、前掲「逞しき興亜教育」「教育研究項目を決定す」『朝日新聞』（沖縄版）。

30 国民学校と青年学校、青少年団との「不離一体」化は「大日本青少年団ニ関スル件」（文部省訓令第2号、1941年3月）に典拠がある。この背景には青年学校長が国民学校長との兼務であった場合が多くを占めていたことがある。沖縄県教育会（1943）にもとづき集計すれば、同年時点で123校の青年学校のうち、109校（88.6％）が該当。1943年7月に開催された、石垣町石垣国民学校『第十七区県指定研究会案内』（石垣市内の公立小学校所蔵）が新出史料として挙げられる。

31 青年学校を対象とした経営研は1942年にはすでに実施をみた。「石垣町立青年学校研究会」『海南時報』1942年11月5日。

32 焦点の拡散を防ぐため論証はひかえたが、ここでいう系統性には前記のように沖縄県教育会がくわわる。これら三者間の接続関係をその変容過程をふくめ解明することが今後の大きな課題である。

33 以上、「張り切る学園」『沖縄教育』328号、1944年2月（34巻）。

34 最末期と推定される経営研の開催予定を総覧した記事では、同校が指定校のひとつとして掲げられる。前掲「教育研究項目を決定す」『朝日新聞』（沖縄版）。

35 たとえば、1942年2月、大浜国民学校で開催の経営研について、黒島初等学校『沿革誌』（T00022449B）より、黒島国民学校長と同首席訓導の出席が確認できる。

【文献一覧】

阿波根直誠（1977）「沖縄県初等教育研究会」沖縄県教育委員会編『沖縄県史』別巻（沖縄近代史辞典）

伊江信光（1974）「高宮君と私」野地潤家編『高宮広雄先生に学びて』文化評論出版

沖縄県教育会（1943）『沖縄県学事関係職員録』

沖縄県文化振興会（2007, 2018）『植物標本より得られた近代沖縄の新聞』『同前II』（沖縄県史研究叢書17、19）沖縄県教育委員会

近藤健一郎（2006）『近代沖縄における教育と国民統合』北海道大学出版会

高野桂一（1961）『学校経営の科学―人間関係と組織の分析』誠信書房

照屋信治（2014）『近代沖縄教育と「沖縄人」意識の行方―沖縄県教育会機関誌『琉球教育』『沖縄教育』の研究』溪水社

那根亨（1978）『思い出の記』（私家版）

藤澤健一編（2014）『沖縄の教師像―数量・組織・個体の近代史』榕樹書林

藤澤健一（2018）「近代沖縄における小学校教員政策史―沖縄県初等教育研究会の運営実態を視点として」日本教育政策学会『日本教育政策学会年報』25号

72   自由研究論文

真栄田義見 (1966)「沖縄教育概説」琉球政府編『沖縄県史』4巻各論編3教育
琉球政府文教局 (1954)『昭和十八年版　沖縄県学事関係職員録』

【追記】

　①史料からの引用に際し、読みやすさを優先し通行の字体にあらためた。また、句
　読点をあらたに付した場合がある。②本研究は JSPS 科研費（15H03475）による研
　究成果の一部である。

abstract

A study on the Elementary School Teachers Organization in modern Okinawa:
from the viewpoint of Syougakkou Keiei Kenkyukai (SKK)
& focusing on actual conditions of its managements

Kenichi FUJISAWA (Fukuoka Prefectural University)

This paper aims to clarify the historical process involved in organizing elementary school teachers in modern Okinawa thorough the Syougakkou Keiei Kenkyukai (SKK) point of view. Under the administration of the educational officials of Okinawa Prefecture (EO), SKK had been in existence from the late of 1920`s to 1940`s with a wide range of influence. SKK was not a fixed organization but a temporal one which had been managed at each of the designated schools.

Previous studies indicate in common the strong influence of SKK, although it is not clear how such influence it has actually had. Thus, this paper aims to focus on the actual conditions of its managements especially in the role it had been assumed to play in organizing teachers.

The term "actual conditions of management" in this study refers to the mechanism adopted by EO to select and arrange teachers for designated schools. In order to achieve the research goal it was necessary to draw up a research framework from three points of view. First, it was necessary to look into the historical changes in the number of designated schools during the period under study. Then it was necessary to examine the characteristics of designated schools. Finally it was necessary to analyze the selection process of the designated schools and clarify its connection with other organizations and how this has changed through the years. Consequently, it was necessary to conduct both a quantitative analysis of the designated schools as well as a qualitative analysis. In addition, the third aspect focuses on the organizational background of the data involved in the study.

In summary, this paper has presented a complete history of SKK especially focusing on the newly acquired 108 cases. It was found that the mechanism of selection and arrangement for designated schools was based on multiple new historical materials. Specifically, this means that, the mechanism behind the selection process has changed from the framework of "district and city based" to "research district-based" at 1941. It has also been pointed out that not only the large and famous schools were selected, but the small and medium-sized schools as well. It was difficult to analyze the EO`s direct intentional background in selecting and arranging designated schools because of constraints concerning historical materials. In this premise, it is hard to conclude whether the EO's were actually conscious or not about their extensive influence across the region. It is safe to say that generally, SKK has acted as a well-planned educational system. It can also be concluded that SKK retained its own influence on the organization of teachers in modern Okinawa.

[自由研究論文]

アメリカ連邦政府による大学生に対する学資ローンの返還制度改革
―所得連動型返還プランの導入・拡大過程に注目して―

吉田　香奈（広島大学）

問題設定

　本稿は、アメリカ連邦政府が実施する大学生に対する学資ローンの返還制度改革に注目し、特に所得連動型返還プランの導入・拡大過程を明らかにすることを目的としている。

　大学生に対する学資ローンの所得連動型返還はノーベル経済学賞を受賞したフリードマン（Milton Friedman）を嚆矢とし、その基本的な考え方は、学資ローンの返還を卒業後の所得に応じて所得税の徴収とともに行うというものである（Chapman 2014, p.12）。所得に応じた無理のない返還が可能であり、一般に源泉徴収方式で納付されるため回収の確実性が高く、回収コストは低い。オーストラリアやイギリスでは、大学の授業料を在学中は政府が立て替え、卒業後に所得に応じて支払うという授業料ローンの所得連動型返還が実施されている。申請すれば基本的に誰でも利用できるため、高等教育の機会均等という点において優れた制度として大変注目されている。しかし、日本において2017年度より開始された日本学生支援機構無利子貸与奨学金の新所得連動型返還制度は、授業料の後払いのためのローンではなく、あくまで貸与奨学金の返還方法の選択肢の一つとして導入されたに過ぎない。また、所得税の徴収を通じた返還も行われていない。

　高等教育の機会均等を保障する奨学制度を、1）授業料減免制度、2）貸与型・給付型の奨学金制度、3）教育減税制度、に大きく分類した場合、オーストラリアやイギリスの授業料ローンは1）と2）の混合型とみなすことができる。一方、日本や本稿が注目するアメリカの貸与奨学金は2）に分類され、授業料の支払いに使途を限定せず、広く学資として貸与されている。そこで、本稿では、日本と類似した制度を有するアメリカに注目することとした。

アメリカでは、1993年より連邦政府の学資ローンに所得連動型返還プランが導入されている。制度の利用は長い間低迷していたが、近年になって利用者が急速に拡大しており、2017年現在、返還者の28%、ローン残高の46%が所得連動型による返還となっている。連邦会計検査院の調査によれば、所得連動型返還プランの利用者は他の返還プランより債務不履行率が低い傾向にあることも指摘されている（USGAO 2015, p.21）。

なぜ、同国では所得連動型返還プランが導入されたのだろうか。また、なぜ利用が低迷し、それをどのようにして改善したのだろうか。現在の急速な利用者拡大の要因を探るためには、制度の導入目的とその後の展開過程を歴史的な視点から分析していく必要がある。しかし、先行研究ではこれらの点について十分な検証が行われているとは言えない。アメリカの連邦学生経済支援に関する制度・政策史研究には仙波（1982）、日本私立大学連盟学生部会（1991）、犬塚（2006）などがある。特に犬塚の研究は連邦教育省のみならず他省庁の実施する経済支援も取り上げて政策の変遷を追った包括的な研究である。しかし、所得連動型返還プランをめぐる議論は取り上げられていない。一方、所得連動型返還プランの近年の動向を取り上げたものとしては吉田（2012）、小林・吉田・丸山（2012）、寺倉（2015）、吉田（2016）が挙げられる。また、経済学の立場から所得連動型返還に注目した研究としては阪本（1998, 1999）や松塚（2012, 2016）がある。しかし、これらの研究においてもアメリカにおける所得連動型返還プランの導入目的や利用低迷の原因については考察が行われていない。

一方、近年、アメリカでは所得連動型返還プランに関する論文や報告書が相次いで公表されている。しかし、現行制度の問題点や改善案を提示したものが中心であり、歴史的な視点から考察を行っているものは見当たらない（Dynarski / Kreisman 2013; Young Invincibles et al. 2014; TICAS 2017; Hillman / Gross 2014; USGAO 2015; Baum 2016; Baum / Johnson 2016）。

そこで、本稿では、アメリカにおける所得連動型返還プランの導入・拡大過程を以下のような方法で検証することとした。まず、アメリカの連邦学資ローンの概要を整理した上で（第1節）、なぜ1993年に所得連動型返還プランが導入されたのか、その目的と経緯を連邦議会の議事録等から分析する（第2節）。続いて、なぜ導入後に利用者が低迷したのかを検証し（第3節）、さらに、どのような制度改革によって利用者の拡大が図られたのか、また、連邦教育省は今後いかなる改革を通じて利用者の拡大を図ろうとしているのかを訪問調査を踏ま

76　自由研究論文

えて明らかにする（第4節）。最後に得られた知見を整理し、日本への示唆を述べる（第5節）。

1　アメリカの連邦学資ローンの概要

　アメリカでは、大学生に対する経済支援は連邦政府・州政府・大学・民間企業等によって実施されており、約2,507億ドル（2016-17年，約27.6兆円，1ドル110円で計算）が支出されている（College Board 2017, p.9）。このうち連邦政府の学資ローンは949億ドル（38%）を占める最大の事業となっている。

　連邦学資ローンには1）ダイレクト・ローン（利子補給型）、2）ダイレクト・ローン（非利子補給型）、3）プラス・ローン、4）パーキンズ・ローン、の4種類があり、1）は学部生、2）は学部生・大学院生、3）は学部生の保護者と大学院生、4）は学部生・大学院生が利用することができる。学部生の40%、大学院生の43%が連邦学資ローンを受給しており、学資ローンの卒業時一人当たり平均貸与総額は公立4年制で26,800ドル、私立4年制で31,400ドルとなっている（Radwin et al. 2013, pp.9-15; College Board 2017, p.22）。

　なお、上記1）~3）については銀行等の民間資金を活用した学資ローンである政府保証民間学資ローン（正式名称は連邦家庭教育ローン Federal Family Education Loans, 以下 FFEL）と政府による直接貸与であるダイレクト・ローン（Direct Loans, 以下 DL）の2種類の財源が併存していたが、前者は2010年6月に廃止されている。

　返還方法には1）標準型返還プラン（Standard Repayment Plan）、2）段階型返還プラン（Graduated Repayment Plan）、3）延長型返還プラン（Extended Repayment Plan）、4）所得連動型返還プラン（Income-Driven Repayment Plans）、があり、特に選ばなければ1）となり、10年以内に返還を完了する。なお、学資ローンを複数利用している場合は返還時にローンを統合することができる。

2　アメリカにおける所得連動型返還プランの導入目的と経緯

(1) 試験的導入 ── 大学による回収

　連邦政府による一般学生を対象とした経済支援は1965年高等教育法（Higher Education Act of 1965, P.L.89-329）によって開始された。学資ローンについては、

民間資金を利用したローンである政府保証民間学資ローン（Guaranteed Student Loan, GSL。のちに FFEL に改称）が創設され、主に中所得層の学生が利用していた。しかし、連邦議会では、学資ローンの債務不履行者が徐々に増加するにつれ、その対処策として返還制度の改革に注目が集まるようになっていった。1972年・1976年の高等教育法の修正過程では連邦議会で所得連動型返還プランの導入の可能性が議論され、1986年高等教育修正法（Higher Education Amendments of 1986, P.L.99-498）では所得連動型ローン試験導入プロジェクト（Income Contingent Loan Demonstration Project）が実施された（Riddle 1986）。これは、パーキンズ・ローンに所得連動型返還を試行的に導入したものであった。その目的は債務不履行率を低下させることと、教職のような賃金の低い職に就く学生を確保することにあった（Boren et al.1987, pp.46-48）。しかし、試験導入に参加した10大学からは大学による返還金回収の事務負担が重い等の理由から継続に反対する意見の方が強かった（DeLoughry 1991）。

(2) 1992年の合衆国大統領選挙と連邦議会第102議会における議論

その後、連邦議会第102議会（1991-1992年）では1965年高等教育法の再授権に向けた準備が進められるが、この過程で所得連動型返還は再び注目を浴びることとなった。それは、1992年の合衆国大統領選挙で民主党の候補者であったビル・クリントンが所得連動型返還の導入を公約に掲げたためであった。クリントンは高等教育について1）民間資金を利用した政府保証民間学資ローンを廃止して政府が直接貸与するダイレクト・ローンへ切り替える、2）コミュニティサービスの活動に参加する若者に対して給付奨学金と所得連動型の学資ローンの利用を可能にするナショナルサービスプログラムを創設する、という2つの大きな公約を掲げていた。特に後者は、ボランティア活動を通じて大学進学を可能にし、さらに、学資ローンを所得連動型返還にすることで大学卒業後に教員、低所得層の住む地域の医師、公選弁護人、などの社会的に重要であるが給与の低い公共サービス職に就職しやすくする、というねらいがあった（Waldman 1995; Hannah 1996; Parsons 1997; Schrag 2001）。

一方、連邦議会第102議会でも、下院および上院でそれぞれ所得連動型返還プランの導入法案が提出されていた。これらは、学資ローンを所得に応じて返還することに加え、返還金の回収を連邦税の徴収・執行を行う内国歳入庁（Internal Revenue Service）の所得税徴収制度を通じて実施するという案であった。

その争点は、1992年2月に下院教育労働委員会中等後教育小委員会で開催された所得連動型返還プランに関する公聴会での議論をみると理解しやすい。公聴会には下院と上院の法案提出議員、内国歳入庁、高等教育関係者らが出席し、それぞれの立場から証言が行われた（U.S. Congress House Subcommittee on Postsecondary Education 1992）。法案 H.R.2336 の提出者であるペトリ下院議員（Thomas E. Petri, 共和党, ウィスコンシン州選出）は「現行の学資ローンプログラムは非常に複雑で、無駄が多く、不平等で、学生、大学、納税者にとって負担が大きい」が、「所得連動型を導入すれば、プログラムを全ての人に開かれたものにでき、大学や政府にとっては運営が簡素化され、学生にとっては申請が非常に簡単で返還もしやすく、柔軟性に優れたものになる。現行の制度を残したとしても、学資ローンプログラムからビジネス界を引き離すほど魅力的であり、同時に債務不履行問題を解決し、膨大な資金を節約できる」と提案理由を述べている。そして、「教育は人的資本への投資であり、将来の所得税によって負担されるのが適切である」、「内国歳入庁による回収は所得連動型返還の要となる」（pp.2-3）と述べている。つまり、本法案は所得連動型返還プランを導入することによって学資ローンを簡素化すること、および債務不履行問題を解決することにねらいがあり、その要は内国歳入庁による徴税制度を通じた返還金の回収にあったと言える。内国歳入庁は、すでに1984年より連邦学資ローンの債務不履行者について連邦税還付金を学資ローンの返還に充てるオフセット回収を行っていたが、法案は債務不履行に陥っていない通常の返還金の回収まで全てを内国歳入庁に求めるものであった。

これに対して内国歳入庁の証言者であるビゲロー（Michael. S. Bigelow）は、同庁が学資ローンの回収全般を担当することに強い反対の姿勢を示している。それは、同庁が税金の徴収以外に学資ローンの回収まで担うことは業務負担が大きすぎるからであった。「それは我々の業務を大きく変更するものであり、現行の税務行政制度に様々な影響を及ぼすものであることを強調したい」（p.70）と証言している。

さらに、350万人の学生が加盟するアメリカ学生協会（United State Student Association, USSA）も、ダイレクト・ローンと所得連動型返還プランの導入については教育の機会均等の側面から「強く支持する」と述べたが、内国歳入庁による回収には強い反対の姿勢を示している。「学資ローンの返還オプションの説明や問題が起こったときのサポートを内国歳入庁がしてくれるのだろうか。

現行の制度は完全には程遠いが、それでも銀行等の貸し手は返還猶予の手続きをサポートしてくれる」(p.101)と証言し、内国歳入庁による回収には懐疑的な立場を示した。また、シンクタンクの教育コンサルタントであるハウプトマン（Arthur Hauptman）も所得連動型返還プランの導入には賛成の意を示したが、内国歳入庁による回収には反対の立場であった。「なぜ、堅実に返還している利用者まで全員が厳しい内国歳入庁の回収の対象にならなければならないのか。彼らは他の返還方法で十分に返還できる」(p.129)と述べ、債務不履行を起こしていない通常のローンの回収まで同庁が担当する必要はないと証言した。

　以上のように、所得連動型返還プランをめぐる議会での争点は内国歳入庁による返還金の回収にあった。所得連動型返還プランの導入自体には賛成が多数であったものの、内国歳入庁による回収は同庁自身をはじめ高等教育関係者からの強い反対があり、その結果、法案には盛り込まれず導入に至らなかったと言えよう。

(3) ダイレクト・ローンと所得連動型返還プランの導入へ
── 1992年高等教育修正法と1993年包括予算調整法

　成立した1992年高等教育修正法（Higher Education Amendments of 1992, P.L.102-325）では、1994年より連邦ダイレクト・ローン試験導入プログラム（Federal Direct Loan Demonstration Program）が開始され、その利用者のうち35%に所得連動型返還が適用されることとなった（CQ 1992, p.449）。一方、既存の政府保証民間学資ローンにも新たに所得連動型返還プランとして Income-Sensitive Repayment（以下ISR）が導入された（表1）。ISRは返還期間が15年に延長されるが、このうち5年間だけ所得に応じた返還が可能とされ、所得に占める返還額は4~25%から選択することとされた。ただし、15年間で返還終了するためには6年目以降の返還額が上昇するうえ、長期化した分だけ利息が膨らみ、さらに返還免除制度もない、という厳しいプランであった。

　しかし、翌年にクリントン政権が発足するとダイレクト・ローンと所得連動型返還プランは学資ローン改革法（Student Loan Reform Act of 1993）の中で正式なプログラムとして導入されることが提案され、1993年包括予算調整法（Omnibus Budget Reconciliation Act of 1993, P.L.103-66）に盛り込まれて法制化された（CQ 1992,1993）。大統領選の間、クリントンはナショナルサービスプログラムの中に所得連動型返還プランを盛り込んで成立させることを考えていたが、実際に

80　自由研究論文

表1　連邦学資ローンの返還プラン

返還プラン		施行年	返還期間※1	返還額※2	対象ローン		備考
					FFEL	DL※3	
標準型返還プラン（Standard Repayment Plan）			10年以内	定額	○	○	基本プラン。選択しなければ本プランが適用される。
段階型返還プラン（Graduated Repayment Plan）			10年以内	段階的上昇	○	○	将来的に所得の上昇が見込まれる場合に適する。
延長型返還プラン（Extended Repayment Plan）			25年以内	定額または段階的上昇	○	○	標準型、段階型の返還期間を延長。3万ドル以上の利用者のみ可。
所得連動型返還プラン（Income-Driven Repayment Plans, IDR）	Income-Sensitive Repayment（ISR）	1993年	15年以内。うち5年まで利用可。返還免除なし。	4〜25%から選択可能	○		政府保証民間学資ローン（FFEL）利用者のみ可。
	Income-Contingent Repayment（ICR）	1994年	25年以内。以降は返還免除。	自由裁量所得の20%		◎	ダイレクト・ローン（DL）利用者のみ可。
	Income-Based Repayment（IBR）	2009年	25年以内。以降は返還免除。	自由裁量所得の15%	○	◎	返還額が標準型返還プランより低い場合のみ利用可。後に所得が上昇しても、返還額は標準型返還プランと同額を上限とする。
		2014年	20年以内。以降は返還免除。	自由裁量所得の10%		◎	同上。ただし、2014年7月1日以降の新規利用者に限定。
	Pay As You Earn（PAYE）	2012年	20年以内。以降は返還免除。	自由裁量所得の10%		◎	同上。ただし、2011年10月1日以降の新規返還者に限定。
	Revised Pay as You Earn（REPAYE）	2015年	20年以内。大学院での貸与は25年以内。以降は返還免除。	自由裁量所得の10%		◎	全ての返還者が利用可。返還額は標準型返還プランより高くなることがある。

※1　2つ以上の学資ローンを返還する場合は統合ローン（consolidation loans）にでき、返還期間は30年間に延長される。

※2　自由裁量所得（discreationary income）とは、調整後総所得（adjusted gross income）から貧困ガイドライン（poverty guideline）の150%（ICRは100%）の額を差し引いた額を指す。

※3　◎は公共サービス職学資ローン返還免除制度（Public Service Loan Forgiveness Program）の対象である。ただし2007年10月1日以降の新規返還者に限定。

出典：連邦教育省公表資料をもとに作成（2018年3月14日最終閲覧）（https://studentaid.ed.gov/sa/repay-loans/understand/plans）

は議会における予算法案の審議には特別なルールがあり、両者を一つにした形で通過させることは手続き上不可能であった（Waldman 1995, p.126）。そこで、両者は切り離され、所得連動型返還プランはダイレクト・ローンとセットで審議されることになったのである。しかし、このことは、逆により多くの学生に所得連動型返還プランを利用する機会が開かれたことを意味した。

なお、ダイレクト・ローンの所得連動型返還プランは Income-Contingent Repayment（以下 ICR）と名付けられた（表1）。ICR は25年間返還するとそれ以降は返還免除となる点が ISR とは大きく異なっていた。クリントン大統領は法律の署名に際して「ICR は、他の柔軟な返還オプションとともに、在学中の負債を心配せずに低賃金の公共サービス職を選択できる機会を提供できるものである。また、この新プランは債務不履行を減少させるだろう」と述べ、その意義を強調した（The White House Office of the Press Secretary 1993）。

3　所得連動型返還プランの展開 ── 利用者の低迷

このように、債務不履行の改善と職業選択の幅を広げるという目的で導入された所得連動型返還プランには開始当初から大きな期待が寄せられた。しかし、現実には、プランの創設以降、その利用率は低迷を続けることとなった。ダイレクト・ローンの返還プランの利用状況を調査した連邦会計検査院（U.S. General Accounting Office. 後に U.S. Government Accountability Office に改称）の報告によれば、1997年3月時点でダイレクト・ローンを返還している66.3万人のうち所得連動型返還プランを選択した者は56,298人（8.5%）であった（USGAO 1997,p.30）。ただし、これには返還途中で債務不履行を起こして所得連動型返還に移行した者が数多く含まれている。そこで、これらを除いた新規の返還者に絞ってみると選択者はわずか0.7%であった。

ICR の利用について調査を行ったシュラグ（Philip G. Schrag）によれば、連邦教育省はプラン開始当初、返還者の15~30% が ICR を選択すると見込んでいたという（Schrag 2001）。しかし、そもそも高授業料の大学・大学院を卒業して給与の低い公共サービス職で長期間働こうとする者自体が多くはなく、25年間という返還期間が長すぎることも選択されない原因であったと指摘する。また、月賦返還額は低くなるが、返還が長期にわたるため利息負担が膨らむ欠点があることや、利用者自身が子育てをする期間と重なるためファイナンシャル

プランニングが立てにくくなるという欠点も挙げている。さらに、制度そのものの存在が利用者に十分に周知されていないという問題点も存在した。例えば、ロースクールの学生は弁護士になるだけではなく、官公庁や軍などの公共サービス職に従事する場合も多く、制度の利用者としてクリントン政権が想定していた対象である。しかし、シュラグ自身がロースクールの学生に対して行った調査では、所得連動型返還プランを「全く聞いたことがない」と回答した学生が約3分の2を占めていた。また、聞いたことがあると回答した学生でも将来的に所得連動型返還プランを利用すると回答したのは約2割に留まった。制度を利用しない理由としては「長期間の負債を背負いたくない」という理由が最も多かった。

　また、ケイン（Thomas Kane）の研究では、所得連動型返還プランの利用が低迷したのは民間金融機関が ISR の実施に消極的な立場をとったことが一つの原因であったと指摘されている（Kane1999, pp.147-148）。金融機関にとって ISR は所得の確認や回収にかかる事務コストが大きい。一方、標準型返還プランは10年以内に回収が終わるためコストが抑えられ、投資に見合う採算が得られる。当時、学資ローン全体の約7~8割は政府保証民間学資ローンであったが（小林・吉田・丸山 2012, p.117-118）、このように、学資ローンへの民間資金の活用は柔軟な返還の促進において課題を抱えていたと言えよう。

4　所得連動型返還プランの改革 —— 返還額の引き下げと返還期間の延長

(1) 共和党ブッシュ政権期の改革

　その後、共和党ジョージ・W・ブッシュ政権期の 2007年6月に法制化された「大学コスト削減アクセス法」（College Cost Reduction and Access Act of 2007, P.L.110-84）では、所得連動型返還プランの改革が行われた（Field 2007）。この制度改革は、1）返還額を所得の20%から15%に引き下げる、2）利用者の所得が大きく上昇しても、月賦返還額が標準型返還プランのそれを上回らないよう上限を設ける、という点が特徴であり、返還の負担軽減を図るものであった。新しい所得連動型返還プランは Income-Based Repayment（以下 IBR）と名付けられ、オバマ政権への移行後の2009年7月より施行された（表1）。返還期間は従来と変わらず25年間とされたが、政府保証民間学資ローンとダイレクト・ローンのどちらの利用者でも利用が可能とされた。

さらに、本法では公共サービス機関に勤務しながら10年間ダイレクト・ローンを所得連動型返還プランで返還した場合は残額を返還免除する「公共サービス職学資ローン返還免除制度」（Public Service Loan Forgiveness Program, 以下PSLF）が新たに導入された（表1）。この導入の目的は、学資ローンの負債を抱えた学生が低賃金の公共サービス職を避けるケースが増加しているため、返還の負担を軽くすることで必要な人材を確保することにあった。主な対象として想定されたのは、危機管理、政府機関、軍、公安、警察、公衆衛生、公教育（幼児教育を含む）、検察、公選弁護人、社会福祉、保育、障害者支援、高齢者支援、図書館司書などであり、連邦・州・地方政府およびNPOのフルタイム職員が利用可能とされた（U.S. Congress House of Representative 2007, p.18）。クリントン政権が目指した所得連動型返還を通じた公共サービス職の人材確保は、ブッシュ政権末期のPSLFによって強化されたと言えよう。

(2) 民主党オバマ政権期の制度改革

2009年に民主党のバラク・オバマ政権が誕生すると、連邦学資ローン制度は大きな転機を迎えた。2010年医療保険教育予算調整法（Health Care and Education Reconciliation Act of 2010, P.L. 111-152）において45年間続いた政府保証民間学資ローンが廃止され、ダイレクト・ローンに一本化が図られたのである。一般に、民間資金を利用した公共サービスの実施は、民間事業者の経営のノウハウや能力を活用することで国が直接実施するよりも効率的で効果的なサービスを提供できるメリットがある。連邦学資ローン事業においても、政府が直接的に貸与・保証・回収事業を実施するよりも既存の民間金融機関の事業を利用する方が効率的であるとされ、政府保証付きの民間学資ローン制度が形成された（小林・吉田・丸山 2012; 吉田 2012・2016）。しかし、次第に債務不履行が増加し、政府の代位弁済が増えるにつれて制度の効率性を疑問視する声が高まっていった。加えて、2008年に世界金融危機が起こると学資ローン事業から撤退する銀行が増加していった。そこで、オバマ大統領は政府保証民間学資ローンを廃止してダイレクト・ローンに全て切り替えることを主張し、連邦議会で承認されたのである。

このとき、連邦教育省はIBRを利用しやすくするために2014年より返還期間を20年以内に短縮し、返還額を所得の10%に引き下げることを決定していたが、オバマ大統領はこれを2012年に前倒しして Pay As You Earn（以下

PAYE）と名付けた新制度をスタートさせた。内容は2014年施行予定の新IBRと同じであり、返還期間は20年、返還額は所得の10%とされた。

　さらに、2015年に創設されたRevised Pay As You Earn（以下REPAYE）では利用対象者の規定から「返還額が標準型返還プランより低い場合」（partial financial hardship）という文言を削除し、誰でも制度を利用可能とした。なお、このころより表1に示した各所得連動型返還プランを総称する名称がIncome-Driven Repayment Plans（以下IDR）と名付けられ、公式に使用されるようになった。

　以上のように、ブッシュ政権期にIBRとPSLFが導入され、さらにオバマ政権期に連邦学資ローンをダイレクト・ローンに一元化し、新IBR、PAYE、REPAYEの導入によって返還期間や返還額を改善したことにより、IDRの利用者は大幅に拡大することになった。

(3) 連邦教育省による所得連動型返還プランの利用者拡大の取り組み

　連邦教育省の公表資料によれば、IDRによる返還は2017年第4四半期現在、連邦学資ローン返還者2,312万人のうち649万人（28%）を占め、ローン残高7,744億ドル（約85.2兆円、1ドル110円で計算）のうち3,525億ドル（46%）にまで上昇している（**図1・図2**）。今後、IDRの改革が進めば、さらに利用者が増えることが予想される。

　連邦教育省中等後教育局（U.S. Department of Education Office of Postsecondary

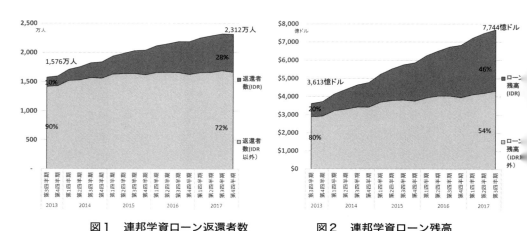

　　　図1　連邦学資ローン返還者数　　　　　図2　連邦学資ローン残高
出典：連邦教育省連邦学資ローンポートフォリオwebサイトより作成（2018年3月14日最終閲覧）（https://studentaid.ed.gov/sa/about/data-center/student/portfolio）

Education）によれば[1]、先述した一連の改革に加え、同局は利用者の利便性を向上させるために 1）返還者自身が返還額をウェッブ上でシミュレーションできるツールを導入、2）2012 年に返還者自身が内国歳入庁の確定申告データを連邦教育省のデータベースに取り込むことができるようにし、毎年の所得確認プロセスをすべてオンライン上で完了できるよう簡素化、3）メール等によるIDR の利用呼びかけ、を行ってきた。2015 年に開始された REPAYE ではプランの利用制限をなくしたこともあり、およそ 500 万人もの返還者が追加で利用可能になっている。

　今後、どのように IDR を充実させていくのかを同局に対して尋ねたところ、「複数ある所得連動型返還プランを 1 つのプランに整理し、利用者の混乱を防ぐとともに社会への説明をしやすくすること」を目標にしており、そのために「連邦教育省と内国歳入庁のデータベースを自動的にリンクさせて返還者本人による毎年の所得申告のプロセスをなくしたい」と考えているとのことであった。さらに、源泉徴収方式による返還金の回収に移行できれば返還者の負担を大幅に軽減できるが、内国歳入庁は学資ローンの回収業務を行うことに長年にわたって抵抗しており、考え方に大きな違いがある、との見解が改めて示された。このように、連邦教育省は IDR の拡充に向けて簡素化と利便性の向上に努めているが、行政府内の役割分担については依然として溝が存在していると言えよう。

5　まとめ

　以上、本稿ではアメリカ連邦政府による大学生に対する学資ローンの所得連動型返還プランに注目し、その導入・拡大過程を明らかにするために歴史的な視点から考察を行った。本稿で明らかになった知見を整理し、それを踏まえ日本への示唆を述べたい。

　第一に、1993 年にクリントン政権下において所得連動型返還プランが導入されたのは「学資ローンの債務不履行問題への対処」と「職業選択の幅の拡大」が目的であったと指摘できる。クリントン政権は政府保証民間学資ローンから政府によるダイレクト・ローンへ財源を切り替え、同時に所得連動型返還プランを導入することによって債務不履行を改善し、また、教員など社会的に重要であるが給与が低い公共サービス職を選択しやすくすること目標としていた。

86   自由研究論文

このとき争点となったのは、内国歳入庁による徴税制度を通じた返還金の回収案であったが、これに対して、内国歳入庁自身や高等教育関係者からは強い反対意見が示され、同庁による回収は法案に盛り込まれなかった。

　第二に、所得連動型返還プランの利用が低迷した主な理由としては、1) 当時、学資ローンの約7~8割を占める政府保証民間学資ローンの実施主体であった金融機関が ISR の実施に消極的であったため、制度の情報が利用者に十分に周知されていなかったこと、2) ISR は長期間にわたる返還で利息負担が大きくなる一方、一定期間を経過した後の返還免除がないこと等から、利用者にとってメリットが少なかったこと、の2点を指摘できる。学資ローンへの民間資金の活用は、柔軟な返還を促進する上で課題を抱えていたと言える。

　第三に、現在、所得連動型返還プランの利用が拡大している理由として以下の3点を指摘できる。すなわち1) 2010年に金融機関の実施する政府保証民間学資ローンが廃止され、政府によるダイレクト・ローンに一元化されたことにより、返還制度改革を進めやすくなったこと、2)所得連動型返還プランの返還期間・所得に占める返還額・利用対象者・返還免除制度を改革し、利用しやすくしたこと、3) 返還者自身が内国歳入庁の確定申告データを連邦教育省のデータベースに取り込むことができるようにし、毎年の所得確認プロセスを簡素化したこと、である。今後は所得確認の自動化を図り、さらに源泉徴収による回収を導入する可能性も探られている。

　以上の考察から、本稿が取り上げたアメリカの事例は、学資ローンの財源を民間資金から政府資金へと全面的に移行させたことで、所得連動型返還プランの利用を大幅に拡大させることに成功した一つの事例であったと評価することができよう。本事例から、所得連動型返還を普及・定着させるためには、学資ローンの財源を民間資金から政府資金に移行させることが重要であると指摘できる。

　なお、2017年に発足したドナルド・トランプ (Donald Trump) 政権は、2019会計年度予算教書で IDR の一本化を提案しており、オバマ政権の意向を継いだ形となっている。しかし、一方で多額の国庫負担が必要となる PSLF の廃止や所得に占める返還率の引き上げを打ち出しており、財政的に持続可能な返還プランの模索が続いている。

　日本では、2017年度より無利子奨学金に新所得連動型返還制度が導入されたが、利用者間の公平性の観点から今後は有利子奨学金への拡大が求められる

と予想される。しかし、有利子奨学金は財政融資資金を財源としており確実な償還が求められるため、所得連動型返還制度を導入することは容易ではない。償還金が不足した場合、それを補う必要が生じるからである。現在、文部科学省は無利子奨学金を拡大させる方針を打ち出しているが、有利子奨学金の利用者全てを無利子奨学金へ移行させる規模には程遠い。今後この流れを加速させ、無利子奨学金に全面的に移行させることができれば、所得連動型返還制度の利用者を拡大することも容易になるだろう。今後、我が国においてもアメリカの事例を参考に貸与奨学金制度の財源に関する根本的な見直しを進めていく必要があると思われる。

【註】

1　本項は、2016年11月22日に実施した連邦教育省中等後教育局への訪問調査に基づいている。オバマ政権期の学生経済支援の成果と課題について同局の政策・分析・改革部門スタッフ（Policy, Analysis, and Innovation Staff）の学生経済支援担当者7名とグループ面談を行った。面談では、事前に送付した質問紙に対する書面での回答、および口頭での回答を得た。なお、本訪問調査は平成28年度文部科学省先導的大学改革推進委託事業「家庭の経済状況・社会状況に関する実態把握・分析及び学生等への経済的支援の在り方に関する調査研究」（東京大学）の一環として行われたものである。

【文献一覧】

犬塚典子（2006）『アメリカ連邦政府による大学生経済支援政策』東信堂

小林雅之・吉田香奈・丸山文裕（2012）「アメリカ」小林雅之編著『教育機会均等への挑戦－授業料と奨学金の8カ国比較－』東信堂、pp.105-139

小林雅之（2013）「大学の教育費負担―誰が教育を支えるのか」上山隆大代表『大学とコスト―誰がどう支えるのか』岩波書店、pp.111-135

阪本崇（1998）「資本市場の不完全性と所得連動型教育ローン」『財政学研究』第23号、pp.82-92

阪本崇（1999）「所得連動型教育ローンの制度間比較－その方法と視点」『国際公共経済研究』9・10、pp.84-97

所得連動返還型奨学金制度有識者会議（2016）『新たな所得連動返還型奨学金制度の創設について（審議まとめ）』文部科学省

仙波克也（1982）「アメリカにおける学生援助政策の進展―学資融資事業を中心として－」『九州教育学会研究紀要』第10号、pp.103-110

寺倉憲一（2015）「米国の奨学金政策をめぐる最近の動向－学生ローンと所得連動型返済プランの問題を中心に－」『レファレンス』8月号、国立国会図書館調査及び立

法考査局、pp.31-60

日本私立大学連盟学生部会（1991）『新・奨学制度論－日本の高等教育発展のために』開成出版

松塚ゆかり（2012）「国際化における高等教育財政－経済学理論が示唆するパラダイム－」日本高等教育学会編『高等教育研究』第15集、pp.29-47

松塚ゆかり編著（2016）『国際流動化時代の高等教育－人と知のモビリティを担う大学』ミネルヴァ書房

吉田香奈（2012）「アメリカにおける政府学生ローンの延滞・債務不履行問題」日本高等教育学会編『高等教育研究』第15集、pp.161-179

吉田香奈（2016）「アメリカ連邦・州政府による学生への経済的支援の展開」西日本教育行政学会『教育行政学研究』第37号、pp.1-18

Baum, Sandy（2016）*Student Debt: Rhetoric and Realities of Higher Education Financing*, New York: Palgrave Macmillan.

Baum, Sandy / Johnson, Martha（2016）*Strengthening Federal Student Aid: An Assessment of Proposals for Reforming Federal Student Loan Repayment and Federal Education Tax Benefits*, Washington D.C.: Urban Institute

Boren, Susan / Irwin, Paul / Lyke, Bob / Riddle, Wayne et al.（1987）*The Higher Education Amendments of 1986 (P.L.99-498): A Summary of Provisions*, Washington, D.C.: Congressional Research Service

Chapman, Bruce（2014）"Income Contingent Loans: Background," Chapman, Bruce / Higgins, Timothy / Stiglitz, Joseph, E., *Income Contingent Loans: Theory, Practice and Prospects*, Palgrave Macmillan, pp.12-28

College Board（2017）*Trends in Student Aid 2017*, Washington D.C.: Author

Congressional Quarterly（CQ）（1992）"Congress Expands College Loan Eligibility," *Congressional Quarterly Almanac 1992,* Washington D.C.: Congressional Quarterly Inc, pp.438-454

Congressional Quarterly（CQ）（1993）"The Direct Approach to Student Loans," *Congressional Quarterly Almanac 1993*, Washington D.C.: Congressional Quarterly Inc, pp.410-411

DeLoughry, Thomas J.（1991）"White House Backs Income-Contingent Loans but Many College Say the Program Is Flawed," *The Chronicle of Higher Education*, August 7

Dynarski, Susan / Kreisman, Daniel（2013）*Loans for Educational Opportunity: Making Borrowing Work for Today's Students*, Washington D.C.: Hamilton Project at Brookings

Field, Kelly（2007）"Federal Lawmakers Approve Landmark Increase in Student aid," *The Chronicle of Higher Education*, September 21

Hannah, Susan, B.（1996）"The Higher Education Act of 1992: Skills, Constraints, and the Politics of Higher Education," *The Journal of Higher Education*,67（5）, pp.498-527

Hillman, Nicholas W. / Gross, Jacob, P.K.（2014）*Can Income-Driven Repayment Policies be Efficient, Effective, and Equitable?* Indianapolis: Lumina Foundation

The Institute for College Access & Success（TICAS）（2017）, *Make It Simple Keep It Fair: A Proposal to Streamline and Improve Income-Driven Repayment of Federal Student*

Loans, Oakland: Author

Kane, Thomas, J.（1999）*The Price of Admission: Rethinking How Americans Pay for College*, Washington, D.C.: Brookings Institution Press

Parsons, Michael, D.（1997）*Power and Politics: Federal Higher Education Policy Making in the 1990s*, Albany: The State University of New York Press

Radwin, D. / Wine, J., Siegel, P. / Bryan, M.（2013）*2011–12 National Postsecondary Student Aid Study (NPSAS:12): Student Financial Aid Estimates for 2011–12*, NCES 2013-165, Washington D.C.: National Center for Education Statistics

Riddle, Wayne（1986）"Student Loans-An Income Contingent Approach Proposed by The Regan Administration for National Direct Student Loans," *Journal of Education Finance*, 12（2）, pp.171-190

Schrag, Philip G.（2001）"The Federal Income-Contingent Repayment Option for Law Student Loans," *Hofstra Law Review*, Vol.29, pp.733-862.

U. S. General Accounting Office（USGAO）（1997）*Direct Student Loans: Analysis of Borrowers' Use of the Income Contingent Repayment Option*, GAO/HEHS-97-155, Washington D.C.: Author

U.S. Congress House Subcommittee on Postsecondary Education（1992）*Hearing on H.R.2336, The Income-Dependent Education Assistance Act and H.R.3050, The Self-Reliance Scholarship Act*, Hearing before the Subcommittee on Postsecondary Education of the Committee on Education and Labor, House of Representative 102st Cong., 2nd Sess., Washington D.C.: U.S. Government Printing Office

U.S. Congress House of Representative（2007）*College Cost Reduction and Access Act, Report 110-317*, 110th Cong., 1st Sess.

（https://www.congress.gov/congressional-report/110th-congress/house-report/317　2018 年6月15日最終閲覧）

U. S. Government Accountability Office（USGAO）（2015）*Federal Student Loans: Education Could Do More to Help Ensure Borrowers Are Aware of Repayment and Forgiveness Options*, GAO-15-663, Washington D.C.: Author

Waldman, Steven（1995）*The Bill: How the Adventures of Clinton's National Service Bill Reveal What Is Corrupt, Comic, Cynical - and Noble- About Washington*, New York: Viking.

The White House Office of the Press Secretary（1993）"Student Loan Reform Act of 1993," April 30.

Young Invincibles / NASFAA / IHEP / New America Foundation / HCM Strategists （2014）*Automatic for the Borrower: How Repayment Based on Income Can Reduce Loan Defaults and Manage Risk*, Washington DC: Author

Abstract

Reforms in Federal Student Loan Repayment in the United States of America:
Focusing on the Process of Introduction and Expansion of Income-Driven
Repayment Plans

Kana Yoshida (Hiroshima University)

The purpose of this study is to examine the introduction and expansion of Income-Driven Repayment Plans (IDR) in the United States.

IDR, also known as Income-Contingent Loans System, was first conceived of by Milton Friedman. The borrowers repay their student loan at a rate based on their income. Australia was the first state to introduce the Income-Contingent Loans (1989), to help college students pay their tuition. The United States also introduced IDR, in 1993, but unlike in Australia, it did not become the standard tuition payment system. It was only one option for students to repay their loan.

The first section gives an overview of federal student loans and repayment plans in the U.S. Currently, there are four repayment plans: 1) Standard Repayment Plan, 2) Graduated Repayment Plan, 3) Extended Repayment Plan, 4) Income-Driven Repayment Plans.

The second section examines the process of the introduction of IDR in the U.S, the main purpose of which was to solve the problem of student loan defaults and thereby expand the range of career choices for graduating students saddled with debt. Introduced during the Clinton administration, IDR aimed to make it easier for students to select low-salary public service positions.

The third section explains why IDR had been unpopular until recently. It can be summarized as follows. First, many students did not have enough information about IDR because of resistance from private banks to expand IDR. Furthermore, since repayment over a long period meant higher interest and therefore higher total repayment amount, few students had chosen IDR.

The fourth section examines the revision of IDR made by George W. Bush and Barack Obama administrations and describes why more borrowers are choosing IDR now. The Bush administration introduced the IBR system, a repayment option of IDR, and the Public Service Loan Forgiveness program. In 2010, the Obama administration abolished the Federal Family Education Loans and unified them into Direct Loans and introduced the revised IBR, PAYE, and REPAYE as new IDR options. These options revised the repayment period, repayment amount, and eligibility for loans, thereby increasing the number of students who applied for the IDR.

According to the U.S. Department of Education, in the fourth quarter of fiscal year 2017, 28% of all borrowers chose IDR, accounting for 46% of the outstanding principal and interest balance of all federal student loans. The Education Department is making the recertification process simpler and easier, and strongly recommends borrowers to choose IDR. It is expected that even more borrowers will choose IDR in the future.

[自由研究論文] ──────── 教育制度学研究第 25 号〔2018 年〕────────

2000 年以降のドイツにおける
ギムナジウム年限改革
─新制度論的方法意識を踏まえた政策転換要因の分析─

前原 健二（東京学芸大学）

1 課題の設定

　教育制度はどのようにして変化し、あるいは変化しないのであろうか。本稿は教育制度の実証的研究にとって主要な問いのひとつであるこの主題を、おおむね 2000 年以後のドイツのギムナジウムの修学年限の改革論議を具体的な題材として検討するものである。

　ドイツの学校制度は近年多くの面で変容し続けているが、特に注目するべきは分岐型学校制度の改編である。日本においてもこの間のドイツの分岐型学校制度再編の動向は基本的に学校制度の複線化への関心の上に検討されてきた[1]。そこでは従来の三分岐型から「ギムナジウム＋1種」の二分岐型への移行の経過及びその「＋1種」の多彩な構想が検討されてきているが（井本 2013；前原 2013；卜部 2016 など）、それらの整理においてはギムナジウムは直接の考察の対象とされていない。そのため、あたかもギムナジウムは学校制度の再編論議の無風の局外に置かれてきたようにも見える。しかし実際は 2000 年以後、ギムナジウムはほぼすべての州で標準修学年数の変更という歴史的懸案にいわば翻弄されてきた。このことは、客観的事実としてはある程度日本でも知られているものの（文部科学省 2007、pp.136-137；木戸 2008；皆川 2014；文部科学省 2015、pp.129-130）、その内実の具体的な検討は行われていない[2]。本稿が対象とするのはほぼ 2000 年以後のこのギムナジウム年限改革の動態である。次節以降で具体的に見るように、端的に言えば論点はギムナジウムの標準修学年数を 8 年にするか 9 年にするかということであるが、それは同時に他の中等学校種との関係の中でギムナジウムないしアビトゥア（大学入学資格）をどのように位置づけるかという学校制度の構造的問題にも関連している。そうした構造的論点も含め、ギムナジウムの短縮や延長がどのような論理によって主張されていたの

か、本稿はこの点を分析することを具体的課題とする。

　この作業は教育制度の理論的研究にとっていかなる意義を持つであろうか。第一に、長い歴史を持つドイツのギムナジウムという学校種の改革論議の内容を解明し共有するという直接的な意義を持つ。そこで明らかになる多様な論拠の存在は、日本の学校制度の改革を考察する際の観点を提供することが間接的には期待できる。また第二に、新制度論（新制度主義）[3]的な方法意識をもった教育改革分析の有効性を具体的素材に即して例証するという意義を持つ。ここで言う新制度論的な方法意識とは、社会的諸制度・組織の改革の成否を技術的効率性の観点に注目する以上に「制度的正統性」の観点に注目して解釈しようとする意識である（Meyer, J.W. & Rowan, B., 1977 : Meyer, H.-D. 2006: 勝野2012、村上2011、前原2014）。新制度論的な分析は、歴史的に（しばしば偶然的要素を含んで）形成されてきた現状の決定的な優位性（＝経路依存性）によって制度の変わりにくさを説明することがある。この経路依存性は制度変更の社会的費用の高さや既存制度から利益を得る権益集団の存在によって実体的に補強される。他方、同じ新制度論的な方法意識に立ちながらも社会的費用や権益集団のような実体的要素よりも、場を構成する人々が制度の継続性から得る必ずしも合理的ではない社会的安定性の感覚という意味での正統性の認知を重視する議論もある（Meyer, H.-D, 2006）。ここにおいては制度に意味を付与する言説の作用が重視される。言説は人々に明確には自覚されていなかった「自分の考え」を自覚するための語彙と文法を与える、というのである。こうした方法意識の有効性をギムナジウム年限改革という具体的素材に即して吟味することは、教育制度研究の方法にとって大いに意義があると思われる。

　本稿の構成は次の通りである。まず第2節、3節においてギムナジウム年限改革問題の展開を立法・行政文書及び雑誌言説を直接的資料として二つの時期に分けて整理し、その上で政策の転換要因を分析する（第4節）。最後に分析の結果を踏まえて、設定した課題に対する本稿の結論をまとめ、残された今後の課題を示す（第5節）。

2　ギムナジウムの標準年限の変転

(1) 前史

　まず分析の前提としてドイツのギムナジウムの年限の歴史的整理を示してお

きたい。19世紀前半に今日の伝統につながる「ギムナジウム」がプロイセンで制度化されたときから、ギムナジウムの標準的な修学年限は9年間であった（クラウル1986、p.92）。その後、学校種の多様化と統合整理が繰り返され、20世紀初頭までには9年制で大学入学資格を付与できる中等学校と6年制の中等学校の2つの類型がほぼ確立された。ギムナジウムの前には3年制の予備校（Vorschule）がおかれていたから、この時点でのギムナジウム修了（大学入学資格取得）までの標準的な修学年限は通算で12年間であった。

　1919年のワイマール共和国の成立後、特権的な学校である予備校は廃止され、すべての子どもたちが4年間の共通の初等教育を受ける体制が確立された。このときギムナジウムは9年制を堅持したため、修了までの通算年限は13年間に延長される形となった（同上、p.132）。ナチス期には部分的に8年制の中等学校が導入されたがギムナジウムについては大きな制度変更はなかった。

　第二次大戦後、東ドイツにおいてはソ連に準じる単線型学校制度が導入された一方で西ドイツでは曲折を含みつつワイマール期の基本形に準じる学校制度の再建が進められた（対独アメリカ教育使節団報告書翻訳検討委員会編訳1990、p.87以下）。4年制の国民学校（基礎学校）ののちギムナジウム、実科学校、国民学校上級段階（基幹学校）の3つの学校種に分かれる分岐型学校制度が成立し、定着することとなった。1950年代から60年代には前期中等教育までの統一化を求める機運の高まりの中で総合制学校が実験的に導入されたが、多くの西欧諸国のような学校制度改革は実現されなかった。

　西ドイツにおいては1960年時点では第4学年修了後の国民学校上級段階（基幹学校）への進学率が70％程度であったのに対してギムナジウムへの進学率は15％弱に過ぎなかった。その後ギムナジウムへの進学は拡大し、東西ドイツ再統一を経て2000年時点ではおよそ30％の子どもたちが基礎学校修了後にギムナジウムへ進むこととなった。近年その比率は更に上がり、特に都市部では過半数の子どもたちがギムナジウムへ進むという状況もある。とはいえ、ギムナジウムへ進んだ生徒がすべて実際にギムナジウムを修了するわけではない。成績不良により実科学校等へ転籍になる場合もあり、また10年生（ギムナジウム第6学年）修了後に社会的通用性の高い中級修了資格[4]を得て離学する場合も少なくない。

(2)「教育的配慮」としてのギムナジウム8年制の導入

西ドイツ地域で最初にギムナジウムの標準修了年限の短縮の試行を開始したのはバーデン・ヴュルテンベルク州である。同州では1991/92学年度から4つのギムナジウムにアビトゥア受験要件の265週授業時間[5]を減らすことなく8年間で提供するコースが実験的に設置された。このコースの生徒の進級経過などは学術研究パートナーとなったミュンヘン大学のチームによって定期的にまとめられ、それを踏まえて1997/98学年度からは対象が計40校に拡大された。その後2001年にはこの8年制は通常の9年制ギムナジウムの教育課程と併存するものとして州学校法に明記され、進学先のギムナジウムにこのクラスがある場合には親が任意に9年制（以下G9）か8年制（以下G8）を選べることとなった。

学校実験の枠組みでのG8の最初期の生徒がアビトゥアの受験期を迎えた1998年から、同州議会ではG8の将来的な方向性が繰り返し問われている。論点となっていたのは「そもそもG8は何のために導入拡大されているのか」という点と、そこから生じる具体的問題として「G8とG9の併存は将来的にG8のみにするまでの過渡的状況なのか、併存が常態化されるのか」という点であった。これらの点について、議会に提出された文部省の説明は次のようなものであった（Landtag von Baden-Württemberg, DS 12/4849, 1998.5.13）。

- ・G8は能力の高い生徒を支援するための施策である。
- ・この趣旨の施策として、80年代から、能力の高い生徒のためのグループ課外活動（いわゆるAG）を支援してきた。1991/92年度からのG8の実験的導入は、その趣旨を教育課程の編成へ展開したものである。
- ・文部省の見解では、G8は同じ目標（アビトゥア）に向かってより速い進み方を望む高い要求を持った生徒に、一つの学校の中で分化された教育課程を提供するものであり、したがってG8とG9は常態として併存する。
- ・この修学期間の短縮によって生じた時間を、学校では伝達され得ない能力を獲得するために、個人的な外国留学や職業訓練、社会貢献活動に使うことが大いに考えられてよい。

ここで述べられているのは能力や意欲の多様性という現実を踏まえた教育課程の分化の必要性である。これをG8に関する「教育的配慮」言説と呼ぶことができる。

この「教育的配慮」言説は、実際に G8 を置く学校現場においても共有されていた。同州で最初に G8 を置いたギムナジウムの校長に対するインタビューを中心にしたニュース週刊誌の記事でも「ターボ・クラス〔G8 を指す：引用者〕は本来、早熟な子どもたちのためのものです。一律に 8 年制を導入すれば、おそらく生徒たちの分化というメリットは、失われるでしょう。」と述べられている（Der Spiegel, 2001/15, S.34）。

(3) ギムナジウム年限改革論議の変質 ──「労働市場」言説

2000 年以後のギムナジウム年限改革は、しかし、「教育的配慮」を主要な根拠として進められたわけではない。むしろ「教育的配慮」は G8 が正式に学校法制の中へ位置づけられる流れの中で大きく後景へ退いていく[6]。

G8 への全面的転換、つまりすべてのギムナジウムを 8 年制へ短縮することを西側 11 州の中で最初に決定したのはザールラント州である。同州文部省は 2001/02 学年度からの制度改正に先立ってパンフレット『ザールラントにおける 8 年制ギムナジウム 就学の短縮─チャンスの改善』を発行し、その狙いを次のように説明している。

なぜアビトゥアまでの期間を縮めるのか？
　将来的に、学習とは「生涯にわたる学習」となります。職業に就く前に学校や職業訓練でその後に必要となるすべてのことを伝えられるという考え方は、もはや時代にそぐわないものとなっています。専門家たちが口を揃えて言っているように、将来的には職業生活はいくつかの時期に区分されるようになるでしょう。私たちはその都度、新しいことを学ばなければなりません。
　生涯にわたる学習は、もちろん学校で学ぶ内容に影響を与えます。生徒たちは学校を離れる時点で知識や情報を自律的に、自身の責任において入手して評価できるようになっていなければなりません。生涯にわたる学習は修学期間の長さにも関係します。もし生涯にわたって学び続けるならば、修学の期間をより短くすることもできるからです。
　一般的大学入学資格取得までの期間を短くすることは生徒たちの将来の人格や職業にとって重要です。将来的に、より早く大学教育や職業訓練に入ることができれば、スタートのチャンスが改善されます。というのも、

96 自由研究論文

労働市場は常に国際化しているからです。この競争に備えることが大切なのです。(Saarland, 2000, S.2)

この説明に続けて、具体的にドイツ、フランス、イギリス、オランダの大学入学・卒業者の平均年齢が比較されている。フランスと比較した場合、ドイツは入学者において2歳、卒業者において4歳、フランスよりも年齢が高くなっている。この年齢差が、国際化する労働市場においてドイツの若者に大きな不利益をもたらしているというのがザールラント州文部省の説明の要点である。ここでは全面的にG8を導入すべき根拠は「早熟な子」への教育的配慮ではなく労働市場における競争力の確保なのである。これをG8に関する「労働市場」言説と呼ぶことができるだろう。

ザールラント州がギムナジウムの年限の短縮という歴史的懸案に踏み込む背景として次のような地政学的背景を指摘することができる。同州地域はドイツ南西端にあって第二次大戦後はフランス管理下に置かれ、帰属・独立に関する住民投票を経て1957年に西ドイツの一州として復帰した。今日も隣接するルクセンブルク及びフランス・ロレーヌ地方と密接な関係があり、「越境通勤者」と呼ばれる日常的に他国へ通勤する人々も多数いる（手塚2003）。フランスやルクセンブルクの若者が大学入学までに要する修学年数は12年間なのである。

2001/02学年度からのザールラント州のギムナジウムの全面的G8化の後、2002/03年度からハンブルク都市州、2004/05年度からはバーデン・ヴュルテンベルク州、ブレーメン都市州ほか多くの州が続き、2008/09年度までに西側11州中のうちラインラント・プファルツ州[7]を除く10州でギムナジウムが原則G8に再編され、この時点でG9の伝統はドイツから消滅することとなった（Autorengruppe Bildungsberichterstattung 2016, S.261）。この流れの中で、「遠からずドイツから9年制ギムナジウムは姿を消すだろう」と見られていた（FOCUS Online, "Frühstarter: Ostdeutschland bestimmt Entwicklung." 2004.8.25）。

(4) G8導入の政策過程

ドイツのギムナジウム年限短縮の主要な動因は上述の「労働市場」言説であると考えられるが、この「労働市場」言説の端緒は1997年に当時のドイツ連邦大統領、ローマン・ヘルツォークが行った「ベルリン演説」の中に求めることができる。ヘルツォークはこの演説の中で、知識社会化が進行する21世紀に

際して教育の世界市場において優れた力を持つ国になるために、ドイツは12年間でアビトゥアを提供する（つまりG9をG8に変える）必要があると述べている（Herzog 1997）。

ドイツ連邦大統領には直接的な政治的権力は与えられておらず、この演説は具体的な政策プログラムを意味するものではない。しかし前項で触れたザールラント州のパンフレットはこのヘルツォーク演説を引用し、G8導入を正統化する論拠のひとつとしている。予想される疑義に回答する構成をとっているこのパンフレットでは「G8に転換するための学校実験は不必要なのか？」という問いも取り上げられているが、回答は「最低8年間かかるであろう学校実験は時間の浪費」というものである。G8とG9の並存という政策的選択肢については「一等クラスと二等クラスを生み出す」、「分別のある限り誰もが望まない」ものとして退けられている。ここにはG8の効果を支持するデータは存在していない。

ギムナジウムの大衆化つまり基礎学校修了後のギムナジウム進学率の上昇の流れから最も遠い位置にあり、ギムナジウム的伝統の堅持に努めていたとみられるバイエルン州におけるG8への転換も、直接的な文脈は異なるものの、一種の政治的決断によって進められた。バイエルン州では2004/05学年度からG8への転換が法制化されたが、前年9月の州議会選挙に際しては与党キリスト教社会同盟はG9の維持を掲げていた。しかし選挙直後の11月の施政方針演説において州首相は次のようにG8の導入方針を表明した。

　「バイエルンの青少年に、その人生を始めるに際して最善の位置を保障するべきです。彼らはしっかりと教育されるべきです。しかし彼らは、少し先んじて職業世界へ入り、このグローバル化する世界でよりよい機会を得ている近隣国の若者に互していかなければなりません。それゆえに、私たちはギムナジウムを8年間に短縮するのです。」（Bayerischer Landtag, 2003年11月6日）

この後、2004年春の法改正を経てバイエルン州は正式にG8を導入した。興味深いのは、このG8導入の政策過程において、選挙前後の政府・与党の方針転換は十分な閣内論議を経たものではなく、文部大臣はG8導入に反対であったと報じられていることである。この点の真否を確認することはできないが、

少なくともG8導入が唐突に進められたものであるということはできよう。

(5) 東部ドイツ諸州の動向

　第二次大戦後、西ドイツでは大学入学までに13年間（基礎学校4年＋ギムナジウム9年）が必要とされたのに対し、東ドイツは12年間で大学入学につながる学校制度をつくってきていた。再統一後、東ドイツ地域におかれた5州の学校制度はおおむね西ドイツにならって再編成されたが、ギムナジウムについてはやや複雑な様相を呈することとなった。ザクセン・アンハルト州は一旦8年制を維持したものの1998年に9年制へ再編、更に2003年に再び8年制へ回帰した。メクレンブルク・フォアポンメルン州は一旦8年制を維持、2001年に9年制を導入、そして2006年に8年制へ回帰した。ベルリンを取り巻く位置にあるブランデンブルク州では1993年に9年制が採用されたが2006年に8年制へ回帰した。ザクセン州とテューリンゲン州は一貫して8年制を保持している。したがって2007年以降、東部5州すべてが8年制を採用している状況にある。（図1参照）

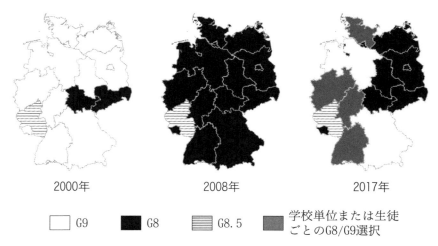

図1　ギムナジウム標準修了年限の変遷
出典：筆者作成。

3 G8をめぐる政策の錯綜

(1) G8生徒の「過重負担」問題

こうして2008/09年以降、ラインラント・プファルツ州を除く15州でギムナジウム8年制がドイツの学校制度の標準となった。しかしG8は制度的に安定しないままに再々編の波にさらされることになった。

いくつかの州でG8の修了生が大規模にアビトゥアに臨む時期を迎える2010年前後から、G9生徒とG8生徒の実態を比較する調査研究の結果が公表されるようになる。それまでG8を批判する立場から喧伝されていたG8生徒の問題点は、「十分な学力が確保されない」「自由時間、趣味に費やす時間が減る」「過大な学習ストレスにさらされる」といったものであった（Der Spiegel, 2008/3, "Diebstahl der Kindheit", S.48-50；2008/8, "Früher fertig", S.130-136）。これらは「過重負担」言説と呼ぶことができるだろう。

しかし、G8がG9に比べて教育上の問題を抱えているのではないかという疑義はその後の実証的データによって否定されている。公益法人ドイツ経済研究所による「短縮されたG8の効果に関する実証的知見の総括」（DIW 2015）は多くのG8生徒がギムナジウム修了を迎える2010年前後から出され始めた20以上の調査研究を要約し、しばしばその後の雑誌記事の参照元となったが、そこで示された結論は各州で実施された調査研究の結果はそれぞれ異なるものの、学力・ストレス・学校生活への満足度などについてG8生徒が劣った状況にあることを一貫して示す結果は存在しないというものであった[8]。いわゆる学校ストレスについて言えば、「G9生徒とG8生徒の間の差は、一般に男子生徒と女子生徒の間の差よりも小さい」程度であって、「（G8について）ヒステリックに考える必要はない」（Spiegel Online, "Das irrationale Geschacher um G8", 2016.6.22）というのである。わずかに存在するG8生徒のストレスの強さも、メディアがあまりにも強くそれを喧伝することの反映として生徒たちがそう回答しているのではないかという指摘もある（Hübner u.a. 2017）。要するに、「過重負担」言説はG8に対する批判として妥当しないという事実は社会的に広く知られるところとなった。

(2) G8にとっての「ギャップイヤー」慣行

ドイツでは、アビトゥアを取得した後、直接大学へ進学するという進路選択

は必ずしも一般的ではない。この「大学直接進学率」は2006年で31％（男27％、女34％）、2016年で44％（男50％、女38％）である（Statistisches Bundesamt, 2016）。つまり半数以上の生徒はアビトゥア取得後、1年以上を「他のこと」（外国経験、社会貢献活動、職業訓練など）に使っており、この行動は社会的に定着しているといえる。調査研究が示した事実の中で興味深く思われるのは、この「直接進学率」がG8生徒においてさらに低いことである（Ebd.）。つまりG8の生徒は短縮された一年間を他国の若者に伍して少しでも早く高等教育と職業生活へ進むために使いたいと自動的に考えるわけではなく、むしろゆっくり進むために使う可能性があるということである。この点ではG8による修学期間の短縮という「労働市場」言説における政策意図はギャップイヤー慣行の拡張によってある程度減殺されることになる。前述したように、ギャップイヤーの拡張は1990年代にバーデン・ヴュルテンベルク州で実験的にG8が置かれた時点ではむしろ推奨されていたことでもある。修学期間の短縮をむしろギャップイヤー慣行の拡張につなげる意識が社会的に存在するのであれば、「労働市場」言説の政策意図はギムナジウムの短縮によってではなく、ギャップイヤー自体の縮小によって実現されるべきものであると言えるであろう。要するに「労働市場」言説はG8を十分に正当化するものとは言い難い[9]。

(3) G9への回帰

　以上のように2010年以後の実証的データはG8への転換の動因であった「労働市場」言説をある程度掘り崩すと同時に、G8に否定的な「過重負担」言説を退ける両義的なものであると解されるが、現実には2011年以後西部諸州では急速にG9への回帰が進むことになる。

　2011/12学年度にシュレスヴィヒ・ホルシュタイン州が部分的にG9への再々編を行って以後、西部ドイツ地域の多くの州でG9への完全な回帰ないしはオプションとしてのG9コースの校内への併設、または学校を単位としたG8/G9の選択制が導入された。2017年時点ではG8を全面的に採用しているのはザールラント州、ベルリン都市州、ハンブルク都市州、ブレーメン都市州そして東部ドイツ地域5州、合計9州である。ラインラント・プファルツ州を除くその他の6州は細かい差異を捨象して言えばおよそ10数年の間にG9からG8、再びG9という変更を行ったことになる。

　G9への回帰は、管見の限りではすべて生徒の「過重負担」の緩和を主要な根

拠としている。たとえばニーダーザクセン州文部省の広報資料（Niedersächsisches Kultusministerium 2014）や2017年のバイエルン州議会における学校法改正提案（Bayerischer Landtag, DS_17/17725、2017年7月11日付）を見ると、G9へ戻す理由としては挙げられているのは生徒と教師の負担軽減や学力低下への懸念の払拭である。そこではG8の「過重負担」を否定する実証的データも、G8導入時に語られた「労働市場」言説も登場しない。バイエルン州のこうした状況について、学校改革を専門とする教育研究者は「G8へ戻すべき教育学的根拠は存在しない」（K. Klemm）と批判していた（Der Spiegel, "Fauler Kompromiss", 32/2016）[10]。

(4) 東部諸州の動向

すでに述べたように東部5州では2007年以降ギムナジウムは8年制である。G9からG8、そしてG9という変転のパターンを経験した西部とは逆に、東部のいくつかの州はG8からG9、そしてG8という変転のパターンを経験している。それを最も端的に体現したメクレンブルク・フォアポンメルン州（MV州）の政策過程を検討しておく。

MV州では2001/02年度から従前のG8からG9への切り替えが開始された直後、2001年11月から翌年にかけてG8への回帰が提案、可決されている（Mecklenburg-Vorpommern Landtag、DS_3/2458、2001年11月8日付）。そもそも同州がG9を導入したのは統一後の特例として認められていたアビトゥア受験要件の緩和（265週授業時間にかえて242時間とする）が2000年に期限切れを迎えるためであった。しかしザールラント州のG8導入（2001年）をみて、MV州政府はただちにG8回帰を決めている。議会審議における野党の批判はG8回帰の是非ではなく、すでに西部諸州のG8化の動向を把握できていたはずなのになぜG9を導入してしまったのかという点に向けられた。MV州が再導入した新しいG8は265週授業時間を確保する必要があったから単純な回帰ではないが、ともあれその根拠として挙げられているのは「労働市場において有利なスタートを確保するために、他州がやるからにはわが州もやる」とする「労働市場」言説であった。そこにはギムナジウムの現実に即した教育的配慮はみられない。

その後、西部のいくつかの州がG9への回帰を進める中でMV州議会でもギムナジウム上級段階の再々見直しが提起されているが（Mecklenburg-Vorpommern Landtag、DS_6/1744、2013年4月10日付）、そこでの議論はG9の再導入を求めるものではなく、8年制を前提としてギムナジウムの教育課程を見直すべきだと

いうものである。

4　政策の転換要因の分析

(1) 学校構造論議におけるG8問題の位置

　以上のような複雑な推移を示しているドイツのギムナジウム年限問題は「ギムナジウム＋1種」への再編と総括されるドイツの中等教育制度の構造的再編という枠組みにおいて、一定の教育制度論的な位置を占めている面がある。

　ドイツ各州においてそれぞれ特徴的に進められている「ギムナジウム＋1種」の新しい中等学校制度の構造においては、「＋1種」に位置づく学校がアビトゥアへつながる教育課程を提供するかどうかが大きなメルクマールとなる。「＋1種」の学校がアビトゥアへつながらない類型は「伝統型」、「＋1種」の学校においてもアビトゥアへの道が直接開かれているならば「純粋型」と呼ばれる（図2参照）。純粋型の場合、基礎学校以降の2つの学校種の間に残るのは取得目標とする資格の差異による垂直的位置づけの違いではなく、「教育活動を構成する基本的理念」の違いに根拠を持つ、いわば水平的位置づけの違いとなる[11]。G8問題は教育制度論的にはここに関係していると考えられる。つまり、アビトゥアにつながる学校としてのギムナジウムを9年制にするか8年制にするかという問題は、ギムナジウム以外の「＋1種」の中等学校がどのような性格のものとして設置されているかという問題と表裏の関係にある。

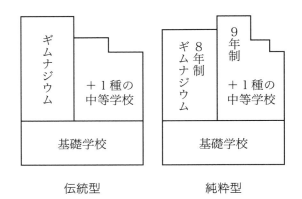

図2　二分岐型の2類型のイメージとG8/G9
出典：Tillmann（2012）により筆者作成。

現時点でG8を原則として保持している三つの都市州はいずれも「純粋型」の二分岐制をとっている。つまり「＋1種」の中等学校が9年制であり、直接（つまりギムナジウムへ転籍することなく）アビトゥアの取得が可能である。これらの州においても基礎学校修了時点において十分に良好な成績を収めている生徒はギムナジウムへ進み、それ以外の生徒が「＋1種」の中等学校へ進む傾向は確実に存続している。このことから考えると、3つの都市州においてはアビトゥア受験までに必要な授業時数をギムナジウムでは8年間で、「＋1種」の中等学校ではやや進度を緩めて9年間で学ぶという差異化を図るため、いわばギムナジウムのエリート性を相対的に担保するためにG8が存続していると見ることができる。

(2) 回帰の動因

3つの都市州以外でG8を堅持しているのは西部諸州の中ではザールラント州であるが、同州についてはすでに指摘した地政学的な位置、つまり「労働市場」言説を生み出す日常が可視的なものであるという点が決定的であるように思われる。

その他の西部諸州のG9への回帰、そして東部諸州のG8への回帰を推し進めた主要な動因は何であったのか。すでに見てきたように、議会言説及び雑誌言説で見る限りでは東部諸州のG8への回帰は「労働市場」における競争と結びつけて、西部諸州のG9への回帰は生徒の「負担過重」の軽減と結びつけて語られている。しかしそれらはいずれも現実的な説明力を持つものではなかった。

東部諸州について言えば、G8への回帰（及び堅持）をもたらした主要な動因は「労働市場」言説ではなく、慣れ親しんだ制度に正統性を認める社会的な圧力であったと考えられる。たとえば2017年の時点でG8/G9問題を扱ったある新聞記事は、東部5州ではアビトゥアまで12年間というのが議論の余地のない常識であって、それはいくつかの州が西の制度に合わせてG9を導入した後も変わらなかったこと、それ故に2000年代に西部でG8導入のトレンドが生じた時に飛びつくようにG8回帰が生じたこと、それは東ドイツの崩壊とともにすべてが洗い流されたような社会において、それだけが「良きもの、自分たちのものとして守られてきたという感覚」と結びついていると述べている（Süddeutsche Zeitung, "G8 oder G9 – diese Debatte gibt es nur im Westen", 2017.2.14）。

こうした、いわば「失われた古き良き東ドイツへの愛着」という視角から東部ドイツのギムナジウム年限問題を論じる言説は、議会審議の中には管見の限りでは見られないが、新聞・雑誌言説においては従前からみられたものである（DIE ZEIT, "Mehr Mut zu G8", 15/2008）[12]。

　3つの都市州及びザールラント州を除く西部諸州は基本的に「過重負担」言説を掲げて G8 を標準とする政策を放棄したが、前述の通り「過重負担」は必ずしも生徒の実態に即したものではなかった。また G8 導入の主たる論拠であった「労働市場」言説から見れば、国外のみならず国内にすらより短い修学年限で労働市場へ出てくる競争相手が存在する状況をあえて招来するような就学年限の延長政策は「合理的」ではない。しかし、たとえばバイエルン州が G9 回帰を決定する直前に州父母会連合会が実施したギムナジウムまたは基礎学校に在学する子を持つ親を対象としたアンケート調査によれば、80 ％が G9 回帰、11 ％が G8 堅持、9 ％が何らかの選択制を支持していた（Süddeutsche Zeitung, "Umfrage unter Eltern : 80 Prozent wollen einheitliches G9", 2017.1.18）。バイエルン州の大多数の親にとっては G9 こそが疑問の余地なく「合理的」であったのである[13]。これらの点からみれば、3つの都市州及びザールラント州を除く西部諸州についてもまた、慣れ親しんだ制度に正統性を認める社会的な圧力こそが G9 回帰の動因であり、「過重負担」はそこに体裁の良い語彙と文法を与える仮象の言説であったと解釈する見方に一定の説得力があると言うことができるであろう。

5　まとめと今後の課題

　ドイツにおける G8 の導入は早熟な子どもたちのための「教育的配慮」を根拠としていたものの、その政策的拡大は「労働市場」言説に依拠したものであった。その後、一旦は G9 を導入しながら早期に G8 に回帰した東部諸州、G8 を導入したものの G9 へ回帰した西部諸州における回帰の動因は、表面的には「労働市場」言説であり「過重負担」言説であったが、そこに通底する影響力を持っていたのは慣れ親しんだ制度に正統性を認める社会的な圧力であったというのがドイツのギムナジウム年限改革に関して本稿が明らかにし得た限りでの結論である。

　冒頭に述べた本稿の課題設定に引き寄せて言えば、第一に、本稿は以上の説

明をドイツの近年の学校制度改革の理解について付け加えることを主張するものであり、また間接的には日本の学校制度の改革の根拠を多様に捉え直す理論的関心を励起するものである[14]。第二に、新制度論的な方法意識の有効性について言えば、本稿の取り上げた事例はまさしく「技術的合理性」（生徒の多様性に配慮した多様な教育課程の必要性、国際的労働市場における競争力の確保、生徒の過重負担の緩和など）以上に社会的な「正統性の認知」が学校制度改革の成否にとって大きな影響力を持つということを例証するものと思われる。また本稿が「教育的配慮」「労働市場」「過重負担」と呼んだ言説は、それぞれにわかりやすく明瞭な学校制度改革の像を提示し、一定の社会的了解を生み出すものであった。そうした言説の析出を重視する教育制度研究の一定の有効性もまた、本稿によって例証できたと思われる。

　最後に本稿が十分に触れることのできなかった課題について述べておく。G8/G9をめぐる政策過程については、州ごとに見ればさらに具体的な分析が可能であり、また必要でもあるだろう。その際、多様性をはらみつつ二分岐型へ向かっているドイツの中等学校制度全体の構造改革をめぐる言説の中に改めてG8/G9問題を位置づけるという観点も重要になる。この意味では本稿はやや概括的に過ぎるとも言える。教育制度研究の方法意識については、おそらくそれ自体の価値が直接に弁証され得るものではなく、具体的な研究作業によってその説明力の例証を重ねていくべきものであろう。もちろんこれは独立した方法論議の意義を否定するものではない。ともあれ教育制度改革の成否にとって社会的正統性の調達がもつ意味については、特に制度改革の成功（＝現状の変革）がどのようにもたらされ、安定するのかという観点からの例証を積み重ねる必要があるだろう。

【註】

1　とはいえ、文部科学省『世界の学校体系』（教育調査第152集、2017年）は近年の再編を反映していない三分岐型をドイツの標準的なシステムとしている。

2　ドイツにおける先行研究としては Kühn u.a. 2013、Gruschka 2016、参照。これらはこの問題の背景にも触れながら、基本的にはカリキュラム内容などギムナジウムの修業年限それ自体に関心を向けている。

3　「新制度論 new institutionalism」という場合の「制度 institution」は法制度（system）に具体化されるような一般的な語義よりもはるかに広義であり、制度に関わる「儀礼」や「慣習」「文化」「言説」を含む。ややミスリーディングであるが定訳に従う。

106 自由研究論文

4 これは第10学年修了の学歴が一年志願兵特権や下級官職受験資格と結びつけられた19世紀以来の歴史に連なるものである（ルントグレーン 1995、p.63以下）。

5 週授業時間数は一週間あたりの授業時数を学年ごとに足し合わせたものであり、すでに19世紀の教則からカリキュラムのボリュームはこの方式で算定、表示されている。日本の学校教育法施行規則に即して算定すると、日本の第5学年（小5）から第12学年（高3）までの通算は217週授業時間となる。

6 なおベルリン都市州及びブランデンブルク州では基礎学校が6年制である。したがってこれらの地域では年限短縮はギムナジウムを7年制から6年制にするという問題になる。煩雑になるので以下この点については本文中の記述を略す。

7 同州は中等学校全体の終日学校化と併せてギムナジウムを8年半にした独特な「12.5年制」を導入している。本稿はこれについては言及しない。

8 ただしここでは各州の調査が方法的な欠陥を有していること（たとえばG8の導入後に独立して導入された他の施策の影響が考慮されていないことなど）も指摘されている。

9 そもそものギャップイヤー慣行のドイツにおける社会的定着は職業訓練制度や徴兵制（男子）に関係していると考えられる。戦後西ドイツの徴兵制は1956年に始まり、その後社会的役務による代替制度が導入され、2011年に停止された。

10 やや時期は遅れるが、D・レンツェンも同様にG8回帰は教育学的には正当化できないと明言している。Vgl., ZEIT ONLINE, "Hamburgs Uni-Präsident kritisiert Trend weg vom "Turbo-Abi"", 2017.8.2.

11 たとえばK・フーレルマン（Hurrelmann 1991）は「ギムナジウム」を人文主義的・古典的教養に定位したアカデミックな学習によって、「＋1種の学校」を生徒主体の新教育的学習によって特徴づけるという二分岐型の構想を提起していた。この構想は総合制学校の教育実践を経由して、今日のドイツの二分岐型への移行の中にも一定程度反映されていると考えられる。

12 あるジャーナリストは西側の州がG8から離反した理由を12年間でアビトゥアへ至る「東的な学校制度」対する「傲慢な」嫌悪に求めている（ZEIT ONLINE, "Schade ums schöne Turbo-Abi", 2017.4.6)。この見立ての当否はにわかに判定し難いが、こうした見立てが成立すること自体は確実であろう。

13 時期と対象が異なるが、2004年に実施された調査ではG8への賛成は東部諸州で81.3%、西部諸州で57.9%、全体では62.6%（N=2500）であった。FOCUS Online, a.a.O., 2004.8.25.

14 たとえばかつて黒崎勲は子どもたちの能力や発達、関心の差異をカリキュラムや教育方法の問題として捉えるにとどまらず、学校制度の編成の問題として積極的に捉え直すという主題を提起していたが（黒崎1995）、本稿はそうした主題にも接続するものである。

【文献一覧】

井本佳宏 (2013)、「旧東ドイツ地域における二分岐型中等学校制度の動向―ザクセン州およびメクレンブルク - フォアポンメルン州の事例からの検討―」『教育制度学

研究』第20号

卜部匡司 (2016)、「三分岐型から二分岐型への中等学校制度再編に伴うドイツ教育評価制度の変容」『広島国際研究』第22巻

遠藤孝夫 (2004)、『管理から自律へ　戦後ドイツの学校改革』勁草書房

勝野正章 (2012)、「学校の組織と文化」、小川正人・勝野正章編著『教育行政と学校経営』放送大学教育振興会

木戸裕 (2008)、「ドイツの大学入学法制―ギムナジウム上級段階の履修形態とアビトゥーア試験」『外国の立法』238号

M・クラウル (1986)、『ドイツ・ギムナジウム200年史―エリート養成の社会史』ミネルヴァ書房

黒崎勲 (1995)、『現代日本の教育と能力主義　共通教育から新しい多様化へ』岩波書店

対独アメリカ教育使節団報告書翻訳検討委員会編訳 (1990)、『対独アメリカ教育使節団報告書』明星大学出版部

手塚章 (2003)、「ヨーロッパ中軸国境地帯における空間組織の変容：アルザス・ロレーヌ地方を中心として」『筑波大学人文地理学研究』27号

前原健二 (2013)、「ドイツにおける中等学校制度再編の論理」『東京学芸大学紀要　総合教育科学系II』第63集

前原健二 (2016)、「学校制度改革研究における『新制度主義』アプローチの可能性」『東京学芸大学紀要　総合教育科学系II』第65集

皆川宏之 (2014)、「フィールド・アイ　ケルンから②ギムナジウム改革と大学」『日本労働研究雑誌』No.650

村上祐介 (2011)、「新制度論と教育制度研究」『人間研究』（日本女子大学）47号

文部科学省 (2007)、『諸外国の教育の動き　2006』文部科学省

文部科学省 (2015)、『諸外国の教育動向　2014年度版』文部科学省

P・ルントグレーン (1995)、『ドイツ学校社会史概観』晃洋書房

Autorengruppe Bildungsberichterstattung(2016), Bildung in Deutschland 2016. W. Bertelsmann Verlag

Bayerischer Landtag Drucksachen und Protokolle : https://www.bayern.landtag.de/dokumente/drucksachen/

DIW(Deutsches Institut für Wirtschaft)(2015), DIW Roundup. Empirische Befunde zu Auswirkungen der G8-Schulzeitverkürzung. https://www.diw.de/de/diw_01.c.497011.de/presse/diw_roundup/empirische_befunde_zu_auswirkungen_der_g8_schulzeitverkuerzung.html. Zugegriffen: 15. Nov. 2017.

FOCUS ONLINE : https://www.focus.de/ Zugegriffen:30. Mai. 2018.

Gruschka, A.(2016), Erfolg als schleichender Weg in dir Krise - Zur Situation und Zukunft des Gymnasiums. In: Idel, Till-Sebastian, u.a.(Hg.), Professionsentwicklung und Schulstrukturreform. Julius Klinkhardt S.189-200.

Herzog, R(1997), Berliner Rede 1997 von Bundespräsident Roman Herzog. http://www.bundespraesident.de/SharedDocs/Reden/DE/Roman-Herzog/Reden/1997/04/19970426_Rede.html Zugegriffen: 30. März. 2018.

Hübner, N. u.a.(2017), Die G8-Reform in Baden-Württemberg: Kompetenzen,

108　自由研究論文

Wohlbefinden und Freizeitverhalten vor und nach der Reform. In: Zeitschrift für Erziehungswissenschaft, 17(3), S.748-771.

Hurrelmann, K. (1991), Zwei Schulen für das eine Deutschland. Offener Brief an die Konferenz der Kultusminister. In: Die Zeit, 45/1991, S.64.

Kühn, S.M. u.a.(2013), Wie viele Schuljahr bis zum Abitur? Eine multiperspektivische Standortbestimmung im Kontext der aktuellen Schulzeitdebatte. In: Zeitschrift für Erziehungswissenschaft 16(1), S.115-136.

Mecklenburg-Vorpommern Landtag Parlamentsdokumentation : http://www. dokumentation.landtag-mv.de/Parldok/neuedokumente

Meyer, H.-D. (2006), Gauging the prospects for changes. In: Meyer. H.-D. & Rowan. B., The new institutionalism in education. State University of New York Press, Albany, pp. 217-223

Meyer, J.W. & Rowan, B. (1977), Institutionalized Organizations: Formal Structure as Myth and Ceremony. In: American Journal of Sociology, Vol. 83(2), pp.340-363.

Niedersächsisches Kultusministerium (2014), Mehr Zeit zum Leben und Lernen – Niedersachsen führt modernes Abitur nach 13 Jahren ein.

Rowan, B. (2006), Lesson learned and future directions. In: Meyer, H.-D. & Rowan, B., op. cit., pp. 203-215

Saarland, Ministerium für Bildung, Kultur und Wissenschaft(2000), Das achtjährige Gymnasium im Saarland. Kürzere Schulzeit – bessere Chancen. http://www.saarland. de/dokumente/thema_bildung/brosch_g8.PDF. Zugegriffen: 15. Nov. 2017.

Statistisches Bundesamt (2016), Hochschulen auf einen Blick, Ausgabe 2016

Der Spiegel : http://www.spiegel.de/suche/index.html?suchbegriff=　Zugegriffen: 10. Mai. 2018.

Süddeutsche Zeitung : http://www.sueddeutsche.de/ Zugegriffen:10. Mai. 2018.

Tillmann, K.-J. (2012), Das Sekundarschulsystem auf dem Weg in die Zweigliedrigkeit. In: Pädagogik, 64 (5), S.8-12.

ZEIT ONLINE : http://www.zeit.de/index Zugegriffen:10. Mai. 2018.

Abstract

Reforms on the School Year System of the "Gymnasium" in Germany since 2000:
Analysis of Factors on Policy Changes based on the New Institutional Awareness

Kenji MAEHARA (Tokyo Gakugei University)

Reforms in the school system of Germany, particularly with regard to the school year reform of the "Gymnasium" has been making complicated progress for years. This paper aims to explain the significance of the reform process. "Gymnasium" in Germany originally consisted of nine years schooling since its historical establishment in the 19th century. After the introduction of 4-year primary school in the Weimar Republic, students needed a total of thirteen years schooling for admission into the university. In West Germany, there had been no fundamental changes made since after World War II. In East Germany, which established its own school system following the USSR system, students could go to university after 12 years schooling. After the reunification of West and East Germany in 1990, some of former East states had kept their 12 years schooling for Abitur, resulting in confusion or a kind of irregular situation about the schoolyear requirements for the Abitur in 1990s.

Since 2000, most federal states in former West Germany started reforms in the school grade system of "Gymnasium" from 9-year (G9) to 8-year (G8). At the beginning, G8 was introduced as an experiment arguing that it was necessary to accommodate the educational needs of talented students. G8 was planned not as the only one type of Gymnasium, but also as an alternative to the traditional G9. Shifting to political practice, however, most government states advocated the introduction of G8 arguing that it was necessary to answer the need of the "labor market", in which the traditional G9 was an economic disadvantage in the international labor market for the young generation. By mid-2000 it was forecast that the traditional G9 would be abolished in Germany in the near future.

By the year 2010 about half of such federal states have shifted direction in their educational reform and returned to the old model of G9. Critics against G8 claim that the school system was a "heavy burden" to G8 students. Although this was not sufficiently supported by results of academic surveys, several federal states used the claim to reintroduce G9.

On the other hand, former East German states continued using the G8 system which had been familiar to them and arguing that it was a support for "labor market".

Although the split between G9 in most Western states and G8 in East German states occurs, there is a common need of organizing and re-thinking of the Gymnasium that will both mobilize the social legitimacy of the school system which is often more important than the technical rationality of reform plan.

[自由研究論文] 　　　　　　　　　　　　　　　教育制度学研究第 25 号〔2018 年〕

市町村教育委員会事務局による
学校運営協議会への関与
―「行政委員」の政策的配置―

小林　昇光（九州大学大学院／日本学術振興会特別研究員）

1　問題の所在・研究目的

　近年、「地域とともにある学校づくり」という学校像が打ち出され[1]、中でも学校運営協議会制度は中核的な施策として位置付けられている。政策動向とも関連し、全公立小・中学校に学校運営協議会設置の努力義務化を目的とした法改正もされ[2]、学校運営協議会設置校の一層の拡大が見込まれる。学校運営協議会制度やコミュニティ・スクール（以降 CS）について語られる際は、「学校・家庭・地域」として、つまりは学校・保護者・地域住民の三者が実践の中心として認識され、制度・政策が導入されている。

　こうした展開に対して、仲田（2015a, p.265）は学校に分権を行うに際し、行政による学校や家庭支援への責任について問う必要性を述べる。その理由に、学校・地域レベルで分権が進むことで、実践レベルで問題が生じた場合に、責任の所在が学校や保護者に向けられ、これらを本来支援する教育行政の責任が没問題化することを指摘する。つまり、行政責任の不在、制度的条件整備の不足を問わず、「学校レベル（地域レベル）でいかに補完するかという論理に接続する」として、「学校運営協議会の逆機能」が作用するのを懸念している。このように、学校・地域によって実践が展開されることで、行政責任の閑却につながることが問題視されている（仲田2015b, p.133）。この指摘を補完する辻村（2016, p.16-17）は、CS 内部で教育政治が完結することを批判する。すなわち、学校・保護者・地域社会という制度導入以来の限られた枠内で議論するのではなく、三者と対話する存在として教育行政機構を組み込むことを提起しているのである。だが、仲田と辻村の指摘は示唆に富むものの、現行制度・政策への懸念を示すに留めている。同制度の根拠法である地方教育行政の組織及び運営に関する法律においても、先述した三者による実践の展開が前提とされている。そのため、制度・

政策の推進主体である教育行政による制度的条件整備の必要性について論及したものは希少である。

教育行政の責任、制度的条件整備の不足が先行研究から指摘されているが、多くの学校運営協議会研究は、学校・家庭・地域のインタラクションが学校経営にいかなる影響を与えるかを検討するもの（大林2015, 仲田2015a）、親の教育権や教職員の専門性保障の懸念をするもの（岩永2011, 葛西2014）等、同制度の法制化段階で争点化した部分の研究が活発に行われていたのである。

わずかだが、制度導入後に、教育行政に視点をあてた研究では、学校運営協議会の性格や設置の意図・在り方は、教育委員会の判断や条件整備によって多様化すること（日髙2006）、CSに対して市町村の「教育委員会事務局職員による定期的なアドバイス」の存在が指摘されている（仲田2018）[3]。しかし、この2つの研究は、なぜ市町村教育委員会事務局が学校運営協議会に対して関与することを定めたのか、CS運営において学校・家庭・地域とどのような関わりをしているのかは、詳細に触れていない。加えて、全国のCS指定校の約4割に地方教育委員会が会議への出席等、何らかのかたちで関わっていることが示されているが[4]、その詳細は明らかではなく、制度の導入主体である教育委員会の影響力を分析する必要が指摘されている（小林2016, p.92）。

以上より、本稿では教育行政の責任が没問題化している制度設計上の課題、先行研究上の課題を踏まえ、教委事務局が学校運営協議会に関与することを政策的に推進している自治体を対象とした事例研究を行う。特に、市町村教育委員会事務局職員（以降、教事務局職員）が学校運営協議会に配置されている自治体のうち、学校運営協議会制度の施行当初から、学校運営協議会規則の委員条項に、教委事務局職員の参加を明記している自治体を対象とする。

そこで、本稿の目的は、教育委員会事務局職員（行政委員）[5]が、なぜ学校運営協議会に配置されるに至ったのか、行政委員が学校運営協議会及びCSにおける諸アクターとどのように関与しているのかを明らかにする。

なお、本稿の対象事例はX市とする。選定理由は主に2点ある。

第1に、自治体内の全公立小・中学校に学校運営協議会（以降、基本的に協議会）を設置し、各校の協議会に行政委員を配置している点である。X市では学校運営協議会制度施行直後に同制度を導入し、その頃から市の協議会規則に、教委事務局職員が「関係行政機関職員」[6]として協議会に参加することを定めていた。注目に値するのは、行政委員を配置してから10年以上経過し、配置校拡

大を経てなお、市の教育政策の中核として継続している点である。そのため、当該政策を継続させた事由を探ることで有益な知見を見出せる可能性がある。第2に、小規模自治体のため、行政職員数が少ないにもかかわらず、特別な養成方法は講じずに継続的に行政委員を配置している点である。人口は10万人程で、小・中学校数の合計は19校を数え、全小・中学校に協議会を設置し、行政委員を配置している。そのため、行政委員が平素の業務から関わりを持ち、教委事務局と単位学校が接近する等、実践に少なからず影響を与えていることが推察される[7]。なお、人口規模が10万人以上の自治体の教委事務局は、教育委員会議資料の質、量ともに充実している等、活性化要因を備えた教育委員会が多いとの指摘がある（堀・柳林 2009, pp.116-126）。特徴が類似する X 市でも、教委事務局、行政委員の活動の活発さが観察できる可能性があるため、選定の意義は一定程度有していると捉えている。

　以上の理由から、行政委員の配置を開始した時期、行政職員数の少ない自治体規模でも、特別な養成方法は講じずに継続的に配置し、教育行政が CS に関与するガバナンスモデルを考察するに際し、本稿の目的に適うため選定した。

　なお、検討にあたり次の2点に焦点をあてる。第1に、X 市教委事務局による「行政委員」の政策的配置を企図した背景、行政委員配置の態様である（3節）。先述のように、X 市は限られた教委事務局職員数で、市内各校に2名程度の行政委員を配置している。本稿では X 市教委事務局が政策的配置を企図した背景及び配置までの過程と態様に焦点をあてる。第2に、教委事務局職員である行政委員が、CS に配置された際、どのような認識で教委事務局と学校運営協議会及び CS 間における連絡調整、学校運営協議会、CS 内のアクター間関係調整を行っていたのかに着目する。行政委員が学校・保護者・地域住民とどのように向き合い、学校運営協議会及び CS において、いかにして行政としての役割を自覚しながら関与しているのだろうか。本稿では行政委員が配置されることで、教育行政の役割を認識しながら運営に関与した事例に着目して、学校運営協議会及び CS の運営に行政委員が関与し、どのような影響を与えているのかを分析する（4節）。また、検討に際して付言したいのは、本稿では X 市を研究対象の基本単位として設定した点である。選定理由は先述した通り、学校運営協議会制度の施行当初から教委事務局が政策的判断に基づき、行政委員を市内各校に配置している「先進的」事例である。特に学校運営協議会及び CS という場に、教育行政が行政委員というかたちで関与し、条件整備に繋がる取

組を行っているのかを確認することである。したがって、それぞれの行政委員が果たしている機能に深く焦点化しているのではなく、あくまで X 市を分析の基本単位として、X 市教委事務局職員である行政委員の取組が、一定の成果を挙げている事例として、事例校及びそこで活動していた行政委員を取り上げる。

　以上、本稿の対象である X 市教委事務局、行政委員の取組を分析し、現行の学校運営協議会制度導入、展開で生じる課題に対する教育行政の役割について考察する（5節）。

　かつて篠原（1990, p.239）は、教育委員会と学校の関係性を「教育行政と学校経営の二元的作用の価値葛藤関係を背後にもつ」として、「個々の学校の相対的な経営裁量権を、設置者である教育委員会がどの程度保証し、条件整備が可能か」という論点を提示している。本稿の議論は学校運営協議会制度に留まるだけでなく、教育委員会─学校間関係再考にも資するものと捉えている。

2　研究方法と対象

(1) 研究方法

　本稿では、2つのデータを中心に分析する。第1に、文書資料である。X 市教委事務局（以降：事務局）によって発行された（CS 関連）ハンドブック、事務局作成の行政委員配置表、A 小学校（以降、A 小）が発行した学校運営協議会（以降，基本的に協議会）関連資料である。これらの分析をすすめながら事例理解を試みている。第2に、インタビューデータである。インタビュー調査の対象は表1のように、X 市で学校運営協議会制度導入に携わった教育長、元学校教育課長、行政委員、A 小協議会関係者である。調査は半構造化インタビューの形式をとり、1時間〜1時間半程度行い、話題の拡散も許容した。また、調査時は調査意図を事前に説明し、許可を得て録音したものを使用した。

　以上2点のデータを主に用いて事例を分析する。**表1**に示す、許可を得て録音した協議会の音声記録、協議会前後の打ち合わせや各種行事、会合における行政委員の行動の参与観察記録（2014年8月〜2018年3月）は、先述した2点の素材を補完するかたちで分析に用いた。また、X 市には総計52回、A 小には協議会開催日以外も含めて33回訪問する等して、各種データの収集に努めた[8]。

114 自由研究論文

表1 調査概要

インタビュー 調査対象者	性別	調査日	主な分析資料	調査期間
教育長	男性	初回:2015年12月21日 2回目:2018年1月22日	学校運営協議会 録音記録	2014年10月 -2018年3月 (22回分) (了承時のみ録音)
元学校教育課長	男性	2017年6月20日		
B委員(社会教育部)	男性	2015年11月12日		
C委員(学校教育部)	男性	初回:2015年9月16日 2回目:2017年10月17日	参与観察記録	2014年8月 -2018年3月 (24回分)
対象校校長	男性	2015年10月8日		
対象校主幹教諭	男性	2015年12月25日		
対象校学校運営協議 会長	男性	2015年10月25日	学校運営協議会 会議資料	2014年8月 -2018年3月 (26回分)
対象校学校支援地域 本部コーディネー ターD氏・E氏	女性	2015年12月18日		

(2) 対象校の概要

　本稿では行政委員の機能を分析するにあたり、A小を対象とする。A小はX市の郊外に位置し、全校児童数は850名程が在籍し、市内でも児童数が多い層に入る。

　選定理由は2点ある。第1に、保護者・地域住民による学校支援活動によって教職員の勤務負担増等、学校運営課題が発生している点である。詳細は後述するが、同校は協議会設置以前から子どもと地域が関わる研究事業をX市教委から委嘱される等、かねてから地域連携事業に着手し、そのため市内でもいち早く協議会が設置される。また、PTA及び地域住民によるゲストティーチャー（以降、GT）、学校の学習補助を兼ねた公民館学習といった学校支援活動が活発である。CSの活動が活発化し、保護者・地域住民による学校支援事業数が増加するにつれ、1年間の協議会実施回数は市内でも随一の回数（年10回）[9]となる。調査開始時には、市の「優良校」の一つとして認識されており、各地から視察者が訪れていた。また、協議会関係者の活動が活発である証左には、学校とのスムーズな連携を意識したセクションとして、「地域活性部」を設ける自治会もあり、学校―地域連携に関連する業務量の多さがうかがえる。こうした背景も相俟って、CS活動に期待が寄せられることで、CS運営における教職員の負担が増加している。先行研究では学校―地域連携の関連業務が多い場合、管理職や担当教員の勤務負担増を招く可能性が指摘されている（例えば

佐藤2018, pp.190-194）。

　第2に、2名の行政委員が継続的に配置されたことで、CSと関係が構築され、CS運営の課題解決施策を実施するなど、運営改善に寄与し、好転したためである。

　以上、CS運営で生じた課題等に対し、事務局及び行政委員の取組を描く。そして、A小は昨今増加している「学校支援型CS」（岩永前掲）の特徴が見出せる。議事内容も年間計画を参照しながら学校行事計画、地域住民や保護者と連携を要する行事内容を議論する傾向にある。一方で、学校経営方針・計画に関する内容等は、年度初めの協議会でしかされない。むしろ、授業や学校行事のGTの招聘を計画する学級担任が、授業計画の説明及び支援依頼のため、常時数名がオブザーバー参加し、支援を呼び掛けている。また、協議会の組織構成は、保護者（PTA役員等）、地域住民（校区内の自治会会長等）、地域団体代表、学識経験者、校長、教頭、主幹教諭、学校支援地域本部コーディネーター（以降, コーディネーター）で構成されている。

3　X市における行政委員規則化の背景と態様

(1) 教育委員会事務局－学校間関係の変化

　X市における学校運営協議会制度導入、行政委員規則化及び政策的配置に至った経緯とその位置づけを把握するにあたり、同市において実施された事務局改革を検討する。

　X市における協議会制度導入は、2000年代初頭から事務局が実施した、教育委員会事務局改革と関連しており、当時の学校教育課長の問題意識を初発としたものである。事務局改革前のX市は、「就学事務、施設整備等は市教委の行政職員の役割。教育課程や学校運営、生徒指導等は学校や指導主事の任務」という意識が蔓延し、「県からの指示がない限り前年どおり、これまでどおり」という前例踏襲主義が定着しており、事務局職員は単位学校の運営に関わることはおろか、学校理解が深められておらず、単位学校との間に距離が存在していた[10]。2000年代前半は学校選択制、学校評価、協議会制度等の教育行政関連改革が全国的に展開されており、事務局内でも、徐々に教育行政実務の在り方に関して問題意識が高まる[11]。これが、後の事務局職員の職務遂行における意識改革につながることとなる。

116 自由研究論文

　既に X 市では、2000 年代初頭から単位学校への予算執行権の委譲をすすめている。これは、事務局による予算決済に関する作業負担軽減を目的としたもので、予算執行権の委譲を行う以前の事務局内は、施策関連の議論が十分になされていなかったため、こうした措置が講じられた。改革が行われた背景には、学校教育課長がこれまで X 市の教育行政以外の部局で行政組織活性化や人材育成に関わったことが大きく影響している。そして、予算原案編成権も学校に委譲され、学校の主体的運営を推進するために学校管理規則の見直しが行われることとなる[12]。こうして、事務局と単位学校の負担軽減を兼ねた、校長の裁量権強化、当時の学校づくりのトレンドである「特色ある学校づくり」・「地域に開かれた学校づくり」の促進を目指した事務局の責任範囲、学校との役割分担の明確化を行ったのである。このように、徐々に単位学校に権限委譲を行うことで学校の主体的運営を支える仕組みを整備し、事務局の定型業務の簡素化を実行した。そのため、学校裁量が拡大することで協議会制度の導入を決定した際に、学校側から大きな反発は生じなかった。

　一連の事務局改革について、当時の学校教育課長は学校側の事務局に対する姿勢変化、教委事務局－学校間関係の質の改善をもたらしたとして、両者の関係は「指揮命令関係」から「支持、支援関係」といった、縦から横への関係の移行に結実したと評している[13]。

　以上のような、教委事務局－学校間における責任範囲・役割の明確化、単位学校の主体性を醸成する権限委譲は、事務局活性化の基盤整理、その後の重点施策となる協議会制度の導入を円滑にするものであった。

(2) 学校運営協議会制度運用の円滑化に向けた行政委員の政策的配置

　先述のように協議会制度の導入以前、教育長は事務局職員の力量向上の方途を模索しており、学校や地域の実情に応じた施策を講じていく意識が事務局内に不足していることを問題視していた[14]。そこで、教育長は協議会制度を導入する際に、各校の協議会に、事務局職員を委員として参加させることで学校現場の理解を深めさせ、学校及び地域課題に応じた施策を立案する力を備えた事務局職員の育成を企図する。

　　（協議会への参加は）施策を考え出す力になっている。（現場経験が施策形成に）つながるよう考えていく、「こういう問題があるから何か解決策がないの

か」と、そうやって自分の仕事に活用する職員であってほしい。(2015年12月21日)

　さらに、事務局職員を配置する意図について、「事務局職員は学校理解なくして仕事は進まない」(前掲年月日)とし、職務遂行に際して事務局職員の学校理解を重視するとともに、「学校が言いにくいこと、地域が言いにくいことの間で板挟みになる(後略)。そういうつなぎの役として(後略)」(前掲年月日)、協議会に行政委員の配置を視野に入れていた。この意識のもと、事務局職員の力量向上を意識しつつ、協議会及びCSにおいて事務局職員が調整的立場に位置付くことを想定していたのである。すなわち、学校現場の理解、地域社会の理解を深めながら、学校現場で得た情報や経験を平素の職務遂行に活かす、「行政施策等への実効性を高める役割を担」[15]うことが可能な事務局職員の育成を構想していたのである。
　以上のような行政委員の役割を教育長が構想する際、協議会に対する事務局の方針についても思案している。

　　委員(保護者、地域住民)の要望を聞く場ではないですね。事務局職員も一委員、同じ立場です。(中略)委員会への要望を聞く場ではないですね。だけど、(他の委員から)要望はありますけどね。そうではなくて、実際の取組をどうするのか、「そしたらこういうことをしよう、そしたらもっと教育委員会(事務局)はこんな支援でもして助けてくれたらな」とか、そういうのを持ち帰る。取組を実らせるために、教育委員会はこんな力を発揮してほしい、プラス思考の支援ですね。その中で、(事務局に持って)帰ってできるか調べましょうとか、できるならまた返事しますねといった感じで。
　　(前掲年月日)(下線部筆者)

　教育長は、協議会制度の導入主体である教委事務局が導入だけに留めず、事務局職員を行政委員に位置付けることで現場の要望を引き取り、現場の状況を踏まえた施策立案を重視していた。つまり、制度の導入主体である事務局が配置した行政委員が、学校、保護者、地域住民と関わりながら現場理解を深め、協議会及びCSの課題解決に寄与することを重視していたのである[16]。また、教育長による行政委員の配置は、自治体教育政策として「円滑なスタートと実

118   自由研究論文

効性の高い制度設計」[17]の実現を図るべく、行政委員の参加を同市の協議会規則に盛り込んだとも換言できる。

　行政委員の配置当初は、協議会の場で学校予算関連の意見集約、協議会で議論される様々な学校課題に対応することを重視していたため、学校教育部の職員が中心となって協議会に参加していた[18]。導入当初は課長クラスの職員の参加が主であったが、協議会の設置校数が増加するにつれ、課長クラスの職員のみでカバーすることが困難となり、後に主査クラスも配置することが推進されていく。

　そして、行政委員の配置は協議会を通した学校教育部と社会教育部の融和も含まれる。X市教委事務局学校教育部と市内各所の社会教育部の施設間には物理的距離があり、事務局内で把握する情報が学校教育関係に偏在していた[19]。そこで、ほぼ毎月行われる各校の協議会で、学校教育部門の行政委員と社会教育部門の行政委員の連携意識向上、部門間の情報共有、各部の専門的立場から意見を述べることでCSの運営充実化を企図した[20]。こうして、各部から1名ずつ、市内各校に行政委員が参加することが慣例化した。

　以上、X市の協議会及びCSに行政委員が配置されるに至った経緯は、①事務局職員の力量向上、学校理解・地域理解促進、②円滑な制度導入及びCS運営調整、③協議会を介した、学校教育部門と社会教育部門の融和を企図していたのである。

　すなわち、協議会制度の円滑な運用をすすめるにあたり、学校・保護者・地域住民で対応することが困難な課題に、対応することを企図して行政委員が政策的に配置されるに至ったのである。

(3) 行政委員の配置の態様

　では、X市における行政委員はどのように配置され、いかなる特徴が見出せるのか。**表2**は、行政委員の配置状況を示している[21]。

　まず指摘できるのは、各校の「特徴と課題」に極力応じて、対応可能な行政委員を配置するよう、事務局側が考慮している点である。

　例えば、K小を見ると健康スポーツ課長（K2）が配置されている。K小に予備調査を行った際、同校は開校以来、健康教育に力を入れており、CSに移行後は学校体育行事をはじめ、自治会（公民館）と連携する形式で、数多くの社会体育行事の実施がされていた。これら事業の企画調整に関わるのが、K2委員

市町村教育委員会事務局による学校運営協議会への関与　119

表2　X市公立小・中学校行政委員配置表（2016年度版）

校名	氏名	所属	校名	氏名	所属
A小学校	B委員	教務課 （教育総務担当）	L小学校	L1	学校教育課 （学校教育担当）
	C委員	文化財課長補佐		L2	社会教育課 （図書館担当）
D小学校	D1	社会教育課 （社会教育担当）	M小学校	M1	教務課統括係長 （施設計画担当）
	D2	子育て支援課長		M2	社会教育課 （社会教育担当）
E小学校	E1	学校教育課 （学校教育担当）	N小学校	N1	学校教育課統括係長 （学校教育担当）
	E2	文化財課長		N2	社会教育課長
F小学校	F1	教務課 （施設計画担当）	O中学校	O1	学校教育課指導主幹
	F2	社会教育課長補佐 （図書館担当）		O2	社会教育課 （社会教育担当）
G小学校	G1	学校教育課 （保健給食担当）	P中学校	P1	教務課 （教育総務担当）
	G2	教務課 （教育総務担当）		P2	社会教育課統括係長 （社会教育担当）
H小学校	H1	教務課長	Q中学校	Q1	教育支援センター長
	H2	こども未来課長補佐 （児童担当）		Q2	教務課長補佐 （教育総務担当）
I小学校	I1	教務課 （教育総務担当）	R中学校	R1	教務課指導主幹
	I2	社会教育課 （図書館担当）		R2	学校教育課 （学校教育担当）
J小学校	J1	学校教育課 （保健給食担当）	S中学校	S1	学校教育課指導主事
	J2	図書館長		S2	社会教育課 （図書館担当）
K小学校	K1	学校教育課統括係長 （保健給食担当）	T中学校	T1	学校教育課長
	K2	健康スポーツ課長		T2	文化財課長補佐 （管理担当）

である。そして、主査レベルではなく課長級が配置されている理由は、同校が健康教育を推進するタイプのCSとして、市外から注目されており、X市としても施策のアピールとして活用可能性があるからである。E小学校も同様に、X市が協議会制度を導入した時点からCSに指定され、市の内外から実践が注目されてきた。そのため、継続的に学校教育課長が配置されており、継続的かつ模範的になるよう実践を支えていることがわかる。例示した2校は、本稿の

120　自由研究論文

目的との兼ね合いから予備的調査に留めているが、市内でも特化型の CS 運営がなされている点、市外から注目されているため、配置される行政委員の役職がより上級になることが推察される。翻って、教委事務局以外の部署から異動してきた職員も、異動と同時に行政委員として協議会に参加することにも留意したい。4節・**表3**の C 委員も同様で、事務局配属から2年目で A 小に配置されていることから、行政委員を経験することが事務局職員育成の方策であることに留意する必要がある。

4　学校運営協議会における行政委員の実際

本節では、**表3**に示した2名の行政委員の取組を検討する。

表3　分析対象の行政委員

	教育委員会勤務歴	行政委員歴	性別
B 委員	21 年目	6 年目	男性
C 委員	6 年目	5 年目	男性

(1) 教委事務局－学校間の連絡調整

　B 委員は入庁以来、専門職として社会教育部に所属し、部管轄の「文化財資料館」で文化財保護を主たる業務とする。A 小校区は史跡が豊富なため、教育活動では地域学習に重点を置く。そこで、文化財課職員である B 委員は、学校の要望に応じた資料提供、教員向け研修を随時行う。また、教員から個別に連絡を受ける関わりが増えている。だが、単に学校との協力関係に留めず、次のような認識で取り組む。

　　私の立場からすると、<u>文化財普及活動の PR 窓口の一つでもあるんです。だから、私は協議会の中で営業をかけている立場でもありますね。</u>（中略）<u>専門職の立場からすると地域にいろんな文化財の情報を下ろすいい機会で</u>すね。（下線部筆者）

　注目すべきは A 小への配置を契機に、職務領域に応じて、学校から求められる教材の提供、教員への情報提供を行うだけでなく、本来業務を効率的に進

めるべく、協議会を事務局の意図を伝達する場とした点である。B委員はこの場で施策説明、他の委員、学校関係者と意見交換を行う等コミュニケーションを図り、行政側の情報を開示する。実際に協議会に関わる中で、これまでの学校への認識が変化したことを述べる。

　　ずいぶん変わりました。(本来業務に)役立っています。学校の中が分かるので。先生方が何を求めているか(中略)、地域の人が何を考えているのか。行政は法令に則った部分しかできないので、文化財を保護するには地域の協力・理解がないとできない。うちがどのような意識で、事業、教育普及活動を地域や学校にするときに、どういう出し方をするのか、運協に関わるとためになります。(中略)学校がどう望んでいるのか、子どもが何を求めているのか、地域の方にどうわかりやすく理解して、興味を持ってもらえるのか(中略)。(下線部筆者)

　社会教育部職員として関わりの少なかった学校現場の理解を深め、学校に具体策提示が容易になった証左に見てとれる。これらは、教育長が述べる学校理解に相当するであろう。また、B委員は教育長が求める学校理解に留まらず、行政委員として関わる際、自らの職務領域の特性を活かす意識が見られる。

　　持ち分を活かした方が、やはり地域にCSを広めるにあたり、その方が望まれるのではと考えています。(中略)会議の関わり方というより、どちらかというと先生方から個別に連絡いただいて関わる方が多いです。(下線部筆者)

　社会教育部に所属していたため、接触機会が乏しく、職務遂行上意識することが少なかった教員や子どもの存在を念頭に置いており、B委員の職務遂行意識に変化が生じたことが推察される。また、B委員からは学校理解、職務領域を活かした活動を意識すること以外の変化が下記から見られる。

　　協議会で顔見知りが増えて、声をかけやすくなった(中略)、指定文化財の継承・維持管理をしていると、地域から様々な要望が来ますよね？それを客観的に捉える必要があるので、自治会との(情報)共有をしていかなけ

122　自由研究論文

ればならないので、運協で顔見知りをつくらないといけない。まさしくパイプが出来ることが大事ですね。(下線部筆者)。

　協議会で長期間に渡って、他の委員と関わることで関係性を深化させることを意識している。これは協議会設置によって信頼関係が構築され、学校教育が改善されることを明らかにした大林(2015)の知見に接続する部分がある。行政委員自身の職務領域と協議会で求められている活動には、ギャップが生じることも想定できる。だが、B委員は行政委員の取組を通じて、自治会をはじめ、地域住民の要望に対応することで関係性の構築・強化を行い、地域住民から協力を得て、地域資源を活用した文化財の学習会実施に繋げた。地域における学習機会づくり、行政委員として協議会に参加することで得た協力関係を、「運協の名札を利用して色々なことをさせていただく」(B委員)かたちで、本来業務に効果的に活用しているのである。

(3) アクター間関係調整

　C委員は普段は教育委員会議関連事務、人事関係事務、教育長業務補佐、CS運営関連事務を主に担う。

　C委員は経年的にA小の協議会に参加する中、保護者や地域住民の活動が市内でも活発であることを認知していた。参加する中で、CS運営における教職員の負担、とりわけ教頭、主幹教諭の渉外業務負担を看取するようになる。A小は、C委員が参加する以前から授業のGT等の学校支援を行う地域住民、PTA対応といった渉外業務を、教頭と主幹教諭が一手に引き受けていた。過去に、CS関連業務も含めて、過労に伴う病気を理由に退職する教職員がおり、主幹教諭も短期間での転任が相次ぐ等、業務継承や地域連携において、地域住民側から学校の組織体制を不安視する声が挙がっていた。この渉外業務は地域からの学校支援の体制を維持するべく、主幹教諭が自ら地域、公民館へ積極的に足を運ぶことも含まれる。だが、主幹教諭という職務性質上、学校を離れることに抵抗感を抱く。

　　自分は主幹なので学校業務が優先。でも、公民館は16時に閉まるので、子どもを帰した後だと行けない。自分が連絡をとっても細かい打ち合わせができないので、「悪いけど、(先生達に)職員室まで来て細かい打ち合わせ

をしといて」といった感じでしかできなかった。（主幹教諭）

　C委員は経年的に同校に関わる中で、様々な機会を通じて、管理職、主幹教諭とコミュニケーションを重ねており、CS運営における課題を看取していた。C委員は後に同校の運営課題解消の施策を考案する。具体的には、事務局で同校の課題を共有、協議をして、教職員の渉外業務負担や連絡事務負担軽減、地域人材資源の管理を行うことを企図して、学校支援地域本部設置の発案に至るのである。

　　地域は一緒なので、（地域との連携の）窓口一本化を狙い、作った感じですね。人が付くことで、地域の人材とか（自治会）役員さんとかが積極的に（支援）してくださるし、自治会長、敬老会や婦人部とかそういう会に個別にお願いをしていると、同じところに（頼みがちに）なっている状況なので。コーディネーターが地域人材を発掘してくださると活動が広がるのではと思い、A小（に設置）を提案させていただきました。（2015年9月16日）

　CS運営を行うに際し、地域住民ではない主幹教諭が協力を依頼する場合、依頼先が限定的になる傾向が強かった。だが、地域住民でもあるコーディネーターが、学校と地域住民の間に入ることで、自らが有する人脈を活用した人材確保を行うようになり、協力関係が拡大していく。このように、行政委員が学校現場の課題を捉え、行政が有する財源や権限を用いて同校が抱える課題解決に向けて動いたのである。また、A小が位置する中学校区全体が、学校と地域の連携を活発に行っており、同一校区内のN小学校も同様に地域連携が活発である。このため、中学校区内の連携及び人材管理を意識し、「特にA小のカリキュラムは地域の方の出番が多いので、それを中学校区全体でやれればということで、中学校区（全体）を見据え」（C委員：前掲年月日）て、学校支援地域本部を設置した。換言すれば、施策としての協議会制度の充実化、拡大を図るべく、学校支援地域本部設置を発案し、教育長及び事務局内で課題共有を行い、上位の行政機関等の資金の供給主体から予算獲得に動いたのである。また、コーディネーター選定に際してC委員は、校長と関係が深い、校長の前任校（N小学校）の元PTA役員を登用するよう手配する。「N小にいた二人は地域もわかっているし、校長もわかって」（C委員：前掲年月日）おり、尚且つ、「自分を通さず

に、全部（コーディネーターに）調整してもらえ」て、更には地域住民に対し、「学校が言いづらいことをある意味保護者の目線で伝え」（主幹教諭）ることができ、学校側、地域住民、保護者の意向を尊重できる人材を得たのである。

　実際に、学校支援地域本部を設置したことによって、「先に動いてくれているので、負担感が減りました。今でも学校への連絡は私に（電話が）きますが、『わかりました、そのことは学校支援地域本部につないでおきます』といった感じで、細かい負担は本当に減りました」（主幹教諭）、という反応もあった。この点から、CS運営における課題解決に向けて、C委員が取り組んでいることが見受けられる。また、学校支援地域本部は導入から3年以上継続して設置されており、A小での施策実施の成功体験をモデルに、市内の他校でも類似した取組を、事務局の施策として実施し、展開を図っている。

　　A小はモデルになりますね。「こういうことをやっています。」という資料を作って、それで、A小が工夫していることを他の学校にまず知らせて（後略）。（C委員：2017年10月17日）

　C委員はCSに関わることで、学校支援地域本部及の設置を促し、地域住民、保護者等の学校支援に関わる人材の管理、意見集約のセクターとして学校支援地域本部を機能させたのである。このため、教頭と主幹教諭は、地域住民や保護者との接触が減り、渉外業務負担軽減に結実した。以上のように、C委員は

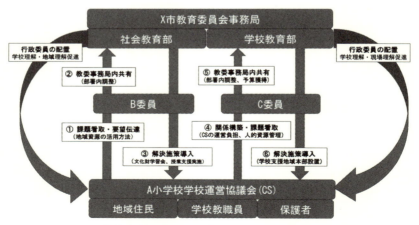

図　X市教委事務局及び行政委員（B・C委員）による関与

Ａ小との長期的、日常的な関わりから課題を看取し、解決に向けて取り組んだのである。

5 総合考察

　以上の分析知見は調査許可を得られた一事例に基づくもので、一般化には慎重を要する。だが、普及傾向の学校運営協議会、本稿冒頭で述べた現行制度、先行研究上の課題、そして「CS の課題点を軽減するために可能な行政的支援の在り方を考える」（仲田2015a, p.267-268）必要性が指摘されている。本稿の分析知見から示唆を示すことができるならば、以下のものが提示できると考える。

　第1に、市町村教委事務局による学校運営協議会及び CS への行政委員配置による、教委事務局―学校間の相互理解である。これまでの学校運営協議会制度は、学校運営協議会が設置された場合、制度設計上、教育行政は関与しないことが前提視されていた。しかし、Ｘ市は、教委事務局改革及び職員育成が目的として含まれていたものの、制度的条件整備として行政委員を配置することによって、事務局職員の学校理解・地域理解を促進させるなどして、CS 運営の調整を意識していたのである。第2に、より重要なのは、長期的に行政委員として事務局職員を配置することで、教育行政が学校、保護者、地域住民に対して施策の説明、意見交換を行い、学校運営協議会及び CS との関係構築していた点である。関係構築がなされた後には、CS の課題看取をし、教委事務局にて課題の共有がされ、学校支援地域本部の設置等の解決施策の実施、また、CS としての活動の展開につながる地域資源活用等がされた。こうした点から、教育行政による条件整備として、学校運営協議会及び CS に対し、行政が有する財源や権限を活用し、各 CS に応じた運営調整、運営支援等が期待される。単に学校現場の人材不足を補う支援策としての学校支援地域本部設置ではなく、学校組織内の関係性、学校―地域間関係等の調整は、今後の協議会制度下の教育行政の役割を考えるうえで示唆的である。特に、Ｘ市の協議会制度の円滑化、発展を企図して行った Ｃ委員の取組からは、協議会制度導入後の市町村教育委員会事務局が、学校・保護者・地域住民に運営の全てを委ねるのではなく、運営に一定程度関わる必要性が見出せるだろう。

　なお、本稿では行政委員の取組の分析に際し、Ｘ市教委事務局が学校教育部と社会教育部の大きく2つで構成されていたため、各行政委員の属性（所属先）

と対応させる形式で理解をすすめてきた。これは、X市及び配置先であるA小の特徴に応じたものであったことを付言しておきたい。

そして、留意すべきは、事務局方針、行政委員の意識によっては協議会及びCS運営が大きく左右される可能性である。X市では、調査、分析・考察を進めた範囲では、事務局及び行政委員による学校統制的側面は看取できなかった。事務局は、事務局職員の力量向上、CS運営の調整を主たる目的として行政委員を配置していた。また、A小の行政委員に目を向けてみても、協議会関係者との関係構築、現場の課題を教委事務局と共有、運営改善に向けた施策実施等を行っていた。そのため、行政委員の取組を含んでも、学校統制の様相は、調査、分析・考察をすすめる中で看取できなかった。ただ、当該事例の調査を継続することで、教育行政による学校統制的側面が看取できる可能性は排除できない。この点は、今後の課題として慎重に調査・研究をすすめる。

最後に、本稿の課題は紙幅の関係もあり、1つの自治体、単一自治体における複数の調査校から1校を選定し、2名の行政委員を対象とすることが限界であった。今後は複数自治体、他校種、教育職の行政委員、行政委員が関与していない事例との比較検討を行いながら知見の一般化を深めていくこととしたい。

【註】

1　「新しい時代の教育や地方創生の実現に向けた学校と地域の連携・協働の在り方と今後の推進方策について（答申）」（中央教育審議会186号）。

2　「地方教育行政の組織及び運営に関する法律」（平成二十九年法律第五号）が改正され、平成29年4月に施行された。

3　仲田（2018）では、全国のCS指定校・未指定校、CS導入・未導入、CSに類似した制度を有する教育委員会を対象とした調査データが使用されている。

4　本稿の「関与」は、教委事務局の関与は行政委員の「配置」、行政委員による関与は、協議会への「連絡調整」、「関係調整」とする。コミュニティ・スクール研究会（2012:61）は、市町村教委の会議出席状況のみ明らかにし、関与の実態の調査には至っていない。

5　日髙（2007）、仲田（2015a）では「行政委員」としている。

6　X市の協議会規則の「関係行政機関職員」は、事務局職員に限定した理解がされている。

7　無論、過去にも協議会が教育行政の意思を実現する場になることを懸念する指摘はあった（例えば葛西2014）。

8　X市教委事務局、A小から調査許可を得ており、調査データは研究活動にのみ使用を取り決めた。インタビュー引用時は、文意を損なわない程度に加除修正を施した。丸括弧は筆者が情報を補足したものである。なお、本稿ではX市の所在や調査対象者が判明せぬよう、協議会制度導入年度等は大まかに示し、資料名等は伏せた。

本文中のインタビュー引用は、2通りの書き方を意味する。第1に、イタリック体で示しているのは、インタビュイーの重要な発言が長文の場合、イタリック体で抜き出して提示し、論文の文章との判別を容易にしている。第2に、論文本文中の「」(括弧書き)は、本文の分析的記述とインタビュー引用部分を区別するために使用している。

9　年間10回の開催は調査期間中の最多回数である。

10　「X市教育委員会刊行資料①」pp.5-6。

11　註7に同じ。

12　註7に同じ。

13　「X市元学校教育課長作成資料」pp.38-41。

14　「X市教育委員会刊行資料①」p.13。

15　「X市教育委員会刊行資料②」p.149。
　　　教育長は、「学校と教育委員会が上下の関係じゃないですね。(中略)学校と共に汗を流す行政じゃないと、やっぱり(施策は)身を結ばない。学校を責める行政じゃだめですね。」(2018年1月22日)とも述べる。この点からも単位学校の実態を意識した政策、施策の形成を意識していることがうかがえる。

16　「X市教育委員会刊行資料①」(p.33)及びX市例規集で、「X市協議会規則」が掲載されている。行政委員は、「(委員の任命)第4条の(6)関係行政機関の職員」と明記されている。

17　註13に同じ。

18　註13に同じ。

19　「X市教育委員会刊行資料①」p.7。

20　「X市教育委員会刊行資料①」p.34。

21　2016年度版を選定したのは、同年度から正確な部署・役職・担当が記載され、より正確な情報が分析可能となったためである。また、配置表は事務局から提供を受けており、学校や個人が判明せぬよう、校名・氏名を伏せ、学校の配置順変更の処理をした。A小は論文執筆の便宜上、小学校欄の一番目に置く。こうした処理は、配置表分析において特段影響は生じない。

【文献一覧】

岩永定(2011)「分権改革下におけるコミュニティ・スクールの特徴の変容」『日本教育行政学会年報』37、pp.38-54。

大林正史(2015)『学校運営協議会の導入による学校教育の改善過程に関する研究』大学教育出版。

葛西耕介(2014)「学校運営協議会制度の法的分析 - 親の学校教育参加の視点から -」『日本教育法学会年報』第43号、pp.179-188。

小林昇光(2016)「学校運営協議会研究の動向と課題」『教育経営学研究紀要』第18号、pp.85-93。

コミュニティ・スクール研究会編(2012)『コミュニティ・スクールの推進に関する教育委員会及び学校における取組みの成果検証に係る調査研究報告書』p.61。

128 自由研究論文

佐藤晴雄（2018）「第5章 コミュニティ・スクールと教職員の多忙化」、佐藤晴雄編『コミュニティ・スクールの全貌―全国調査から実相と成果を探る―』風間書房、pp.190-194。

篠原清昭（1990）「第7章教育委員会と学校の信頼関係」、下村哲夫編『教育委員会と学校の間―学校改善を支える地域教育経営―』ぎょうせい、pp.237-239。

辻村貴洋（2016）「複線性のなかの教育行政における専門職リーダーシップの構築―教職員の教育行政参加と教育政治―」、日本教育行政学会編『学会創立50周年記念教育行政学研究と教育行政改革の軌跡と展望』pp.8-22。

仲田康一（2015a）『コミュニティ・スクールのポリティクス―学校運営協議会における保護者の位置―』勁草書房。

仲田康一（2015b）「社会変動と学校―地域連携研究の課題―」『健康プロデュース雑誌（常葉大学）』第9巻第1号、pp.131-136。

仲田康一（2018）「第8章 地方教育政策としてのコミュニティ・スクール」、佐藤晴雄（2018）『コミュニティ・スクールの全貌―全国調査から実相と成果を探る―』風間書房、pp.94-95。

日髙和美（2006）「学校運営協議会の制度化に関する一考察」『教育制度学研究』第13号、pp.163-175。

日髙和美（2007）「学校運営協議会における意思決定に関する考察―校長の認識に焦点をあてて―」『教育経営学研究紀要』第10号、pp.45-54。

堀和郎／柳林信彦（2009）「6章 教育委員会会議の活性化要因とその相対的規定力―人口規模別のバリエーションに着目して―」『教育委員会制度再生の条件―運用実態の実証的分析に基づいて―』筑波大学出版会、pp.116-126。

【謝辞】

ご多忙の中、調査にご協力いただいた方々に心より御礼申し上げます。

【付記】

本稿はJSPS科研費（課題番号：17J05527）の研究成果の一部である。

Abstract

Involvement of Local Educational Administration with School Management Committee: The Adoption of the '*Gyousei-Iin*'

Norihiko Kobayashi (Graduate Student, Kyushu University/ Research Fellow of Japan Society for the Promotion of Science)

The purpose of this study is to examine the roles of a *Gyousei-Iin* (here forth referred to as *Delegate)* from the local educational administration point of view and discuss the background of its adoption as well as its relationship with the school community school (CS) and other members in the school management committee.

First, the paper discusses the background of the introduction of the *Delegate* by the local educational administration in X city. Second, the paper analyzes the process of facilitating management between the Board of Education Secretariat and CS through a *Delegate*. A Delegate's role as a coordinator with other CS members has been clarified. Furthermore, it discusses the influence of *Delegate* on the operation of the school management committee and a CS, by collaborating with a school board, parents and the local residents.

The findings of the study reveal that there exists a need for coordination between the Board of Education Secretariat and the CS, and the adoption of *Delegate* has brought some positive changes in this relationship. Specifically this means that the establishment of the *Delegate* could change the top-down relationship between the local educational administration and schools into more supportive roles by confirming their responsibilities and roles. It also could make it easier to introduce the school management committee at a later stage.

In addition, the *Delate* was strongly intended by a head of the local educational administration and the department chief head of a school management of the school. The purpose was to increase the functions of its members, to enhance the understanding of school and local resident, and to facilitate the introduction of the system.

Furthermore, the study also describes the activities of the *Delegate*. It has been found that the *Delegates* have a better chance to understand the school management committee and CS more in-depth by attending the various meetings. The *Delegates themselves* also found the necessity for changes through involvement with schools and the residents. The collaboration between the Local Education Ministration and the CS could be strengthened through this system.

The paper concludes with a discussion explaining the importance of the involvement of the educational administration in coordinating between school, parent and local residents. The influence of the educational administration in the school management committee is also highlighted.

研究ノート

米国高等教育における調整型州管理機構の廃止の影響
　　―カリフォルニア中等後教育コミッションを例に―
　　　　　　　　　　　　　　　　　　　　　　中世古　貴彦

米国教員養成制度における「スタンダード化」への
　　対応実践の展開とその意義
　　　―志望者の主体的な学びを大学側はいかに支援できるか―
　　　　　　　　　　　　　　　　　　　　　　太田　知実

[研究ノート]　　　　　　　　　　　　　　　教育制度学研究第 25 号〔2018 年〕

米国高等教育における調整型州管理機構の
廃止の影響

―カリフォルニア中等後教育コミッションを例に―

中世古 貴彦（九州大学）

1　問題の所在——米国高等教育における州全体の管理機構

　本稿は、近年のカリフォルニア州を事例に、調整型管理機構の廃止が高等教育政策をめぐる政治的状況にどのような影響をもたらしたのかについて、憲法上独立した州立大学と議会との関係を中心に検証する[1]。

　州全体の高等教育を管轄する管理機構は、その性格はいくつかに分類[2]されるものの米国高等教育を特徴づける一般的な構造として語られてきた（例えば、仙波 1980; 江原 2004）。しかし、近年は財政難や州政府との緊張の高まりなどのために従来の在り方からの転換が必要と論じられている（例えば、National Center for Public Policy and Higher Education 2005; McGuinness 2016）。実際に 2016 年までに少なくとも 7 州が管理機構の改革を行ったが、これらの州の中でもカリフォルニア州は既存の管理機構を閉鎖したものの、新たな枠組みが整備されていない唯一の州とされる（McGuinness 2016, pp.52-53）。

　カリフォルニア州の公立高等教育は、カリフォルニア大学（以下 UC）、カリフォルニア州立大学（以下 CSU）、カリフォルニア・コミュニティ・カレッジ（以下 CCC）の 3 つのセグメントから構成されている。その中でも研究大学（群）である UC は州憲法に基づく強固な自治を有する（例えば、高木（1998, pp.129-141））。高等教育計画として有名な 1960 年に成立した同州高等教育マスタープランでも独立性の高いセグメント間の調整が重視されており、前身機関を経て 1974 年にはカリフォルニア中等後教育コミッション（California Postsecondary Education Commission、以下 CPEC）が発足した（CPEC 2011b）。州法の定める CPEC の主な責任は、学生や教育の成果等に関する公正で包括的な情報の提供、進学需要予測に基づく新キャンパスの長期計画、公立機関の新学位プログラムの提案の精

査、中等後教育の情報センター機能、州への予算要求内容の精査、奨学金プログラムに関する政策提言、中等後教育の効率化とコスト抑制のための戦略追求、教員養成に関する連邦プログラムの運営、コミッションが必要または適切と考える立法の州議会や知事に対する提案、州の教育システムにおける調整・協力の推進と多岐にわたった（CPEC 2011b）。ただし、CPEC は州全体の高等教育機関の統治や統合的な管理というより、それらの間の調整を主とする調整委員会であると言われてきた（例えば、仙波 2004; 江原 2004）。実際、1989 年に同州を訪れた OECD 調査団は、教育省のような中央統制機構がない中でも機能を異にする公立セグメント間で自律的な調整がどのように行われていたかを記すとともに（OECD 1990, pp.117-119）、CPEC による調整について「他の教育システムの大半と比較すると、詳細な情報を生み出して集団的知性を維持しようとする多大な努力が存在する。[中略]広く共有された目的を実現する合理的手段の探索が行われている」（OECD 1990, pp.40）などと高く評価した。しかし、CPEC は 2011 年 6 月にブラウン知事が予算費目への拒否権を発動したために、同年 11 月に閉鎖された（CPEC 2011a）。廃止後の同州には公立高等教育全体の情報を集約するシステムはもはや存在しない（National Center for Higher Education Management Systems 2014, Appendix B 同州部分 pp.6）。

このように一定の評価を受けつつ数十年間に渡り同州高等教育を特徴づけてきた調整型の州管理機構の喪失および新たな枠組みの未整備は、憲法上の自治を享受する州立大学を有する同州の高等教育に何をもたらしたのだろうか。

2　先行研究──CEPC に対する評価、位置付け

日本国内の研究では、CPEC は「州議会や州政府と大学群システムとの間や大学群間の利害関係を調整したり、党派的な政治的干渉から大学を保護する緩衝装置としての役割を果たしている」（江原 2004, pp.55）と紹介されることもあった。しかし、カリフォルニア州の高等教育管理制度を比較的詳細に紹介した研究（仙波 2004）や、CPEC の政策提言機能についてキャンパス整備への州予算措置を例に具体的に検討した研究（森 2007）のように、多くの研究は CPEC の役割について楽観的で、この調整型の管理機構の政治的側面を正面から取り上げることはなかった。

さて、カリフォルニア州側の対応者の殆どが高等教育機関の関係者だった先

述のOECD調査団の報告書によると、CPECの機能は管理よりも調整であったが、州法が様々なプロセスでその関与を求めるため、CPECの意向は重みをもつとされていた（OECD 1990, pp.119）。CPECのコミッショナーは、知事室が指名する3人、上院議会運営委員会が指名する3人、下院議長が指名する3人（任期は各々6年）と、UC、CSU、CCC、私立大学、州教育委員会の代表各1人、知事室の指名する学生2人の計16人で構成された（CPEC 2011b）。このようにCPECは大多数の政治任用された者と少数の高等教育関係者からなるが、一応「独立したエージェンシー」（CPEC 2011a）とされていた。先述の通り、CPECには様々な任務が与えられていたが、「高校以降の教育に関する主要な政策や州全体の計画について州議会や知事に対して調査研究に基づくアドバイスを行うこと」は「コミッションの多数の任務の中でもおそらく最も重要」とされていた（CPEC 2011b）。こうした任務や独立性を踏まえれば、CPECは客観的な助言を踏まえた合理的な高等教育政策の実現に不可欠な機能を担っていたと考えられる。

ただし、同州の議会分析官室（Legislative Analyst's Office、以下LAO）[3]が作成した議会寄りの報告書（LAO 2009; LAO 2010）によれば、高等教育政策の主導権を握れないことに対する議会の不満もあり、CPECに対する政治的な評価は高くなかったようである。こうした政治的不満がCPEC廃止に至る過程にどのように影響したのかも論点になりうるが、本稿はあくまで廃止後の状況に主眼を置くので、これ以上立ち入らない。

いずれにせよ、近年の財政難、特に2008年以降の景気後退により高等教育予算の大幅削減が進行する中で、各公立セグメントは自らが生き残るだけで精一杯となり、マスタープランの理念に基づく調整のアプローチは後退していったと言われる（Douglass 2010, pp.14）。同州のマスタープランは、近視眼的な政治家と生き残りに腐心する高等教育機関の利害が噛み合わず「深刻な限界」を抱える学外からのガバナンスの例であるとも評される（Dill 2014, pp.167）。

ただし、2011年以降の同州高等教育に言及した先行研究でも、CPECはほとんど注目されていない。同州高等教育に関する近年で最も包括的な研究と思われるMarginsonの研究（Marginson 2016）ですら、CPECについてはその存在や廃止に言及する程度に留まる。主に2014年から17年にかけての州議会とUCとの対立に注目した中世古の研究は、UCの経営戦略に対して様々な規制を行うために提出された多くの法案がいずれも非現実的で問題が多く、結局ほ

とんどが廃案となった経緯を明らかにしている（中世古 2018）が、CPEC 廃止の影響は分析の射程に入っていない。

米国高等教育の州管理機構等の変遷や改革動向を論じた McGuinness によると、従来は「州レベルの計画」「州の財政政策」「データベースの保守と政策立案に資する情報へのデータの変換」「高等教育機関又は学術プログラムの規制」「州レベルのサービスの運営（学生奨学金プログラムの運営など）」「高等教育システムと機関の統治」という6つの機能を、州によって単一または複数の州高等教育エージェンシー（state higher education agency）が集中的または分散的に担ってきたが、これらの機能を単一の機関が担うという考えはもはや実現可能でも望ましくもなく、今後は「州全体の政策のリーダーシップ」「セクターをまたぐ事業の州全体の調整／実施」「州のサービス部門の運営」「システム及び機関のガバナンス」の4つに整理しなおされた諸機能が州全体で分散されるようになるのではないかとされる（McGuinness 2016, pp.2）。彼は管理機構の改革に踏み切った諸州を念頭に、「全国におけるパターンは様々で、いくつかの州はガバナンスを中央集権化させる劇的な歩みを見せているが、規制緩和と分権化の強調の継続というパターンが支配的である」（McGuinness 2016, pp.29）と論じている。既存の州管理機構の廃止後に新たな枠組みができていないカリフォルニアは、少なくとも管理的な階層が減ったという意味では「規制緩和と分権化」が進んでもよいように思われるが、果たして同州はそのような事例として位置づけられるのであろうか。

3　本稿の課題 ── 調整型管理機構の廃止は何をもたらしたか

以上のように、かつてその調整機能を讃えられた同州高等教育システムには調整の要となる組織が廃止されたという変化が生じたのだが、この変化に注目して近年の同州の動向を検討した研究は見られない。新たな州全体の調整枠組みがなかなか構築されない同州では、どのような状況が生じているのか。調整型管理機構の廃止は全国的な傾向といわれる「規制緩和と分権化」（McGuinness 2016, pp.29）を既に憲法上独立した UC にももたらしているのか。もちろん、単一の州の事例に基づき調整型管理機構の廃止の影響を一般化することには慎重さが求められる。ただし、同州高等教育の規模の大きさや、かつてその自律的な調整が国際的な称賛を集めてきた事実を踏まえれば、CPEC 廃止の顛末は国

家・政府と大学との関係の考察に対して無視しえぬ示唆を持つと思われる。

これらを念頭に、以下ではまず、CPEC の廃止後に、新たな枠組みの策定に向けてどのような動きがあったのか、またそれらがどのように頓挫していったのかを検討する。次に、CPEC 廃止後に州立大学と州政府、とりわけ州憲法により自治を保障されている UC と、そうした自治を統制したい議会との関係がどのように変化したのかを検討する。最後に、これらの分析を総合し、CPEC の廃止がかつては称賛された同州高等教育に何をもたらしたのかを考察する。

4 CPEC 廃止後の混迷

(1)「公立高等教育セグメントからの独立」を志向する新たな枠組みの模索

CPEC の閉鎖直後の 2012 年 1 月、LAO は『高等教育の監視 [oversight] の改善』と題するレポートを公表し、知事が CPEC 廃止の理由として「高等教育の監視における無力さ」を挙げていたことに触れつつ、「いかに効率的かつ効果的に中等後システムが州のニーズに奉仕しているかを監視することと、そのパフォーマンスを改善するための変更を行うことを、政策立案者などが実施できるようにする監視が必要」であると論じた（LAO 2012, pp.3）。議会の指揮下にある LAO は、「セグメントと良好な関係を保ちつつも、セグメントが強く反対する可能性のある客観的で批判的な政策分析を行うことが求められるという、CPEC の調整機能における固有の葛藤」や「セグメントの代表者が CPEC のアジェンダを左右する傾向」（LAO 2012, pp. 6）等の問題があったとして、「当該組織の公立高等教育セグメントからの独立性の強化」や「議会の直接監視の強化」（LAO 2012, pp. 19-20）を主張した。

2012 年の議会では、LAO が招集するワーキング・グループ（政権、LAO、高等教育の各セグメント、州教育省等が構成員）に州全体の目標や新たな責任枠組みを策定させることを求める上院法案 SB721 が議会に提出され、いわば UC の本部事務局である UC 総長室（UC the Office of the President、以下 UCOP）も、法案が提案するシンプルな枠組みはデータ提供のための膨大な作業を必要としないとして賛意を示し、知事の署名を求める声明を発した（UCOP 2012）。UC の他にも CSU、CCC、高等教育関連の 3 団体も SB721 に支持を表明していた（Senate Rules Committee 2012, pp.9）。しかし、「大学で何が学ばれたのかを、誰が、何について、どのように測定するべきかという問題は、LAO が担うにはあまりに

重要すぎる」(Brown 2012) という短いメッセージと共にブラウン知事が法案への署名を拒否したため、新たな枠組みはすぐには形成されなかった。

　その後も、2014年には民間財団等の支援を受けて経済成長等のための高等教育政策の提言を行うシンクタンクである California Competes が同州高等教育のガバナンスに関する提言書を作成し、「州は［中略］独立したエージェンシーを必要としている。独立性とは、その組織が公明正大さを保ちうるために意思決定機関に［公立高等教育の：筆者注］セグメントの代表を置こうとしないことである」(California Competes 2014, pp.20) と主張した。また、同じく民間財団の助成を受ける Institute for Higher Education Leadership & Policy も提言書を作成し、「政権の一部であり知事に直属する、カリフォルニア高等教育室のような行政機関」の設立を求めた (Institute for Higher Education Leadership & Policy 2014, pp.22)。高等教育からの独立性の強化や、知事や議会の監視の増大を求めるこうした改革議論の方向性は、新たな調整枠組みの構築を目指す諸法案にも次第に反映されていったとみられる。何らかの調整枠組みの設立を求める法案は、2018年会期までに少なくとも9つ[4]提出されてきた。これらの法案の多くは、州知事室の中に高等教育パフォーマンス説明責任室等を新設し、知事や議会に任命された委員らの諮問を受けさせつつ、「州全体の中等後教育の計画と調整」を行わせるものだったとされる (Assembly Committee on Higher Education 2018, pp.4)。しかし、本稿執筆時（2018年3月現在）までに成立した法案はない。

　なお、ブラウン知事は2019年1月に任期満了を迎える。新たな枠組みに関する最新の法案として本稿執筆時点では AB1936 が審議中であるが、同法の議会資料は「新たな調整組織の設立について知事は全く関心を示してこなかった。おそらく AB1936 は次の政権との議論のための下地作りとなりえる」(Assembly Committee on Higher Education 2018, pp.4) としており、強い不信感を抱く現知事の下で新たな枠組みを作ることは半ば諦められている。ただ、AB1936 の内容は、やはり知事室の中に知事と上院が指名した長に率いられる高等教育パフォーマンス説明責任室を設置するものである (Assembly Committee on Higher Education 2018, pp.1)。また、AB1936 では「中等後教育の経験のある者」が計6名参画しうるアドバイザリー・ボードの設立も企図されているが、上院運営委員会と下院議長がこれらの6人を各3人指名するとしている (Assembly Committee on Higher Education 2018, pp.1)。つまり、現在の方向性が維持された場合、CPEC と異なり、政治家の承認を受けない限り高等教育関係者は新たな枠組みに全く

138 　研究ノート

参画できなくなる可能性が高く、高等教育政策は少なくとも以前よりも政治的意向を反映しやすいものになると見込まれる。

2012年のSB721を支持していた大学側の姿勢も微妙に変化している。2014年の下院法案AB1348に対して、UCは「非専門家［lay persons］と学生で構成され、セグメント自体の声を反映しない［CPECの後継組織の］役員会の構成に関して何よりも憂慮している」と表明した（UCOP 2014）。「新しい高等教育調整委員会が諸セグメントや高等教育に関する詳細な知識をほとんど持たないメンバー」で占められると「有効性が制限される」ため、「中等後教育に関するスキル、知識、経験を備えたメンバーの必要性に関する修正文言」が必要であるという主張であった（UCOP 2014）。さらに、UCは翌2015年の上院法案SB42にも、「SB42の構造は、意味のある調整や協力を生み出すために殆ど全く役に立たない」として憂慮を表明した（UCOP 2015）。結局、SB42は議会を通過したが、「高等教育を改善するためになされるべき仕事は多いが、その事業を行うために、特にこの法案が提案するような、新たな室や諮問会議を我々が必要としていると、私は確信していない」としてブラウン知事が再び署名を拒否した（Brown 2015）。審議中のAB1936に関する報道では、自機関の「有効性を定期的に評価されることに何の利益も見出していない」はずの「UC、CSU、CCCの管理者たちは全力で共闘してAB1936を潰しにかかるだろう」と「観測筋ら」が見込んでいると伝えられている（Street 2018）。このように、カリフォルニアでは予算や法案に対する知事の拒否権もあり、例え議会や大学側が合意したとしても新たな枠組みがなかなか形成されなかったし、大学側も政治主導の統制が強まるような新たな枠組みを歓迎しなくなっている。

(2) 議会とUCの対立の先鋭化

CPEC廃止後に州議会と高等教育機関との関係、とりわけ強力な憲法上の自治を持つUCとの関係はどう変化したのか。州監査役（California State Auditor、以下CSA）は議員の求めに応じて監査を行いその報告書を作成するが、そのうちUCが対象となっていたものはCPEC廃止前までは年間に1件程度で、全く作成されていない年も多かった。しかし、CPEC廃止後は毎年報告書が作成されており、次第に件数が増加してきた（図1）。ただし、件数の増加以上に重要なのは内容の変化である。かつては、特定の研究事業の資金管理（1996年、1997年）、教員のジェンダーの不均衡（2001年）、初中等教育等との連携の改善

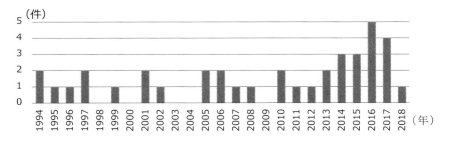

図1　CUが関係する監査報告書数の推移
出典：CSA (2018)で、関係するAgencyとしてUCを指定した結果に基づき筆者が集計。
ただし2018年は同年2月23日現在であり、増加する可能性がある。

(2006年)、教科書代の高騰(2008年)のような個別具体の問題が追及されていた(CSA 2018)。しかし、近年ではUCとCSUの地方での資産取得(地方税の課税対象がその分少なくなる)による地方財政への影響の有無(2016年)、州民にとって不利益なUCの入学者選抜と財務戦略(2016年)、UCOPの裏金作り疑惑(2017年)(などと議会やCSAが解釈したもの)が監査対象とされるようになってきた(CSA 2018)。つまり、高等教育機関(特にUC)と州(民)の利益の対立を強調し、高等教育機関に対する不信を煽るような報告書が次々と作成されるようになった。

では、そうした批判は的を射たものであったのか。例えば、UCOPの裏金とされるものを告発した2017年のCSAの報告書の表題は「カリフォルニア大学総長室：同室は数千万ドルの剰余金を開示せずその予算慣行はミスリーディングである」というものだった。それによると、UCOPは2015-16年度に1億7500万ドルもの資金をUC理事会に開示することなく留保し、その一方で理事会に授業料の値上げ承認を要請するなどとして州民の進学を妨げているとされた(CSA 2017, pp.1, 19)。そして、こうした事態を防ぐため議会がUCOPに直接予算措置することが望ましいなどとする勧告が行われた(CSA 2017, pp.92)。しかし、州内の10キャンパスを束ねるUC総長の反論文によると、実際にUCOPの下にあった留保額は「UCOPの運営管理費の約10％に当たる3800万ドル」にすぎず、「サイバーセキュリティ上の脅威への対策のような予期しない支出や、不法移民学生[undocumented students]への支援や性的暴力や性的嫌がらせの予防といった新たな課題に大学が十分に備えるために、倹約的かつ合

140 研究ノート

理的な留保額」であった (Napolitano 2017, pp.2-3)。なお、この監査報告書の批判の矛先は、UC 全体というよりは UC 理事会に情報を秘匿していたとされた UCOP に向いていた。しかし、UCOP を率いる総長を任命・罷免する立場にある理事会の議長とコンプライアンス・監査委員会委員長（理事の一人）の連名による意見書も、「ここ数年で UCOP は予算及び管理プロセスに対して重要な改善をすでに行っており、理事会と州の両方にとって重要な優先事項の推進において重要なリーダーシップを示してきた。我々は UCOP のリーダーシップに絶大な信頼を置いている」(The Regents of UC 2017, pp.1) として、UCOP に対する信任を表明した。つまり、UCOP を監視する理事会から見ても留保された資金の使途等に問題性はなく、不正な裏金作りが行われていたという疑惑の核心部分は否定された。さらに理事会は「大学の憲法による自治を侵害すると我々が感じ、かつ改善された手続き、説明責任、透明性と関連する多くの建設的な勧告と無関係な [UCOP の予算を議会が直接措置するといった：筆者注] 勧告を報告書から削除することを [州監査役に：筆者注] 正式に要求」(The Regents of UC 2017, pp.1) した。このように、議会の求めに応じて作成された州監査役の報告書こそが、偏った視点から大学側を弾劾する「ミスリーディング」なものになっていた。

　一方で、CPEC 廃止後に、UCOP が議会や知事に向けて反対声明を発した法案も激増していた。2009-10 年度会期以前は UCOP が法案に反対を表明することはほとんどなかったが、2011-12 年度会期以降は毎会期のように延べ数十回の反対表明を行うようになった（**表1**）。この点について、先行研究が見過ごしてきた CPEC 廃止の影響を念頭に検討を加えたい。

　CPEC 廃止後に CSU のある幹部は「コミッションが生み出していた最も重要なものは、高等教育への投資の価値に関する [高等教育：筆者注] システム

表1　UC が反対声明を行った法案数等の推移

議会会期（年）	2007-08	2009-10	2011-12	2013-14	2015-16	2017-18
UC が反対した法案数	1	2	18	16	12	9
反対声明の延べ数	1	4	35	31	35	20

出典：UCOP (2018) に基づき、UC が"Oppose"や知事の拒否権発動要求を行った法案数、回数を筆者が集計。ただし、2017-18 年は 2018 年 2 月 23 日現在であり、今後増加する可能性がある。なお、同州議会のサイクルは 2 年間で、UCOP (2018) でも 2 年単位で提示されている。

から議員に対しての一丸となったメッセージやコミュニケーションだった」という趣旨の発言をしたと報じられている (Kelderman 2015)。実際、CPEC は高等教育関連法案の動向を監視して賛成・反対などを表明し、反対の場合は法案の修正を勧告していた (例えば CPEC 2011c, pp.7)。CPEC 廃止を報じるインタビュー記事の中で、CPEC の元事務局長は「州は、全体が各部分の合計よりも偉大であることを理解している組織を失った」ため、「カリフォルニアは高等教育へのヴィジョンを喪失した」と語った (Murphy 2011)。私学団体の代表者さえ、「CPEC が生み出すデータや分析は大変貴重」で「CPEC を失ったのは州にとって大損失」だったと語っていた (Murphy 2011)。同州高等教育に詳しい研究者 (John Douglass) も、「CPEC 無しでも公立高等教育は存続するだろうが、[廃止は：筆者注] 将来の教育達成率を向上させるための戦略モデルを我々がいかに形作ることができるのかというより大きな疑問に結びつく」と指摘した (Murphy 2011)。

　さて、従来 CPEC は「UC と CSU におけるアドミッション・ポリシーをマスタープランにおける受け入れ目標 (eligibility targets) に基づき評価していた」(CPEC 2011a)。実は、先に触れた UC の入学者選抜等に関する 2016 年の監査報告書は、次のような事実を暴いて UC を弾劾した。「[州内の学生よりも高額な授業料を徴収できる：筆者注] 州外の学生の入学を増加させるという大学 [UC：筆者注] の決定は、カリフォルニア州民がもっと多く大学に進学することを一層困難にしてきた。州の各高等教育機関の役割を示しているカリフォルニア高等教育マスタープランに従えば、大学は入学する資格がある州民の上位半分と同等の学術的な資質を有する州外者だけを入学させるべきである。しかしながら大学は、州外者は州民に対してただ『有利に比較』する必要があるとするために、2011 年にこの入学基準を緩和した」(CSA 2016, pp.iii)。つまり、UC は財源確保のために州外学生を入学させやすいようにアドミッション・ポリシーを変更したのだが、州内学生の優先を求めるマスタープランの勧告を無視するかのようなこうした変更を、チェック機関だった CPEC の廃止とほぼ同時に行っていたのである[5]。言うまでもなく、こうした批判は UC が反対した法案の激増の背景の一つだった。しかし、先行研究の検討部分でも言及したように、対応のために議会や大学に多大な労力を割かせたであろうこれら大量の反 UC 法案はその非現実性等のためにほとんどが廃案とならざるをえなかったのである (中世古 2018)。

142 研究ノート

　自らの生き残りに苦慮する UC が、授業料の値上げや州内学生の受け入れの抑制といった一見すると公益に反するような経営行動をとり続けるなか、助言機関 (CPEC) を失った議会では高等教育の現実を無視した大量の法案が審議され、廃案となっている。CPEC 廃止後の同州高等教育は「ヴィジョンを喪失」し混迷を深めている。

5　まとめ ── 調整型管理機構の廃止が深めた高等教育の政治化

　カリフォルニアの構造的な財政難やそれによる授業料の高騰と言った他の要因も一定の影響を与えていたとは考えられるが、そういった問題が山積する中で同州では議会及び知事と公立高等教育セクターの間の緩衝装置であったCPEC が廃止された。長きに亘り同州の分権的な高等教育システムの要のような役割を果たしてきた CPEC は、実は知事が反対するだけで廃止され、例え議会や高等教育機関側が合意してもその改革・再建もままならないという脆い存在であった。議会や知事に助言する調整の枠組みを失った州高等教育システムは、政治的な合意をなかなか確立できない新たな枠組みの模索、公立高等教育機関への敵愾心を煽るような政策文書、状況を改善するには現実離れし過ぎた多数の法案の審議、これらの恣意的な公権力の介入に対処するための高等教育機関の徒労といった、不毛な対立を伴いやすいものとなった。仮に将来新たな調整の枠組みが作られるとしても、これまでの法案審議の経緯からは知事や議会の統制が強まる公算が大きく、そのような新枠組みは大学関係者から歓迎されていない。同州における調整型管理機構の廃止並びに不在は、憲法上独立した UC にさらなる自由をもたらしたというより、政治的な干渉が強まる契機をもたらしたようである。これは、全国的には規制緩和や分権化に向かう改革が支配的だとする先行研究の主張と必ずしも一致しない事態と言える。

　かつてマスタープランに基づく調整は、他州でよく見られた高等教育振興策（どの機関に予算措置するか）を巡る「毎年の高コストな闘争を回避」してきた点においても称賛されていた (OECD 1990, pp.134)。しかし、少なくとも UC と州政府との関係においては、CPEC 廃止後の同州高等教育システムは、昔日と異なり振興というより管理・統制を巡ってではあるが、毎年のように激しい政治的対立を伴う構造へと後退している。CPEC 廃止後のカリフォルニアの混沌とした状況は、自律性の強い高等教育機関と政治との間の緩衝装置の重要性を示

唆している。

　今後の課題の一つとして、高等教育機関（とりわけ憲法上独立したUC）の自律性と、州政府の統制との間の相剋が、調整機構が放棄された中でどのように乗り越えられているのかを検討することが考えられる。また、他州との比較も踏まえたより慎重な検討も残された課題の一つである。

【註】

1　本稿では基本的に資料の表記に基づき「高等教育」と「中等後教育」という用語を使い分けるが、両者を特に区別する意図はない。

2　例えば江原（2004）は、アメリカ各州の調整のタイプは、極めて例外的だが小規模な州に見られる大学に対する拘束力が弱い諮問型、州政府が中央集権的な管理を行う統合管理型、州のマスタープラン策定を主導するが実施権限は持たない調整型に分けられるとした。

3　LAOとは、両院合同予算委員会の下で議会に対し予算や政策に関する助言を提供する機関で、分析官43人と支援職員約13名が配置されている（LAO 2018）。

4　本稿執筆時点で最新の法案であるAB1936に関する議会資料（Assembly Committee on Higher Education 2018）によると、2012年から2018年までに7つ（AB1936と、2012年のAB721を除く）の法案が提出され、いずれも審議未了により廃案となるか、議会を通過後に州知事により署名拒否されている。

5　ただし残念ながら、既に廃止が決まり死に体であったであろうCPECが、実際に2011年にUCのアドミッション・ポリシーの変更をどう評価したのか、或いは評価しえたのかを確認できる資料は入手出来ていない。

【文献一覧】

江原武一（2004）「アメリカのマスタープラン」『IDE: 現代の高等教育』第456号、pp.52-58.

仙波克也（1980）「米国高等教育における州調整委員会の成立とその役割」『日本教育経営学会紀要』第22号、pp.100-109.

仙波克也（2004）「カリフォルニア州の高等教育制度の管理制度の性格」『西日本工業大学紀要』第34巻、pp.131-139.

中世古貴彦（2018）「研究大学の自律と統制―カリフォルニア大学を例に―」『高等教育研究』第21集、pp.195-212.

森政之（2007）「カリフォルニア大学におけるキャンパス整備の制度的特徴に関する考察」『日本建築学会技術報告集』第13巻第26号、pp.731-736.

Assembly Committee on Higher Education（2018）"AB1936（Low）-As Introduced January 25, 2018."（http://leginfo.legislature.ca.gov/faces/billAnalysisClient.xhtml?bill_id=201720180AB1936#, 2018.3.19. 閲覧）

Brown, Edmund G.（2012）"Office of the Governor SEP 14 2012."（https://www.gov.ca.gov/docs/SB_721_Veto_Message.pdf, 2018.2.23. 閲覧）

Brown, Edmund G.（2015）"Office of the Governor OCT 7 2015."（https://www.gov.

144 研究ノート

ca.gov/wp-content/uploads/2017/09/SB_42_Veto_Message.pdf, 2018.6.12. 閲覧）

California Competes（2014）*Charting a Course for California's Colleges: State leadership in Higher Education*.（http://californiacompetes.org/assets/general-files/Charting-a-Course1.pdf, 2018.3.27. 閲覧）

California State Auditor（2016）*The University of California: Its Admissions and Financial Decisions Have Disadvantaged California Resident Students*, California State Auditor.

California State Auditor（2017）*The University of California Office of the President: It Failed to Disclose Tens of Millions in Surplus Funds, and Its Budget Practices Are Misleading*, California State Auditor.

California State Auditor（2018）"Our Publications"（https://www.auditor.ca.gov/reports, 2018.2.23. 閲覧）

CPEC（2011a）"California Postsecondary Education Commission to close doors on November 18."（http://www.cpec.ca.gov/PressRelease/CPEC_Final_Release.pdf, 2018.2.23. 閲覧）

CPEC（2011b）"Commission History."（http://www.cpec.ca.gov/SecondPages/CommissionHistory.asp, 2018.2.23. 閲覧）

CPEC（2011c）*Legislative Update March 2, 2011*, CPEC.（http://www.cpec.ca.gov/completereports/2011reports/11-04.pdf, 2018.6.11. 閲覧）

Dill, David D.（2014）"Academic Governance in the US: Implications of a 'Commons' Perspective," *International Trends in University Governance: Autonomy, Self-Government and the Distribution of Authority*, Routledge, pp.165-183.

Douglass, John A.（2010）"From Chaos to Order and Back? A Revisionist Reflection on the California Master Plan for Higher Education@50 and Thoughts about Its Future," Research & Occasional Paper Series: CSHE.7.10, Center for Studies in Higher Education.

Institute for Higher Education Leadership & Policy（2014）*A New Vision for California Higher Education: a Model Public Agenda*.（https://files.eric.ed.gov/fulltext/ED574486.pdf, 2018.3.27. 閲覧）

Kelderman, Eric（2015）"When California Eliminated Its Higher-Ed Commission, Little Was Lost, Speakers Says," *The Chronicle of Higher Education*, August 5.（https://www.chronicle.com/article/When-California-Eliminated-Its/232165, 2018.6.11. 閲覧）

LAO（2009）*The Master Plan at 50: Improving State Oversight of Academic Expansions*.（http://lao.ca.gov/2009/edu/academic_expansions/academic_expansions_120209.pdf, 2018.2.23. 閲覧）

LAO（2010）*The Master Plan at 50: Greater Than the Sum of Its Parts—Coordinating Higher Education in California*.（http://www.lao.ca.gov/reports/2010/edu/ed_coordination/ed_coordination_012810.pdf, 2018.2.23. 閲覧）

LAO（2012）*Improving Higher Education Oversight*.（http://www.lao.ca.gov/reports/2012/edu/ihe/improving-higher-education-010612.pdf, 2018.5.23. 閲覧）

LAO（2018）"About the LAO."（http://www.lao.ca.gov/About, 2018.5.23. 閲覧）

Marginson, Simon（2016）*The Dream Is Over: The Crisis of Clark Kerr's California Idea of*

Higher Education, University of California Press.

McGuinness, Aims（2016）*State Policy Leadership for the Future: History of State Coordination and Governance and Alternatives for the Future*, Education Commission of the States.（https://www.ecs.org/wp-content/uploads/051616-State-Policy-Leadership-for-the-Future-KL-final4-1.pdf, 2018.3.29. 閲覧）

Murphy, Elizabeth（2011）"Closing Time in California," *Inside Higher Ed*, October 11.（https://www.insidehighered.com/news/2011/10/11/closing-time-california, 2018.6.11. 閲覧）

Napolitano, Janet（2017）"State Auditor Howle:," UCOP.（https://www.universityofcalifornia.edu/sites/default/files/letter-napolitano-auditor.pdf, 2018.3.16. 閲覧）

National Center for Public Policy and Higher Education（2005）"State Capacity for Higher Education Policy Leadership," *National CrossTalk supplement*, pp.1A-4A.（http://www.highereducation.org/crosstalk/ct0305/news0305-insert.pdf, 2018.3.15. 閲覧）

National Center for Higher Education Management Systems（2014）*State Policies and Practices Consistent with the National Attainment Agenda*, National Center for Higher Education Management Systems.（http://www.nchems.org/wp-content/uploads/BigGoalReport_Final_Sep2014_withappendices.pdf, 2018.2.20. 閲覧）

OECD（1990）*Reviews of National Policies for Education: Higher Education in California*, OECD Publications Service.

Senate Rules Committee（2012）"Bill No: SB721 Amended: 8/20/12."（http://leginfo.legislature.ca.gov/faces/billAnalysisClient.xhtml?bill_id=201120120SB721, 2018.3.27. 閲覧）

Street, Chriss W.（2018）"CA Legislature Tries Rebooting Accountable Education Agency Jerry Brown Defunded," *Breitbart*.（http://www.breitbart.com/california/2018/03/26/cal-legislature-tries-rebooting-accountable-education-gov-brown-defunded/, 2018.6.8. 閲覧）

The Regents of UC（2017）"State Auditor Howle:."（https://www.universityofcalifornia.edu/sites/default/files/letter-regents-auditor.pdf, 2018.3.16. 閲覧）

UCOP（2012）"RE: SB721（Lowenthal）– REQUEST FOR SIGNATURE."（http://www.ucop.edu/state-governmental-relations/legislation/search/php-app/read_doc.php?id=1980, 2018.2.23. 閲覧）

UCOP（2014）"Re: AB1348（Pérez）, as Amended on June 18, 2014."（https://www.ucop.edu/state-governmental-relations/legislation/search/php-app/read_doc.php?id=2835, 2018.6.8. 閲覧）

UCOP（2015）"Re: SB42（Liu）, as Amended September 2, 2015."（https://www.ucop.edu/state-governmental-relations/legislation/search/php-app/read_doc.php?id=2957, 2018.6.8. 閲覧）

UCOP（2018）"Legislation Impacting UC."（http://www.ucop.edu/state-governmental-relations/legislation/search/, 2018.2.23. 閲覧）

Abstract

The Effects of Eliminating State Coordinating Boards for Higher Education:
A Case Study of the California Postsecondary Education Commission

Takahiko Nakaseko (Kyushu University)

The purpose of this research is to examine the effects of eliminating the state coordinating board for higher education, with the case of California Postsecondary Education Commission as an example.

For many years, there has been some types of state-wide coordinating agency for state's higher education in each state in the US. Recently however, financial and political pressures have urged many states to change the model of coordination. It is reported that by 2016 at least seven states had undertaken reform in their state coordinating agency. California is the only state which has eliminated its coordinating agency but not yet created a new approach.

Higher education in California is very famous for its Master Plan drawn up in 1960, which not only outlined the tripartite structure of the public sector but also the mechanism for coordination between the relatively independent and autonomous public segments. The state needed a prudent coordination because the University of California exists as the constitutionally independent research university segment. CPEC, the state coordinating board for higher education, used to be praised by foreign researchers such as OECD examiners for successfully coordinating between the segments. However, amid consistent political critique against CPEC, it was finally closed in 2011 by the gubernatorial decision asking for more efficiency.

After the closure of CPEC, the state legislature and the higher education sector, especially the constitutionally independent UC, had to face each other without any intermediaries between them. Some attempts were made to pass bills that would create a new approach for state-wide coordination, but so far the governor had refused them. After the closure of CPEC, California State Auditor's reports which refer to UC not only increased in number but also became very antagonistic against UC, fueling public distrust. The number of the bills that the UC Office of the President officially opposed also increased dramatically after 2011. Most of the regulations to UC intended by these bills turned out to be unrealistic and impractical. Putting all these facts together, it is deemed that the elimination of CPEC resulted in exhaustive politicization of the once touted higher education system in California.

＝＝＝＝［研究ノート］＝＝＝＝＝＝＝＝　教育制度学研究第 25 号〔2018 年〕＝＝＝

米国教員養成制度における「スタンダード化」への対応実践の展開とその意義

―志望者の主体的な学びを大学側はいかに支援できるか―

太田　知実（神戸大学大学院）

1　はじめに

　昨今わが国では、教員育成指標など教員養成制度の「スタンダード化」をめぐって様々に議論されている。もとより、教員の質や専門性の向上という意図自体は否定されるべきものではない。だが、教員養成の方向性が集権的に規格化・画一化され、志望者の主体的な学びを阻害しかねないなど強い危惧も示されており（日本教師教育学会年報特集 2017、油布 2016）、こうした状況に大学がどう対応しうるのかが喫緊の検討課題とされている（牛渡 2017）。

　米国では、わが国に先駆け、特に 1980 年代以降、全米教職専門基準委員会（National Board for Professional Teaching Standards）などを中心として、専門性向上の観点からスタンダード化が積極的に図られている。近年はさらに新しい動向として、それら諸基準を用いて、教員志望者の教育実習とそれへの省察（self reflection）に対してパフォーマンス評価を行う edTPA（educative Teaching Performance Assessment）と呼ばれる教員養成課程の修了判定制度が導入されている。これは、択一問題を中心とする従来の取り組みとは異なり、教室内での具体的な児童生徒とのやり取りに焦点を当てることによって、教育現場の複雑な文脈に即した学びを志望者に提供するきっかけになるとの期待もある（長谷川／黒田 2015、佐藤 2017）。

　このような肯定面の一方で、edTPA は制度の運用面・評価の内容面から、大学における自律的な養成実践を束縛・阻害するとの懸念も示されている（Madeloni 他 2013、Au 2013）。制度の運用面では、教員免許の取得要件として課す州も増え、志望者の edTPA に合格するニーズへの対応が求められる。評価の内容面では、例えば、児童生徒の教育目標に関する全米規模の共通指標、コ

モンコアスタンダード（Common Core State Standards:CCSS）と重なる視点・項目を提示し、時間と手間のかかる筆記課題を課すなど、志望者の学びを大きく左右するものとなっている。これらから、edTPAの導入は、大学における教員養成実践の意義を矮小化すると危惧されている。

　以上のような期待と懸念が残るにもかかわらず、edTPA導入下で大学における教員養成実践がいかなる対応をし、志望者の学びにどのような変化が生じているのか、具体的に検討されてきてはいない。大学教員が全く別の代替案を開発・運用する様子を解明し、edTPAの評価システムとしての問題点の指摘を試みる研究（長谷川／黒田 2015、Tuck/Gorlewski 2016など）や、edTPAを通過した志望者への聞き取り調査は見られるが（Cronenberg他 2016など）、個別大学による直接的な対応実践や工夫の例には焦点が当たってきていない。

　こうした研究上の空白を埋めることは、冒頭で述べたわが国の実態に対しても、重要な示唆を与えうる。米国の大学では、edTPAへの批判意識を含みながらも、目の前の志望者がedTPAを通過せねばならないという実態との板挟みのなかで、発展的かつ誠実に制度適応を目指す教員養成実践が展開されている。その実践の具体的な内容や、志望者の学びをいかに支援しているかを検討すれば、スタンダード化が進む下での教員養成実践の在り方について何らかの示唆を得られるように思われる。

　以上の問題意識に基づくとき注目に値するのが、ニューヨーク州ニューヨーク市立大学クイーンズカレッジ（Queens College, the City University of New York：以下、クイーンズカレッジ）における実践例である。そこでは、edTPAに対して前記のような懸念を強く持ちながら、しかし単に全否定するにとどまらず、むしろその枠組みをいかに志望者の資質向上につなげうるのかを検討し、それに即して自らの実践を意識的に変容させている。その様子を、学生の反応も含めたうえで振り返って研究成果として公刊もしている（Gurl他 2016）。

　本稿では、その成果物に加え、クイーンズカレッジの大学教員への本稿独自インタビュー[1]、彼らから提供を受けたシラバス・指導案や受講生に課したワークシート、同大学の教員養成課程修了生がedTPAのために作成・提出したレポートの実例を用いる。これらを分析し、研究ノートとして、上記実践について紹介に重点を置きながら、その意義を考察し、わが国の動向を念頭に置いた萌芽的な提言を試みる。

　検討の流れとしては、まずedTPAの基本骨格にみる理念と懸念を整理する。

その後、クイーンズカレッジの中等教員養成プログラムを対象として、edTPAの懸念点をいかに克服しようとしているかに焦点を当てながら分析を行う。そして、後に詳しくみるように、志望者が自らの取り組みを深く省察したうえで論述・作成するedTPAへの提出課題の内容例を分析し、「教員になること」をめぐる思惟様式がいかに現れているかを見ることで、同大学での実践が志望者をいかに育成し得ているのかを検討する。これらを通じて、スタンダード化が個別の教員養成実践にどう作用するかという、普遍的かつ重要な課題への示唆を得ることを目的とする。

2　edTPA の基本骨格にみる理念と懸念

(1) edTPA の想定する志望者の理想的な学び

　本節では、全体の検討を開始する前提として、edTPA の導入・開発背景、作成主体・理念などの概要を確認しておく。

　先述の通り、edTPA にはスタンダード化の側面があることは否めない。だが、作成経緯をみると、教員現場の実情を無視して、トップダウンで作られたものとは言い難い。当事者・作成者の主観的意図では、あくまでもボトムアップで作業が進められたという（edTPA 2018）。スタンフォード大学やアメリカ教育大学協会（American Association of Colleges for Teacher Education）を中心としたコンソーシアム組織 "Stanford Center for Assessment, Learning, Equity（以下、「SCALE」）" によって作られており、教職におけるスタンダード化へ批判的立場を取る米国の著名な教育学者ダーリン・ハモンド（Darling-Hammond, L.）も携わっている。

　edTPA の開発背景には、米国で深刻な問題であり続けている児童生徒の学力格差がある。そこでは単なる学力向上が問題なのではなく、米国固有の人種的・文化的問題が深く関わっている。すなわち、教員には白人が多いが、都市部の学校には多様な人種の児童生徒が通い、英語を母語としない者も少なくない。このようななか、教員が、自身とは生活経験や社会的・文化的文脈を異にする児童生徒の学習ニーズを的確に把握し対応することは難しい。

　こうした問題の解決こそ、edTPA は自らの最重要理念としている。edTPAではそれを「社会的公正（social justice）」と呼ぶ。ここでいう「社会的公正」はある一定の均衡状況を指すというよりは、絶えず人々や社会全体が正しさを目指

す動態に焦点があると言える。教員の使命にひきつけて述べれば、学力テストの点数を児童生徒の個人的努力＝責任に帰着させず、彼らの置かれた歴史的・社会的・文化的文脈へと視野を広げながら、児童生徒の発達上のニーズを絶えず捉え直して、児童生徒の努力にだけ依拠しない新たな支援・指導の手法を探っていく。そのような動態を教員志望者や学校教育に生み出すことを目指す理念と言える。

　上記の理念を実現するために、edTPAでは単なる知識の多寡を問うような評価は行わない。評価の中心軸となるのは、教員志望者が自身の教育実習に対して行う自己省察(self reflection)である。志望者はedTPAが発行するハンドブック(50頁)に従って提出物を用意する。その全体像を見ると、まず教育実習(ニューヨーク州では40日間)で行った授業の内、３〜５コマの連続した授業群(Learning Segment)を志望者自身が選ぶ。その授業群を評価の対象とできるように、授業模様を写したビデオ、実践に用いた指導案や教材、生徒の課題サンプル(志望者による課題に対する評価を含む)などを準備する。加えて「学校・児童生徒の文脈を理解するための基本情報シート」と、自らの実践に対する"自己評釈"(Commentary)の２点も作成する。基本情報シートでは、学校の所在地域(都市部か地方部か)、生徒の学習ニーズなどを尋ねる。これらを合わせてポートフォリオとして提出することになる。

　上記のうち"自己評釈"は、志望者の省察が最も集約して描かれるものであり、最重視される。これは単に実践後の感想を自由に述べさせるような、ある意味、形式的なものではない。志望者自身が評価のためのルーブリックの内容を強く意識し、留意点を丁寧に追いながら作成するものである。

　ルーブリックの観点には当然のことながら先述の理念が強く反映されることになる(表1)。内容についての詳細な分析は次項で行うが、取り急ぎその観点の概要を見ておくと、例えば、「計画」についてのルーブリック2、3、4の観点は、生徒の既有知識や何に困っているのかを授業前に予め把握するよう求めている。単なる各教科の知識や技能など教科固有の価値の実現というよりは、上記のような児童生徒の学習ニーズの把握とその充足にこそ力点が置かれていると言える。

米国教員養成制度における「スタンダード化」への対応実践の展開とその意義　151

表1　歴史／社会科教育における15のルーブリックの観点

		計　画	授　業	測　定
観点		1：歴史／社会科教育の内容理解に向けた計画 2：生徒の多様な学習ニーズへの支援計画 3：生徒に関する知識の活用 4：言語的ニーズの認識・支援 5：生徒の学習を観察・支援するための評価計画	6：学習環境 7：学習への生徒の参加 8：生徒の学習の深化 9：教科特化型の教授方法 10：教授効果の分析	11：生徒の学習の分析 12：学習に向けたフィードバックの提供 13：生徒によるフィードバックの理解と活用 14：生徒の言語活用と歴史／社会科の学習の分析 15：次授業への評価の活用

出典：Secondary History/Social Studies Assessment Handbook, September2016を基に筆者
　　　作成。なお、佐藤（2017）による「基本的な骨格」の和訳を参考にした。

(2) edTPAにおける理念の矮小化の懸念

　こうした理念の一方で、冒頭に少し触れた通り、edTPAに対しては懸念も投げかけられている。次に、こうした懸念の内容について検討しておく。

　(1)で検討したedTPAの理念、「社会的公正」に最も深く関係すると思われるのは、ルーブリック2「生徒の多様な学習ニーズへの支援計画」、同3「生徒に関する知識の活用」である。そこに掲げられている問いは下記の通りである（表2）。これらの指標の具体的内容を見れば、edTPAへの前述の懸念は、さらに以下の2つに分節化して捉え直されるべきものになる。

　第一の懸念は、「社会的公正」の内容が既存のスタンダードによって大きく規定されてしまう点である。例えば、ルーブリック2の「解釈や分析」といった文言は、CCSSにも共通している。その達成だけが自己目的化してしまえば、生徒の社会的・文化的文脈に正対して「社会的公正」について考え始めること

表2　志望者による生徒理解の様相を問うルーブリック

	NO.	ルーブリックの問い
計画	2	志望者は、生徒が事実や概念を理解し、歴史的事柄や社会科教育に関わる現象について議論を打ち立て結論を導くための探究・解釈・分析スキルを身につけることを支援することを目的として、生徒に関する知識をいかに使うのか。
	3	志望者は、自身の教育計画を正当化する(justify)ために、生徒に関する知識をいかに用いているのか。

出典：Secondary History/Social Studies Assessment Handbook, September2016を基に筆者
　　　作成。

152 研究ノート

表3 ルーブリック14：生徒の言語活用と歴史／社会科の学習の分析

志望者は、生徒の学習理解を発展させるために 生徒が用いる言語をいかに分析するのか？				
レベル1	レベル2	レベル3	レベル4	レベル5
志望者は、言語上の要請（機能、語彙／記号、追加要求）に表面的にのみ関連した・していない生徒の言葉の使用を認識している。 もしくは 志望者の言葉の使用に関する描写や説明は提出された証拠と一貫していない。	志望者は、生徒が言語上の要請（機能、語彙／記号、言説、構文法）のうち一つを使用していることを描写している。	志望者は、生徒が ・言葉の機能と ・一つ以上の言語上の要請（語彙／記号、言説、構文法）を使用している証拠を提供している。	志望者は、生徒が学習理解を発展させるように ・言葉の機能と ・語彙／記号と ・一つ以上の<u>言語上の要請</u> <u>（言説、構文法）を</u> <u>使用している証</u> <u>拠を提供してい</u> <u>る。</u>	レベル4plus 志望者は、多様なニーズを有する生徒が学習内容を理解し、言葉を適切に使用している証拠を提供し説明している。

出典：Secondary History/Social Studies Assessment Handbook, September2016を基に筆者作成。下線部は筆者。

が志望者に保障されず、本来の理念を矮小化するとの批判がある（Madeloni 他 2013）。

　同じ問題は、ルーブリック14にも見られる。ここでは、言語、すなわち英語使用能力の熟達性だけが、児童生徒の学力評価の指標とされている（**表3**）。これは、母語が英語でない児童生徒たちの不利な立場を十分に考慮したものとはいえず、「社会的公正」の問い直しを妨げるおそれもある。

　第二の懸念は、edTPAにおける評価方法に関係する。同制度では、児童生徒の文化的・社会的背景が理解できているか志望者に自己省察を促し、それを表明させた上で評価に活用するという方法を採る。これは、志望者の視野をマイノリティの児童生徒に向けさせ、自己への反省機会と弁明権を同時に保障することにもつながる。

　だが、例えばルーブリック3を見ると（**表4**）、生徒理解が重要な意味をもつのは、志望者自身が自らの実践（ここでは生徒への学習課題の付与）を「正当化」するときである。つまり、志望者が評価指標や評価方法の意義を適切に理解しなければ、生徒の「個人的・文化的・地域の特徴」は、単に自らの評価を高めて合格を得る手段としてのみ位置づけられかねない。反省機会や弁明権は、教

米国教員養成制度における「スタンダード化」への対応実践の展開とその意義　153

表4　ルーブリック3：生徒に関する知識の活用

教員志望者は、自身の教育計画を正当化するために、生徒に関する知識をいかに用いるのか。				
レベル1	レベル2	レベル3	レベル4	レベル5
志望者の生徒に与えた学習課題の妥当性の<u>正当化</u>は、生徒や彼らの背景について間違っているか不足した捉え方を示す。	志望者は、生徒に与えた学習課題を正当化する際に ・生徒が先に有している学術的知識や ・個人的・文化的・地域の特徴にほとんど注意が払われていない。	志望者は、生徒に与えた学習課題を<u>正当化する際に</u> ・生徒が先に有している学術的知識 もしくは ・個人的・文化的・地域の特徴<u>の適切な例を用いている。</u> 志望者は研究や理論とは表面的な接続を有す。	志望者は、生徒に与えた学習課題を正当化する際に ・生徒が先に有している学術的知識とともに ・個人的・文化的・地域の特徴の適切な例を用いている。 <u>志望者は研究や理論と接続を有す。</u>	レベル4Plus 志望者の正当化は、研究や理論によって導かれた原則に支えられている。

出典：Secondary History/Social Studies Assessment Handbook, September2016 を基に筆者作成。下線部は筆者。

員としての使命とは無関係な"保身"にのみ使われかねない。とはいえ、こうした評価指標に触れるだけでも、児童生徒の不利な実情を多少は意識できるかもしれない。だがそれは、彼らをめぐる現代的な不公正の問題を深く捉えるという edTPA 本来の理念に合致したものとは言えないのである (Gerwin2016)。

　もちろん、どこまでいっても「志望者が自らの教育計画の正当性を根拠づけるために」提示され、教育実践上の判断を「うまく見せる」ために、生徒のもつ社会的・文化的文脈が表出されるにすぎないとも言える (長谷川／黒田2015)。しかし、だからこそ、そのおそれを少しでも低くする多層的な手立てがどれだけ準備できるのか、各大学の実践に問われることになるのである。

3　edTPA 導入下での大学における教員養成実践の具体例

(1) クイーンズカレッジの edTPA に対する姿勢の特質と意義

　次に、大学段階における教員養成実践が、以上の懸念に対して、どのように克服を試みているのかを検討する。edTPA に対して批判意識をもつ大学での実践は、そのスタンスの違いに応じて以下の三段階に分類できるという

154 研究ノート

(Ledwell/Oyler2016)。一つは、批判の態度を貫く実践、二つは、特に学力の低い大学において edTPA への合格対策に追われる実践である。そして三つ目は、合格対応策も講じつつ、しかし edTPA の枠組みに矮小化されずに、自分たちなりの理想的な教員養成を試みる「建設的批判」の立場である。

おそらくは、いずれの大学でも少なからずこうしたジレンマと向き合っていることが予想される。だが、その取り組みを自ら、ないし他者が研究した例は、管見の限り見当たらない。これは単純に、edTPA が導入されてから間もないため、実践が蓄積されていないということがある。しかし、教員養成実践が学問を基盤として展開されることの意義に立ち戻り、自分たちの実践を吟味・再構築する研究が少ないことが自己反省的に語られてもいる（An2016）。

本稿で取り上げるクイーンズカレッジの実践こそ、こうした「建設的批判」の例の一つとして注目できる可能性がある。本節では、先に述べておいたように、同大学のシラバスや志望者の"自己評釈"をもとに分析・考察する。後者については、歴史／社会科教員養成を専門とするガーウィン氏（Gerwin, D.）が特に自分たちの実践の成果を如実に表すサンプル例として3名のものを提供してくれた。個人情報の制約から限られたサンプル数とはなっているが、各々のポートフォリオとしては140頁、そのうち自己評釈はそれぞれ25頁に及び、質・量ともに充実したものとなっている。そのうち2名は2014年度、共同研究が行われる前のものである。1名は2016年度のものである。彼らにしてみれば、前者は反省すべき材料として扱われており、2016年のものは、自分たちの成果を実感するためのものとなっている。

(2)「建設的批判」実践の内容と特質 —— 省察の問いと形態の工夫に注目して

本稿で取り扱うのは歴史／社会科の教員免許に関わる養成プログラムである。そのプログラムのなかで最も先に受講することが求められる「教育の歴史的・哲学的・社会的基礎（Historical, Philosophical, and Social Foundation of Education）」に注目したい。これは、わが国でいうところの「教職に関する科目」に該当する必修科目である。**表5**に見るように、教育をめぐる問題を網羅的に押さえているため、志望者の学びへの基礎的態度を規定するものと考えられる。

担当教員のグレイ氏（Grey, L.）は edTPA への基本的姿勢として、「固定化した教員像を押し付けるものであり」（インタビューより）、「人間性よりもスキルの獲得を重視する」（Grey2016）と批判している。彼女はこうした批判的スタン

表5 「教育の歴史的・哲学的・社会的基礎」の授業テーマ

テーマの記述		
タイトル	問い	内容（一部抜粋）
1. 米国教育の歴史的基礎	学校はいかに機能してきたか、それはなぜか。	啓蒙運動以前の影響〜植民地時代〜学校教育の公立化への運動〜師範学校（normal school）〜女性とマイノリティの教育〜アメリカの中等学校や大学の発展〜学校の人種差別と差別廃止
2. 米国教育の哲学的基礎	学校はなぜ現在の機能を持っているか。なぜ学校はそれを担うべきか。	一般的哲学：理想主義、現実主義、プラグマティズム、実存主義、ポストモダニズム／一般的な学校教育の特徴：保守的、権威的、民主的、反抑圧的カリキュラム・教授／その他の教育実践・政策を導く特定の理論：本質主義、永続主義（perennialism）、進歩主義
3. 教授・教育の倫理的法的側面	生徒の権利とは。教師と学校の責任とは。	米国の教育法：判例
4. 公教育の構造・経営	誰が学校を支配しているか。	州の責任〜地方の責任〜教育における連邦の役割〜公教育財政〜私立学校 VS 公立学校〜公教育での民間セクターの役割
5. 教育政策と改革運動	なぜ教育はいつも「危機」にあるようなのか。	歴史的・現代的教育改革と政策〜マスメディアにおける「ホットトピック」、スタンダード化（CCSS などのカリキュラム・州スタンダード）、学校選択、教員評価、学校の民営化、新自由主義改革
6. 学校と社会	学校はいかに社会に影響するか／しないか。	地域と学校─家庭の関係性家庭、養育者（caregiver）、彼らの役割〜家族の多様性、教員─親（parents）のコミュニケーション、親・養育者の役割・学校参加
7. 教育の社会的基礎	学校は全ての生徒に平等な学習機会を提供するのか。	多様性と学校教育〜平等、社会化の主体（agents）と手段〜移民〜教育におけるジェンダーの役割社会階級、人種、学業成績：学校は機会を平等化するのか？〜マイノリティ化された者や歴史的に周縁化されてきた者への教育

出典：SEYS 201W：Historical, Philosophical, and Social Foundation of Education 2017 の
シラバスを基に筆者作成。

スを持ちながらも、上記の共同研究の趣旨に大いに賛同しており、edTPA に
いかに向き合うかということについて試行錯誤を繰り返している。シラバスは
2016年度と2017年度のもので、上記共同研究のあとに改訂されており、その
成果が反映されている。なお、「教育の歴史的・哲学的・社会的基礎」では、教

育実習に先立つ25時間の観察実習を行うことを義務付けている。観察実習が科目として独立されるのではなく、教職科目とセット化されていることは、理論と実践の往還を少しでも強固にするという意図をもつものとして注目に値する。

　こうした基盤の上で、グレイ氏の授業においては、志望者が省察する機会が随所に設けられている。一つは、観察実習に対する省察である。これは、前述のedTPAにおける課題と類似する。二つ目が問題解決型研究における省察、三つ目が最終課題としての自己省察課題である（表6、Ⅱ〜Ⅴ）。これら種類の異なる省察課題が志望者に与える作用に着目したとき、本実践にはedTPAへの懸念を乗り越えうるような次の3点の特色を見出すことができる。

表6　「教育の歴史的・哲学的・社会的基礎」成績評価（コースの課題）

課　題	配　点
Ⅰ．（授業中）一週間の活動	
A.討論・活動への参加とリーダーシップ　B.授業中の集中、討議・記述の「両方の」活動	35
Ⅱ．　観察実習・プロジェクト	
1.　観察実習：時数　2.　観察実習ジャーナル　3.　観察実習：省察報告	30
Ⅲ．　問題解決型研究プロジェクト（Problem-Based Research Project）	
概要　グループで、学生は、ある現代的な（common）教育課題に取り組む。その課題について、読み観察し聞く。「解決策」を模索するために文書を共有する。	105
Ⅳ．　教授哲学に関する宣言（Philosophy of Teaching Statement：POTS）―2バージョン―	
概要　学生は、助言（prompts）やフォーマットに従い、教育の宣言を作成する。POTS1：500〜600字 POTS2（POTS1の修正、フィードバックの反映）：600〜750字	20
Ⅴ．　ファイナル・要約課題：個人的な学習省察レポート	
◇個人的な学習省察レポート：最終課題 グループワークでの自分の役割に言及しつつ、この授業を通して学んだことをその証拠も含めて、「すべてを通した」省察について描け。文章読解・活動・実習、すべてをつないで省察せよ。<u>このレポートは、一人称を用いて記述してよい。</u>	10
総　計	200

出典：SEYS 201W：Historical, Philosophical, and Social Foundation of Education 2017のシラバスを基に筆者作成。下線部は筆者。

①共同省察の意義

本講義の特色の一つとして、問題解決型研究プロジェクトという志望者による共同研究の機会が挙げられる。特に、多様な人種の学生を擁する同大学では、異文化の学生同士が討議することで、社会問題について様々な角度から学ぶ空間ができたと言える（Behizadeh 他 2017）。理論ベースだけではなく、友人関係のなかで、様々な立場や文化・思考形態を教え・学び合うことで、実感を伴って、社会構造の実態やその問題点について知る一助となると考えられる。このことを通じて、所与の価値観に満足し「社会的公正」を問い直さないという edTPA への懸念を最小化し、志望者が、他人事ではなくまさに自らが関わる問題として、教育を取り巻く社会問題を省察することになっていると言える。

②「一人称」から始まる主観的省察の意義

グレイ氏は、edTPA の欠陥として「『社会的公正』に主体的に接近できないこと」も挙げていた（インタビューより）。論理的・説得的に文書を書くうえでは、「一人称で書くこと」は良しとされない。確かに、そうした客観的論証も重要である。しかし、本講義では敢えて一人称を用いて、自分の信念や経験から「社会的公正」に資する教員像について思考を始めるしかないことを志望者に意識させる点に最大の特徴がある。例えば、「教授哲学に関する宣言（**表7**）」では、1、10、12で個人的な問い、7、9をはじめとして教育技術や「社会的公正」の問いを準備して一人称で考えさせている。さらには、edTPA への提出物を意識したうえで、この課題を行わせており（表7 POTS: Ⅱ）、両者の意味の識別が志望者には求められることになる。これは、志望者自身の尊厳を守ると同時に、志望者が小手先のスキルで生徒と向き合うことを許さず、自分の人格をかけて向き合わせようとしているとも言える。ここに、社会的予期と自らの信念とをつなぎ合わせる場面の創出を見いだすことができる（山下 2012）。

③省察における理論的な学びの位置づけ

本講義では、座学の理論的な学びは決して軽視されていない。一般に、実践に役立つ理論と言った場合、理論が実践の根拠・手段としてのみ位置づけられがちであるが、それとは対照的とも言える。例えば「教育政策と改革運動」（表5:5）の回では、スタンダード化自体を絶対視せず相対化して学ぶ機会がある。また、先に見た edTPA の評価指標にある児童生徒の社会的・文化的位置に

158 研究ノート

表7 「教育の歴史的・哲学的・社会的基礎」課題
「教授哲学に関する宣言」（Ⅳ. Philosophy of Teaching Statement:POTS）

POTS は、自分の信念、価値観、観点、教育アプローチを発展させる中で変わりゆくものである。
これは学級目標の修正、感情経験の豊饒化、気づきの鋭敏化に貢献する。

生徒とともに行う教育・学習・作業について、自分の信念を描け。
<u>1 人称を用いたナラティブエッセイの形を取る。</u> 以下のⅠとⅡに取り組め。

Ⅰ. 教育に関する個人的省察の言説。
　1. 教師、メンター、理論家、研究者、著者のなかで、自分の人生や仕事に影響した人を描け。
　2. どうして・いかに、教員という専門職に就こうと決意したのか。
　3. どのように教育を定義づけるか。
　4. なぜ教えることは価値ある職業か。
　5. 教師と生徒の役割はなんだと思うか。
　6. どのような環境下で学習は最善の形で起こるか。それはどのように最もよく評価されるか。
　7. 教育のどのような形式をつかうか、それはなぜ効果的だと思うか。
　8. あなたの生徒が個人として学び発達するためにどのような手助けをするのか。
　9. 社会正義や平等は教育においてなぜ重要な概念なのか。
　10. どのように生徒に覚えられたいか。
　11. 生徒はどのような障害に直面しているのか。いかにその困難の克服を支援してきたか。
　12. 自分の性格や教育アプローチが、生徒の学習や発達にいかに影響しているのか。自分は専門職に何を提供すると思うか。

Ⅱ. <u>edTPA の省察と関連させて、自分の教育上の決定を理論的に説明せよ。</u> また、生徒らの背景や文化に関する特定の知識と理論上の発見・教授計画との間に、明示的な、かつ、よく洗練された接続関係を描け。セメスターの最後に提出せよ。

出典：SEYS 201W：Historical, Philosophical, and Social Foundation of Education 2017 のシラバスを基に筆者作成。下線部は筆者。

ついては、「学校と社会」（表5:6）のなかで「保護者の学校参加」とともに学ぶことになる。すなわち、児童生徒をめぐる「社会的公正」を実現するには、教員がある一定の能力を生徒に平等に獲得させることだけではなく、保護者や地域住民との関係を絶えず問い直しながら模索する態度が必要と提起していると言える。理論的な学びを、実践の根拠や手段という従属的な位置に置くのではなく、まさに自らの実践を問い正す鏡として固有な意義をもつものとして尊重されることになる。

　このような過程を通すことによって、edTPA の規定通りに自己評釈するの

ではなく、志望者は自分なりに edTPA の限界と意味を捉え直し、単なる合否を気にするのではない新たな自分との関係性を模索し始める余地が与えられる。ここに、先の一人称の省察の意義も再確認できる。

　以上①～③の省察からすれば、edTPA とは異なり、志望者は自らの信念を尊重されると同時に、社会からの期待と重ね合わせることによって、自ら主体的に「社会的公正」を考える環境が準備されたと捉えることができる。

(3) 志望者の自己評釈にみる「建設的批判」実践の効果

　次に、同大学における実践の「建設的批判」実践の効果を検証すべく、edTPA への提出物について、2014 年の二人分の回答と、2016 年の一人の回答を比較検討する。ガーウィン氏からは、提供に際して詳細にその理由は語られなかった。しかし、自らの実践の成否を示す重要な課題として提供されたものであるため、彼の真意を模索しながら各"自己評釈"の特徴を解明していきたい。

　2014 年度のものは冷戦を扱った A 氏、人権保障規定（Bill of Rights）を扱った B 氏のものが含まれる。A 氏の自己評釈は、ガーウィン氏によれば、「社会的公正」を考えているとは言えないが、75 点満点で 51 点と高得点であった。B 氏のものは、「社会的公正」を志向していると読み取れるが、CCSS との関係が少なかったためか、75 点中 39 点であった。ニューヨーク州では、歴史／社会科教員志望者の edTPA の合格点は 38 点とされているため、辛うじての合格だったと言える。この矛盾的な状況は彼らをして、edTPA への対応実践の開発に着手させたものと思われる。2016 年には、その「建設的批判」実践のもとで、古代ギリシャを扱った C 氏が、「社会的公正」を志向しつつ、49 点獲得し、合格に至っている。

　各自己評釈の検討に際しては、特に２．で述べた「社会的公正」が重要となる。この点についてはルーブリック２と３に関わる部分を見ると、それぞれの特徴が浮かび上がってくる（**表８・表９**）。

　回答状況から見て、3 者のなかで最も「社会的公正」から離れてしまったと言えるのが、A 氏であろう。A 氏は表８・9 から見る限り、従来の注入型の教育となってしまっている。だが、CCSS やそれに依拠する edTPA の視点を形式的には満たしている。つまり、注入の手法や教科教育上の問いなど求められている要素をうまく表現したため、点数が高くなった。

　A 氏のような形式的な授業に対して、B 氏と C 氏は生徒を主体にしている点、

160 研究ノート

表8 ルーブリック2に該当する記述項目と三名の回答・スコア

NO.	記述項目（問い）
2	教授に必要な、生徒に関する知識 ：以下 a,b に即して中心焦点に関連して、生徒に関して分かっていることを描け。
2-a	中心焦点に関連して、既に獲得している知識、習得済みのスキル —生徒の既有知識、生徒たちができること、現在習得中のものに関する証拠を示せ。
2-b	中心焦点に関連する、個人的・文化的・地域的特徴（assets） —生徒の日々の経験、文化的・言語的背景・実践・関心について何を知っているか。

問い	回答者	回答（抜粋）	edTPA スコア
2-a	A氏	地図を読むスキルは既に持っていたため、次の課題として、文章読解スキルの獲得に焦点を当てた。	3.5
2-b	A氏	第二次世界大戦は学習が終わっていたため、朝鮮戦争・ベトナム戦争にいかに興味をもたせ、<u>いかに中東戦争の意味を理解させるかに焦点化</u>した。	
2-a	B氏	憲法ではなく米憲法修正第一条（the First Amendment）における人権保障規定（Bill of Rights）という形式がなぜ選ばれたのかを生徒が答えるのは難しい。だが、生徒は、米憲法修正第一条を定義づけすることはできる。最後に、<u>自らの主張を文章化することを目標に据え、自分で資料を扱うことを試みさせる。</u>	3.0
2-b	B氏	当初、人権保障規定と自らの権利と関連させて捉えていなかった。しかし、学びを進めるなかで、<u>日常生活における警察の対応と重ね合わせて考え始める</u>生徒もいた。	
2-a	C氏	生徒に対する発問：<u>なぜ民主主義は良いとされてきたか。それは本当に民主的か。</u>例えば誰かを選出することと思っていないか。	4.0
2-b	C氏	生徒たちに学力のばらつきがある。自分の意見を主張できるものは半分くらいである。従来多かった、<u>形式的な教授方法ではなく、資料を自分で読み解き、主張を作れるようにする。</u>	

出典：3名の edTPA Commentary を基に筆者作成。下線部は筆者。

生徒自身が民主主義をはじめ、現代社会の在り方を鋭く問い直すようにしている点、生徒相互及び教師との対話を重視している点などで注目に値する。

　ところが、B氏とC氏でも大きく差が出てしまった。B氏は教える立場からの理念は掲げるものの、それを具体的な学習者支援の方法として提示することに成功しているとはいえない。では、C氏がB氏とは違い、「社会的公正」への接近と edTPA での点数の獲得を両立できたのはなぜか。C氏は、授業理念としては、民主主義を生徒たち自身に問い直させるという大きな課題に取り組むものの、その指導手法については、生徒たちの能力に合わせて細かく設定

表9　ルーブリック3に該当する記述項目と三名の回答・スコア

NO.	記述項目（問い）		
3	生徒の歴史／社会科の学びへの支援：自分の主張を支える研究・理論に言及せよ。		
3-a	あなたが生徒たちの既有知識や個人的・文化的・地域的特徴への理解（2で描出）が自身の教育上の判断や学習課題・資料の選択にどう反映されているのかを論証せよ。		
3-c	中心焦点についての重要な誤解や、それにどう対応しているのかを描け。		

問い	回答者	回答（抜粋）	edTPA スコア
3-a	A氏	ビデオや音声付きの資料、ワークシートを用いる。生徒同士が教え合い・相互に関わり合う作業をさせる。	3.5
3-c 誤解	A氏	冷戦に関する学問的定義が身についていない。→<u>教師がそれを提供し</u>、生徒にアメリカとソ連の対立を正しく理解させようとする。	
3-a	B氏	教室の生徒たちの多くはマイノリティであるが、自分たちがそうであることに気づいていない。自分たちの状況は決して当たり前ではなく、マイノリティとして劣位化されていることへの気づきを促し、それを、教科内容を通じて問い直すことが必要になる。	3.0
3-c 誤解	B氏	民主的とアメリカが取り換え可能だと思っていること。→人種やマイノリティという概念に関して、<u>教科内容を通じて捉え直し民主主義の在り方についても考え直す</u>ことを促す。	
3-a	C氏	<u>擬似体験の創出</u>：生徒たちに、外国人・女性・奴隷・市民のカードを配り、市民のカードを持つ人のみ発言できるゲームを行う。	3.0
3-c 誤解	C氏	民主主義が公正や自由を呼ぶという仮定。民主主義は教師がなんと言おうと良いものであるという仮定。→<u>先生の側の講義を少なくし、問いと発見に基づく意見の表明やビデオ資料で時間を使うように</u>、工夫した。	

出典：3名のedTPA Commentaryを基に筆者作成。下線部は筆者。

している（表9）。そのため、高い点数が出たと考えられる。C氏は、edTPAの求める方向性を正面から受け止めつつも、自己利益のためではなく、「社会的公正」や自らの教育上の理念に統合するよう、意味付けを変更した。自分の信念と他者からの要請とを乖離したままにせず、両者をすり合わせる過程を通じて、edTPAという教員養成制度に対して"主体的に"向き合う姿が養成されていたと言える。これは同大学の実践に、社会的予期と自分の信念とを重ね合わせる契機があったからできたものと言える。このように見れば、edTPAは、確かに外部の基準への即応を求めるものであるが、こうした契機が与えられるなど特定の条件・過程下では有効性を発揮する。すなわち、志望者に一人称で自分の信念を語らせることから始めつつも、彼ら自身の考え方を尊大なものと

せず、周りの人間・過去の人間が紡いできた事実との関係の中に位置づけさせ
ることが可能になるという有効性である。教員養成実践のなかで、edTPA の
省察課題の意味を吟味する過程があったからこそ、本事例においては、スタン
ダードの限定的ながらも志望者による主体的な活用の可能性を示すことができ
たと言える。

4　むすびにかえて

　最後に、以上の検討を踏まえて、スタンダード化のもとで志望者の主体的・
積極的な学びを促すには、大学側がいかなる支援を行うべきか、その要件を描
出する。そのうえで、教員養成実践・教員養成制度研究への萌芽的示唆につい
て考察する。

(1) 本実践の特徴 ── 主体的な学びを促す支援の要件

　クイーンズカレッジにおける実践では、志望者が edTPA に迎合的になり、
矮小化した「社会的公正」観に陥ることなく、主体的・積極的にその意義と限
界を踏まえて edTPA に取り組み、学びを深められるように、彼らを支援して
いた。

　この過程では、第一に、志望者の思考が未熟だとしても、一人称での記述を
否定せず彼らの尊厳を守り、彼らが卑屈にならず主体的に学ぶ前提を作ろうと
していた。第二に、社会問題を学ぶ際に友人関係を通じることで自分が関わる
問題として捉えることを促すなど、教員養成での学びを単なる合格の手段とせ
ず、社会からの期待を"自分自身と結びつける"機会にするよう試みていた。
こうした形で志望者の主体的な学びを支援することで、彼らを単なる edTPA
の評価対象＝客体にとどめず、同制度へ主体的に応答できるよう、指導に努め
ていたと言える。

　これら2つの特徴を有する同大学の実践を踏まえたうえで、改めて教員養成
制度と志望者、そして大学教員の関係を捉えると、大学教員は例えば edTPA
などの一見、他律的な制度から志望者を保護するだけでなく、彼ら自身が当該
制度に適切に向き合う環境を準備することが重要かつ必要になる。いかなる制
度下にあっても、志望者が主体的・積極的に「教員になるとはどういうことか」
を考え、当該制度の導入背景や意義・問題点と、自身の経験・信念とをすり合

わせつつ、制度と志望者自身の潜在力の発揮に努めることが建設的批判の内実であるようにも思われる。

逆に言えば、教員養成制度は、志望者が社会のなかでの教員の役割・位置を考え始めるために適切な材料ということができる。確かに、自分の利害にかかわるため考えざるを得ないという、やや消極的な理由も挙げられる。だが、それゆえにこそ、志望者が自己形成と社会とのつながりを考え始める契機として、教員養成制度を主体的に活用する過程が重要になると言える。

(2) 教員養成実践・教員養成制度研究への示唆

以上を踏まえれば、教員養成実践・教員養成制度研究に対して、それぞれ次のような萌芽的な示唆を得ることができる。

第一に、教員養成実践への示唆として、外部の基準・指標に対して遮蔽するのではなく、志望者の任意の学習に委ねるのでもなく、彼らが当該基準との関係を見つめられるような機会を能動的に準備することが必要だと言える。学問を通して学ぶ場において、自らの信念が尊重され、それを基盤に社会問題を考え始めることが許されたからこそ、志望者は、教育実習時の授業実践においても、児童・生徒が主体的に学ぶ環境を創出したと考えられる。そうした点をも考慮して、所与の養成制度に学びが規定される側面は完全に否定できない中で、大学での教員養成実践に期待される学びとは何かを考え直す必要がある。

第二に、教員養成制度研究への示唆として、ある制度下での実践について、単に当該制度が意図するものだけでなく、十分に想定しない別の実践が自生する動態を、今まで以上に的確に描出する必要性が指摘できる。これは制度の設計や運用に関する研究を否定するものではない。むしろそれは必要である。しかしそれだけでなく、例えば本稿で見た事例のように、スタンダード化への帰順でも無視でもない創造的な工夫を重ね、「社会的公正」や地域との関係などから制度の行方を本質的に問い直し、制度設計に新視点を加える実践が自生しうるのであり、そうした局面こそ深く研究されるべきである。教員養成制度の設計意図を所与と捉えるだけでなく、大学教員や志望者をはじめ現場の人間関係の力学や知性に働きかけ、新しい実践を生みうるものと捉え、その実践の創出動態を解明する研究が必要と考える。

とはいえ、今回は一大学の実践にのみ焦点化して論じたため、普遍化には限界がある。他大学の edTPA への対応実践との比較検討は今後の課題とする。

【註】

1 インタビュー調査概要は次表の通りである。

対象者	所属・身分	実施日時	場所
David Gerwin	ニューヨーク市立大学クイーンズカレッジ歴史・社会科教育　教授	2017/09/03 17:00-18:30	Gerwin 教授の自宅付近
Leslee Grey	ニューヨーク市立大学クイーンズカレッジ教育哲学　教授	2017/09/06 12:30-13:00	ニューヨーク市立大学Grey 教授のオフィス

【文献一覧】

牛渡淳 (2017)「教職専門性基準」日本教師教育学会編『教師教育研究ハンドブック』学文社、22-25頁。

佐藤仁 (2017)「アメリカにおける教員養成教育の成果をめぐる諸相」『福岡大学人文論叢』第48巻、第4号。

日本教師教育学会 (2017)「特集『指標化』『基準化』の動向と課題」『日本教師教育学会年報』第26号。

長谷川哲也／黒田友紀 (2015)「米国のスタンダードにもとづく教員養成プログラムとその運用について」『日本教育大学協会研究年報』第33集。

山下晃一 (2012)「教員の専門性と社会的予期の相互調整をめぐる問題」『教育制度学研究 (日本教育制度学会)』第19号。

油布佐和子 (2016)「教師教育の高度化と専門職化」佐藤学編『岩波講座　教育　変革への展望4　学びの専門家としての教師』岩波書店、135-163頁。

An, S. (2016) "Teaching Elementary School Social Studies Methods under edTPA", *The Social Studies*, vol.107, No.1.

Au, W. (2013) "What's a Nice Test Like You Doing in a Place Like This?", *rethinking schools*, 27 (4). (https://www.rethinkingschools.org/articles/what-s-a-nice-test-like-you-doing-in-a-place-like-this-edtpa-and-corporate-education-reform　最終確認2018/03/26)

Behizadeh, N./Thomas C./Cross, S. (2017) "Reframing for Social Justice, *Journal of Teacher Education*.

Cronenberg, S./Harrison, D./Korson, S./Jones, A./Murray-Everett, N./Parrish, M./Johnston-Parsons, M. (2016) "Trouble with the edTPA", *Journal of Inquiry & Action in Education*, vol.8 (1).

edTPA (2018) *About edTPA* (https://scale.stanford.edu/teaching/edtpa, 最終確認2018/03/16)

Gurl, T./Caraballo, L./Grey, L./Gunn, J./Gerwin, D./Bembenutty, H. (2016) *Policy, Professionalization, Privatization, and Performance Assessment*, Springer.

Ledwell, K./Oyler, C.（2016）"Unstandardized Responses to a "Standardized" Test", *Journal of Teacher Education*, Vol.67（2）.

Madeloni, B./Gorlewski, J.（2013）"Wrong Answer to the Wrong Question", *rethinking schools*, 27（4）.（https://www.rethinkingschools.org/articles/wrong-answer-to-the-wrong-question-why-we-need-critical-teacher-education-not-standardization. 最終確認2018/03/26）

Stanford Center for Assessment, Learning, Equity（2016）*Secondary History/Social Studies Assessment Handbook,* September2016.

Tuck, E./Gorlewski, J.（2016）"Racist Ordering, Settler Colonialism, and edTPA", *Educational Policy*, Vol.30（1）.

Abstract

The Development and Significance of Teacher Training Program
under the "Standardization" of Teacher Educational System in the USA:
How can Universities Support Teacher Candidates?

Tomomi Ota (Graduate Student, Kobe University)

The practice of standardization of teacher education has recently been implemented actively. In the USA, the educative Teaching Performance Assessment (here forth referred to as edTPA) has been given attention as a system representing this trend. The edTPA is a performance assessment that requires teacher candidates to reflect on their teaching practices as student teachers. There is a strong criticism raised against the system such that it narrows the autonomy of teacher educational practice at each university. Unfortunately, no study has yet been conducted on how each university has tried to deal with this situation.

This study is, first of all, an attempt to investigate and reorganize the goals of edTPA and problems confronting it. Secondly, it focuses specifically on the teacher educational practice at Queens College of the City University of New York (QC). At QC, University teachers at QC have taken a stance of constructive resistance against the edTPA. This study analyzes the course of study and tasks required of university teachers and examples of teacher candidate commentary. In so doing, it tries to clarify the support given to teacher candidates in order to manage the dilemma between simply passing the edTPA and becoming a good teacher.

Although results of previous research indicate that the nature of purposes of edTPA are non-problematic, they point out that the edTPA is confronted with two challenges. First it outlines the study of social justice so strictly that teacher candidates are deprived of thinking about social justice by themselves. Second, it faces the risk of training teacher candidates to understand the students only for the purpose of passing the edTPA.

The findings of this study reveal that the university teachers at QC have revised the forms needed for reflection by teacher candidates to manage the above-mentioned dilemma. These forms assist teacher candidates to reflect deeper on the social expectations on teachers and their own beliefs of being a teacher. In so doing teacher candidates are able to participate in the teacher education system more actively.

The results of the analyses conducted in this study indicate that two conditions are required to support the active participation of teacher candidates in their own training. First, their dignity must properly be protected. Second, it is necessary that teacher candidates be given an opportunity to perceive the social problems as their own problems.

Finally, this study points out implications for teacher educational practice and the study of teacher educational system. As regards the former, university teachers can assist teacher candidates to find the relationships between themselves and the external standards outside the scope of edTPA. As regards the latter, alternative practices under the edTPA system have to be considered properly because these are necessary to provide the clue for new and essential aspects for the teacher educational system.

研究大会報告

■公開シンポジウム

教育制度は人を幸せにしてきたか
―教育の制度分析の現在地と未来―

■課題別セッション

Ⅰ　拡張・拡散する義務教育
　　　　―その把握と再構築の課題―
Ⅱ　臨教審以降の教育制度の再検討（その２）
　　　　―教育委員会制度の変遷に焦点をあてて―
Ⅲ　米国教員制度改革の新動向
　　　　―改正初等中等教育法（ESSA）における教員制度改革の検討―
Ⅳ　学修成果の可視化を考える
Ⅴ　家庭教育支援施策における公と私

公開シンポジウム

教育制度は人を幸せにしてきたか
―教育の制度分析の現在地と未来―

〈報告〉
教育実践との関係性から見た教育制度研究の方法論的課題

山下　晃一

インクルーシブ教育から見た教育制度分析の現状と課題　　雪丸　武彦
国際教育開発研究から教育制度を問い直す
　　―幸福は制度を必要とするか―

橋本　憲幸

〈討論とまとめ〉
教育制度学は幸福にどうアプローチするのか

阿内　春生

【司会：阿内　春生】

企画の趣旨

後藤　武俊（東北大学）

　教育制度とは何か。それは歴史的には、近代国民国家の成立とともに整備されてきたものであり、理念的には教育機会の平等を保障しつつ、国民の形成と個人の社会的・経済的力量形成を図る装置として理解されてきた。もちろん、現実的には、職業との接続において学校種の差異化による人材配分機能を担ってきたのであり、経済資本・文化資本・社会関係資本の多寡による教育結果の不平等を固定・促進する装置であるとの批判もなされてきた。こうした矛盾を根本に抱えつつ、近年ではPISAを舞台とした国家間の学力比較のもとで世界的に求められる人材像や学力像が収斂しつつあり、国民形成としての教育制度

という側面が変容しつつある。また、日本国内では、公教育費や社会福祉費の削減が進むなかで「子どもの貧困」が顕在化し、教育機会の平等も明らかに後退しつつある。

こうした状況において、教育制度に求められる役割とは何か。一般的・抽象的には人と社会をともに幸福にすることだとしても、ここには既にそれぞれの幸福とは何であり、拮抗する場合にどちらを優先すべきかという古典的な課題が内包されている。これに加えて、経済・社会のグローバル化や公的財政の悪化が進む現代では、人々に誰を含めるのか、社会とはどの範囲を指すのか、何をどのように分配すべきなのか、といった課題も鋭く問われている。そのなかで現代の教育制度が改めて人と社会の幸福に寄与すべきだとすれば、これらの課題をどのように受けとめ、どのような仕組やプロセスを構築することが求められるのか。

本シンポジウムでは、近年の教育制度研究において以上の課題がどう受けとめられ、どのような分析がなされてきたのか、今後どのような展開が可能なのかについて、会員や一般参加者とともに考察を深めていきたい。

教育実践との関係性から見た教育制度研究の方法論的課題

山下　晃一（神戸大学）

1　「教育制度は人を幸せにしてきたか」

本報告では、「教育制度は人を幸せにしてきたか」というシンポジウムの問いに対して、とくに教育制度学固有の「方法論」に焦点化した検討を行う。ここにいう方法論とは、調査や分析の手順・手法ではなく、思考の進め方や頭の用い方など、精神活動の方向性を得るために視点、概念装置、理論枠組みなどを配列・結合し、知性を動かす導きの糸とする言説や身構えを指す。方法論へのこだわりが弱い分野は学問としての魅力も弱まる、というのが本報告の仮説的出発点である。

170 公開シンポジウム

　本報告ではまず、教育制度学に固有の方法論について、その利点の活性化を図る観点から整理に努める。その上で「人を幸せにする」教育制度自体というよりも、それを探究しうる教育制度学のあり方について若干の問題提起を試みたい。

　さて、「人を幸せにしてきたか」という直截的な問いに明快な回答を与えることは難しい。あえて yes か no で答えるとしても、独立変数として想定する時間軸や空間的広がりによっても答えは異なりうる。人類史的な長期間で見れば、過酷な児童労働からの解放や個人の可能性の開花が少しでも可能になる方向で進展したことを根拠に yes とも言える。逆に西洋近代文明の限界・問題性を告発する立場なら、脱学校論などが代表するように no とも言える。制度設計意図の次元では、少なくとも現代国家の建前ならば yes と言わざるをえないであろう。しかし、実際の機能や意図せざる帰結などの次元では no と言わざるをえない面もある。

　この錯綜の根底には、教育において個人の幸せと社会の幸せのいずれを優先・重視するのか、あるいは両者をどう関連づけるのか、価値観や発想の相違も横たわる。教育制度においては国家・社会の集合的な意図・行為・帰結と、個人のそれらとがせめぎ合う。教育という語が、無意識にせよ意図的にせよ「人材養成」などの語と置換されがちな今日、巷間に流布する諸言説の前提を問い直す必要がある。

　現代教育学や現行教育法制に立ち戻れば、人格の完成を目的とする教育は、あくまで前者、つまり個人のための人づくりとなる。後者の人材養成などは社会のための人づくりとして、教育概念ではなく教化（きょうげ・きょうか）という、目的性の異なる概念として識別される（田嶋他 2016）。もとより、不当なまで過度な社会の等閑視や個人の手段化に終わらず、両者の新たな関係性に根ざした概念も誕生しうる（中内 1994）。いずれにせよ上記の問いからは教育制度研究の難しさ、すなわち個人、社会、学習、指導、発達、制度など無数の変数（しかも相関する）から成る複雑な関数として事態を分析・総合するという困難な課題が導かれる。

2　教育実践と教育制度 ── 教育制度学の方法論

　例えば教育の平等を重視すれば、教育機会の設定構造を探究する上で学校系

統図の描画や再構成は大切な研究作業となる。就学概念の今日的課題を問い直すことにも貢献しうる。とはいえ、教育を受ける者の統合・分化などを描いた後、そこから展開される具体的教育実践に対する制度の規定力を積極的に言明するものではない。いわば教育の内容は問わない容器的制度観に基づくとも言える。

　他方、教授―学習過程に関する特定の理念を社会的に現実化・恒常化するものと捉える教育制度認識がある。「如何なる新思想であっても……制度化されなければ……教育を左右……出来ない」などの着眼に通ずる（阿部1930、黒崎1999）。

　教育実践への規定力という観点からは、こうした直接的規定力への着眼以外にも米国のチャータースクール制度の例に見るように、教育理念・教育方法の内容自体は問わずとも、その新たな創造・促進などをめざす環境設定型・環境管理型の制度を想定した（cf. 榎2018）、間接的規定力への着眼もありうる。

　これら諸発想、とくに前者は「学校＝善」との前提に立つ傾向にもあるが、いわゆる教育の再生産論の登場や、80年代以降の学校の「正統性」低減・懐疑の時代を経て、そうした前提に依拠することが難しくなった。シンポの問いに引き寄せるならば、学校が普及すればするほど不幸・不幸感が増大するという逆説・矛盾などの新たな批判的問題提起にも正対せざるをえない（理論的発展を期す限りは）。

　以上の課題意識に立つと、教育制度を組織名（学校など）や目的達成機能群（教育財政制度など）で把握するだけでは十分でない。教育制度の設計意図を超えた現象の観察・分析に向けた概念装置を開発することによって、教育における諸個人の意識や行為に影響する“力”の正体を解明し、これを踏まえた教育制度の再創造・再想像を展望することが求められる。法制度と深く関連しつつも、そこにとどまらない慣行なども包摂し、諸個人に影響を与える可視的あるいは不可視的な、教育をめぐる様々な“ルールの束”として教育制度を把握することが視野に入る。

　おそらく新制度論からの影響も受けており、必要ならその知的蓄積も活用すべきだが、ここでの主眼はあくまで“広義の教育実践”として教育制度の設計・運用を、その理論的基盤として教育制度研究を、それぞれ捉えるところにある。

　人々を幸せにすべき教育制度は時に期待を裏切る（意図せざる帰結や疎外）。けれども全面廃棄は困難である。本質的要因が判明しなければ、代替物は類似

問題を生じうる。かかる状況下で、未解明の現状の意義や課題を探り（事実解明）、より良い教育への制度を構想する（規範探究）。ここに、教育におけるルール＝制度の束縛を解き、新たなルール＝制度を創るという教育制度研究の役割や意義を見いだせる。教育の本質に迫るものとして、そしてその存立に不可欠なものとして教育制度研究を位置づけうるかという点に、報告者の理論的関心の一端がある。

3　教育学としての教育制度学

　こうした着想は雑駁に過ぎ、目新しいわけでもない。さりながら、基本的な教育制度認識をはじめとする方法論談義を、今まで以上に学会で活性化させること自体は有益ではないか（具体性を過度に欠く抽象論だと「空中戦」になりがちだが）。

　とくに教育制度学は、教育実践との親和性が高い教育制度という対象を扱うゆえ、その扱い方＝方法論を深めれば教育の学術的探究で重要な位置を占める。すなわち前述のような特定の理念でなくとも、一般に教授＝学習過程などの教育実践には定式化可能な局面が多く、現実化・恒常化＝制度化されやすい傾向にある。

　加えて、教育「○○学」の名称の他分野が体系性や方法論を他学問（○○学）に依拠しうるのに対し、「教育制度」学は、あくまで教育制度という対象に依拠して体系や方法を鍛えるしかない。親学問の不在を幸いに、対象から必然的に導かれて教育に深く根ざす独自の方法論を持てると思う。例えば教育行政学は本来なら、教育学に不可欠な、教育の公共的社会的組織化の探究を第一義とする「教育行政」学たり得ると報告者は考える。だが、教育「行政学」と捉えて方法や主題を一般行政学に求め、その一分野と見る向きさえ学会内外に増えたため、教育学（や教職科目）としての独自意義・存在感を失いかねない状況にあるのではないか。

　これに対して教育制度学は、教育実践に固有な上記の傾向をも包含しつつ、それと密接にからみ合ってミクロ・メゾ・マクロ段階で生成される教育制度（教室から学校、地域、一国大へ）を扱うことから逃れられない。児童・生徒（大人も対象となる）の成長発達を引き出すことや彼らの豊かな「〈生〉を養う」ことを目的・理念とする教育実践が、自らの一部をルール化して順・逆の各機能を体現

する一方、その周囲を取り巻く別のルールの束が相互にどう影響し合い、いかなる成果をもたらすか（cf. 西野2017）。教育・教育学から必然的に導かれる、これら教育の制度や制度化をめぐる問題群に挑むことは、教育制度学に固有の課題と言えよう。

　行政学や政治学が分権・自治などの一定価値から成る尺度、つまり行政的価値や政治的価値に則して学的営為を展開するように、教育学は教育的価値に則して展開する。教育制度学はその一環として自覚的・意識的に自己定位できる。教育制度を機軸概念とした上で、児童・生徒という、生成・変容が著しく容易には理解できない存在を見つめながら、教え導く側の作用を構想（「制作」）・反省しつつ、しかも可視性の高い過去のみならず検証不能な未来への視野も志向し、教育＝教育制度をめぐる個人的および社会的な事実と規範の探究・解明に向けて知性を総動員する。幸せの追求に有効な諸価値（発達など）を対象者の内面や社会に実現する教育制度のあり方の検証や提起をめざす分野、いわば制度に焦点化して教育的価値の生成・消長を正面から探究する分野であり、教育学の範疇に堂々と位置づきうる。

　とはいえ、方法論上の陥穽（制度設計への着眼という固有の特長が、むしろ過度の操作主義を導かないか、など）にも慎重な吟味を要する。他日を期したい。

【文献一覧】

阿部重孝（1930）『欧米学校教育発達史』目黒書店（再版1950年）。

榎景子（2018）「米国地方教育行政における学校管理スキームの変容と特質─『ポートフォリオ・マネジメント』手法にみる学校への環境管理型権力の予備的考察」『九州大学大学院教育学研究紀要』第20号（通巻第63集）、111-129頁。

黒崎勲（1999）『教育行政学』岩波書店。

田嶋一他（2016）『やさしい教育原理〔第3版〕』有斐閣。

中内敏夫（1994）「教育的なものの概念について─中内敏夫先生最終講義」『〈教育と社会〉研究（一橋大学〈教育と社会〉研究会）』第4号、2-18頁。

西野倫世（2017）「現代米国の教員評価制度にみる学力テスト結果に基づく『貢献度』析出方法の妥当性と課題　─テネシー州 Value-Added モデルの算出式の検証から」『教育制度学研究（日本教育制度学会）』第24号、61-79頁。

インクルーシブ教育から見た教育制度分析の現状と課題

雪丸 武彦（大分大学）

1 本稿のねらい

教育制度は人を幸せにしてきたのか、という問いに、本稿ではインクルーシブ教育の視点から回答する。

日本では2007年に特別支援教育元年を迎え、以降、2011年の障害者基本法（以下、「基本法」）改正、2013年の障害者差別解消法（以下、「解消法」）制定、就学校指定のしくみを大幅に変更した学校教育法施行令改正、2014年の障害者権利条約（以下、「条約」）批准と、数年の間に障害児・者法制を大幅に変化させた。この変化は共学原則を含んだインクルーシブ教育システムを志向しており、障害児教育史に残る極めて大きな出来事である。

一方、変化への否定的評価も存在する。例えば、特別支援教育に対しては従来の特殊教育の批判の要点であった「分離」を維持・促進するとの指摘がある（鈴木2010）。また、インクルーシブ教育システムも、文科省の理解が共学の「しくみ」にとどまり、新しい事業は従来の特別支援教育の範囲内のことであるため、「「インクルーシブ教育システム」というレトリックにまどわされてはいけない」（荒川・白沢・斎藤2017, p.8）とも指摘されている。

それでは、冒頭の問いに戻り、過去の教育制度は人をどう幸せに（あるいは不幸せに）してきたのか、また日本型インクルーシブ教育システムは人を幸せにするのか。これらの問いに答えるため、以下では戦後の障害児教育をめぐる運動の対立軸、教育制度分析の視座、その後の政策の推移を整理するとともに、日本型インクルーシブ教育システム及びその分析上の課題を指摘する。

2 特殊教育に対する2つの批判的視座

障害児教育の歴史は運動の歴史でもあり、幸せより苦しみの観点から整理した方が捉えやすい。この際、2つの運動と対立軸を整理しないわけにはいかな

い。筆者はかつてこの対立軸を整理したが（雪丸2016）、苦しみの観点からは明確にしていないため、以下、苦しみや要求、その根底にある教育制度分析の視座を整理する。

　まず、戦後障害児が苦しんだことは教育機会の少なさである。特殊学級、養護学校の設置はほぼ「未知」と「ゼロ」からのスタートであり、政府の動きは鈍かった。この状況を変化させたのは、1960年代の発達理論、法解釈論の理論の発展である（田中1969、清水1969）。これらの理論は各地の養護学校設置運動を支え、同時に経済成長に伴う好調な財政により学級、学校の増設が図られた。そして、最終的に1979年に義務制が実現した。

　一方、1970年代以降、義務制に反対する共生共育運動が現れた。この運動は障害者を排除する社会全体を批判した。すなわち、「なおるかなおらないか。働けるか否かによって決めようとする」価値観、それにより「障害者は本来あってはならない存在とされ、日夜抑圧され続けている」（横塚1981, pp.31-32）とした。これは1990年代後半に生まれる「障害学」[1]の中心概念である「社会モデル」の見方である。この運動の要求は地域の学校への就学であった。それにより障害者の存在が知られ、つながりが生まれ、地域での生活が可能になるからである（八木下1986, p.199）。以上を整理したものが下の**表**である。

　その後の政策展開は前者の運動と親和的であった。政策レベルでは、「特別な場」での「質の高い教育」が目指されていたからである（雪丸2016）。それゆえ、後者の運動による要求は残されたままであった。そして、この構図のままに特別支援教育への転換が図られた。「社会参加と自立」という基本法の目的規定の変化、「場」から「教育的ニーズ」への理念的な変化、個別の教育支援計画、指導計画策定等は明らかに大きな変化である。しかし、共生共育運動が求めた共

表　2つの運動の対立軸

	教育機会の保障を求める運動	共生共育の運動
苦しんでいたこと	・学ぶことができない ・能力を高められない	・社会から排除される ・地域で生きられない
苦しめていたもの	国家（政府）	人々の価値観を含む社会全体
求めたこと	・学ぶ場を設けること ・能力を高めること	・学ぶ場を共にすること ・つながりを作ること
要求の対象	国家（政府）	国家（政府）を含む社会全体
制度分析の視座	発達保障論、法学	（障害学）

出典：筆者作成。

学やつながりを作ることに関して、特別支援教育ではほとんど進展がなかった。

3　日本型インクルーシブ教育システムの実現

　日本でインクルーシブ教育システム導入が検討されたのは、2006年採択された条約の第24条において教育に関する障害者の権利が認められ、「この権利を差別なしに、かつ、機会の均等を基礎として実現するため、障害者を包容するあらゆる段階の教育制度及び生涯学習を確保する」（第1項）とされたことによる。細かに検討する紙幅はないが、この内容は上述の2つの運動の主張と合致していた。すなわち、質の高い教育機会の提供も、その地域社会での享受も明記されていた。ここで共学原則が法的根拠を得ることになった。

　条約批准に向かい、2009年12月内閣府に設置された障がい者制度改革推進会議が国内法整備の議論をリードした。当初、推進会議と文科省・省内の「特別支援教育の在り方に関する特別委員会」（以下、「特々委」）との間では、共学原則や、教育的支援をめぐる本人・保護者の意向尊重義務の法定に関して対立があった。しかし、法的な正当性を得た推進会議の意思が優先され、基本法にそれらは盛り込まれた。

　その後、特々委は2012年7月「共生社会の形成に向けたインクルーシブ教育システム構築のための特別支援教育の推進（報告）」を発表した。報告では、共学が基本的方向だが、「子どもが、授業内容が分かり学習活動に参加している実感・達成感を持ちながら、充実した時間を過ごしつつ、生きる力を身に付けていけるかどうか」が「最も本質的な視点」とし、学習環境整備という「大きな枠組みを改善する中で」共学を実現するとの漸進的プロセスを描いた。これは、特別支援教育の発展プロセスとインクルーシブ教育システム構築プロセスを重ね合わせる見方である。それゆえ、文科省の進めるインクルーシブ教育システム構築の事業は、実は、特別支援教育と大きく変化のない内容である。この点、日本が2016年6月に国連に提出した第1回政府報告では、特別支援教育により「多様な学びの場」の整備がなされており、引き続き場の充実に取り組むと宣言している。

　以上のように、条約により共学原則は法的根拠を得、国内で実現が図られた。この点で分離という差別的取り扱いの問題はひとまず解消された。一方、その実現のために場の整備による漸進的プロセスが採用された。

4　日本型インクルーシブ教育システムは人を幸せにするのか

　上述のように日本では場の整備による漸進的プロセスを歩んでいるが、この
プロセスが本当に共学原則へと近づくのか、その実態を明らかにすることが、
現在教育制度分析において残されている最も重要な課題である。その実態は未
だ十分につまびらかにはされていないが、社会モデルや共生共育の運動の要求
の観点からは、場の整備（だけで）は必ずしも人を幸せにはしないと考えられる。
その理由として2点挙げられる。

　第1に、整備される場の見方─環境観が狭いからである。特々委で指摘され
た「大きな枠組み」では、人的、物的資源の増加や資源の組み合わせが想定さ
れている。この点、条約や基本法、解消法の環境観は、それらとは異なり、見
えにくいものが含まれている。典型的には、社会的障壁の定義（「日常生活又は
社会生活を営む上で障壁となるような社会における事物、制度、慣行、観念その他一切
のもの」）にそれが見られる。この環境観に立つとき、伝統的な公立学校自身が
特々委の指摘する「最も本質的な視点」の障壁となる可能性が高い。公立学校は、
学習の到達度ではなく、教育の時間で学びを保障し、定められた授業時数の中
で、子どもが一定レベルに到達するよう、伝統的な学びのスタイル（典型的に
は教員1人対同一年齢の子ども40人で1年間一定の内容を学ぶ）のもとで努力をする。
その中で少数の学習者の学びが遅れたとしても、授業は進行する。このような
振り落としをやむなしとする慣行としての「制度」は障害児（や特別なニーズを
もつ子ども）と非常に相性が悪い。学びの「お客様」となる障害児は、教育的ニー
ズに関する合意形成の上で別学（特別支援学校・学級）を選択せざるを得ない。
つまり、分離が必然化するのである。「学校に子どもを合わせるのでなく、子
どもに合った学校をつくろう」とは、与謝の海養護学校の設立理念である。「学
校に子どもを合わせる」という障害児との相性の悪い慣行を修正できるのか否
かが重要なポイントとなろう。

　第2に、共生共育の運動の求めた「つながりを作ること」については、ほと
んど何も触れていないからである。障害者は地域でしか生きられず、それゆえ
共学によりつながりを作ることは障害者にとって重要な生存戦略であった。し
かし、その戦略を学校で実現することは期待されていない。現在のところ、学
校が「つながりを作る」場として機能しているとすれば、スナップショットで

しかない「交流及び共同学習」に求められる。しかし、それを望まない声が障害者自身からあがっている[2]。さらに、その活動の効果検証はあまりされておらず、調査対象も健常児に偏っていることが指摘されている（楠見2016）。現在、どのようにつながりを作ればよいのか、ということに関してほとんど経験的な知見はない。日本型インクルーシブ教育システムが相変わらずこの課題を残し続けるのか、それとも改善が図られるのか。全国的な実践レベルでの動向の注視と、その効果の検証が不可欠である。

【註】

1　日本での障害学確立の動きは1990年代後半からである（石川・長瀬編1999）。
2　障害者権利条約批准・インクルーシブ教育推進ネットワーク「「交流及び共同学習」では「インクルーシブ教育」は実現できない」（文部科学省ウェブサイト（URL：http://www.mext.go.jp/b_menu/shingi/chukyo/chukyo3/044/attach/1298938.htm）2018年6月25日確認）参照。

【文献一覧】

荒川智・白沢仁・斎藤なを子「てい談　条約履行義務の実行責任を問う」全国障害者問題研究会『障害者問題研究』第44巻第4号，pp.3-15。

石川准・長瀬修編著（1999）『障害学への招待―社会、文化、ディスアビリティ』明石書店。

楠見友輔（2016）「日本における障害児と健常児の交流教育に関するレビューと今後の課題」『特殊教育学研究』第54巻第4号，pp.213-222。

清水寛（1969）「わが国における障害児の「教育を受ける権利」の歴史―憲法・教育基本法制下における障害児の学習権―」『教育学研究』第36巻第1号，pp.28-37。

鈴木文治（2010）『排除する学校　特別支援学校の児童生徒の急増が意味するもの』明石書店。

田中昌人（1969）「全面発達を保障する「障害児」教育の創造をめざす教育運動」『教育学研究』第36巻1号，pp.50-58。

八木下浩一（1986）「障害者から見た学校とは」岡村達雄・古河清治編著『養護学校義務化以後―共生からの問い』柘植書房新社，pp.185-203。

雪丸武彦（2016）「共生時代における障害のある者と障害のない者の「教育機会の均等」―就学制度の変更と課題」日本教育制度学会編『教育制度研究』第23号，pp.20-38。

横塚晃一（1981）『母よ！　殺すな』[増補版]すずさわ書店。

国際教育開発研究から教育制度を問い直す

―幸福は制度を必要とするか―

橋本 憲幸（山梨県立大学）

1 幸福は制度を必要とするか ―― 本報告の目的と問題意識

　本報告の目的は、制度論、幸福論、そして国際教育開発論を経由し、教育制度はいかにあるべきかを理論的に示すことにある。「国際教育開発」とは、一般に開発途上国と呼ばれる国々の教育を"よりよく"するために、いわゆる先進国や国際機関、非政府組織などによって展開される諸行為を指す。教育も開発も、"よりよい"という価値の議論から逃れられない。それゆえに少なくとも理論的には解が定まりにくく、それゆえに思考は継続されなければならない（橋本 2016）。

　教育と制度と幸福の三幅対において何を問えばよいか。本報告は、"教育制度は人を幸せにしてきたか"という経験科学的な問いには答えない。また、"教育制度はどうすれば人を幸福にできるか"という政策科学的な問いにも直接は答えない。本報告はそれらの問いに含まれる「制度」や「幸福」の概念を再検討に付す。この取り組みには、「社会」とはどの範囲を指すのか、「幸福」とは何か、幸福 H_1 と H_2 のどちらを優先すべきか、何をどのように分配すべきかといった問いが関わってくる。これらの問いに応答する試みは、事実の解明とも即効薬の処方とも異なる。

2 越境しない制度は制度ではない

　学習は教育がなくても可能であり、教育は制度がなくても可能である。にもかかわらず教育制度は作られる、あるいは発生する。では、教育制度がわざわざ人工的に作られるのはなぜか。それは"制度があったほうが教育をよりよく行なうことができる"と誰かの何らかの ―― 平等のために、権利保障のために、社会化のためにといった ―― 価値に基づいて判断されるからである。人為的な

180 公開シンポジウム

ものでもある以上、教育制度は何のために存在すべきなのか、という問いはつねに有効である。

「教育制度」は、「社会的に公認された、教育の目的を達成するための組織（人と物の体系的配置）」（教育制度研究会編 2012: 4）と定義されることがある。ここには「社会」の存在が示唆されている。「制度」は「社会」のなかにある。では、「社会」とは何か。

ここでは「社会的なもの」の概念に着目してみたい。「社会的なもの」は社会のあり方を規範的に方向づけ、平等という価値を擁護し、人びとに他者や社会全体を眼差すことを要請する（市野川 2006; 市野川・宇城編 2013）。

ただ、社会がつねに社会的であるわけではない。そのため、「社会的社会」が構想されもする。そのひとつの具象が福祉国家である。しかし、福祉国家の制度化は社会的なものを衰微させる。なぜなら、制度が機能することにより、人びとは他者や社会全体を気にかけなくてもよくなるからである。社会的なものは制度を要請するが、その制度の介在が他者や社会全体への想像の回路を遮断していく。

制度はどのような原理で設計されるべきか、という問いへの解のひとつに「正義」がある。そこでは、その社会でもっとも不遇な人びとの最善の利益になるかぎりで格差が許容され、他者への分配が志向される（Rawls 1999）。

では、社会とはどのような範域なのか。社会的なものは国家で制度化されたが、社会的なものは国家よりも原理的であり、国境に制約されない。つまり、社会は区切られない。また、制度の主題ともなる教育は、時間的・空間的に未知の他者の存在を意図的に知らしめ、社会の幅を拡張することができる。社会は世界に重なっていく。

3　制度は幸福を目指せない

ある詩人はこう書いた ── 「世界がぜんたい幸福にならないうちは個人の幸福はあり得ない」と（宮澤 [1926] 1954: 377）と。"私は幸福だ"と思えるのは、他者や社会全体を捨象しているからにすぎない（cf. 中島 2002）。自分が幸福だと感じるとき、別の誰かは幸福ではなく、自分の幸福は他者の不幸によって成立しているかもしれない。"個人の幸福"や"一部の人間の幸福"というのは欺瞞である。幸福の単位は"すべての人"である。幸福もまた社会的なものと同様に、

他者や社会全体を眼差す。

　一般にその思想内容が“最大多数の最大幸福”と表現される功利主義もまた、他者や社会全体との関わりで幸福を捉える。“私”だけが幸福であればよいのではない。幸福はすべての人を等しく計数する。豪奢な生活を送る先進国の人は、途上国で貧困に苦しむ子どもに思いを致し、その所得の幾分かを慈善団体に寄付すべきだという主張がここでは支持される（シンガー［1993］1999）。希求されるのは世界を単位とした幸福である。

　だが「幸福」は容易に概念規定することができない。ある定義を示しても、“それは幸福ではない”と即座に反論される。幸福はいかに定義できるか、ではなく、幸福はいかに定義できないかが論点となってもいる（青山 2016）。

　それなら、何が幸福なのかも含め、幸福かどうかの判断は各人に委ねればよいのかもしれない。他者を思えば思うほど他者について決められなくなるのだから、“幸福は人それぞれ”がよいのではないか。“人それぞれ”が他者を尊重することになるのではないか。

　しかしそれでも、“人それぞれ”は他者への想像力を鈍化させ、他者を捨象することになりかねない、と言わなければならない。というのも、そこには「適応的選好形成」があるからである。適応的選好形成によって照射されるのは、貧困層や社会的少数派など抑圧的な状況下に置かれ続けた人が、その生きづらさを低減させるために、その状況下でも満たされるような低水準に自らの選好を引き下げることで幸福を感じるようになるという場面である。しかしその幸福は不幸かもしれない。“私は幸福だ”という他者の言明を尊重することが、他者自身を尊重することにはならないことがある。

　リベラリズムの思想はこうした幸福の困難を受け止め、その議論を幸福論から不幸論へと転回する。それはリベラリズムが個人主義だからである。リベラリズムは、個人の決定を重んじる、そしてあらゆる個人を軽んじない。だから幸福は個人の管轄とし、不幸を社会の管轄とする。幸福とは何か（H_1、H_2、……）は個別的な問題だが、不幸とは何か（UH_1、UH_2、……）は普遍的な問題だとされる。社会のもとにある制度の目的は、幸福の増幅ではなく、不幸の除去となる。

　リベラリズムに依拠し、正義という制度原理を一国に留めずに、まさに社会的なものの範域である世界へ適用しようとするグローバルな正義論も、幸福ではなく不幸に照準を合わせる。しかし、経済に関するグローバルな制度自体が

他者に貧困を強いているとも指摘される（Pogge 2002）。資源を分配する制度こ
そがグローバルな制度である。教育もそうした資源のひとつである。

4　制度論も幸福論も国際教育開発を支持する

　社会的なものも幸福も、他者や社会全体を志向し、自己や自国に内閉しない。
国際教育開発もまた途上国の子どもなどの他者を気にかけ、実際に働きかけて
いる。国際教育開発それ自体は、制度論からも幸福論からも支持される。

　ただ、2節冒頭で確認したように、教育は制度がなくても受けられる。その
ため、教育の不幸を就学率の低さといった制度化された価値に重ね合わせるこ
とはすぐにはできない。学校教育制度は相対化され、再審請求を受けてもいる。
先進国では学校がいわば飽和したことによって、そして途上国では学校が不足
することによって、そのあり方が問い直されている。

　しかし、学校へ行かなくても何かしらの教育は受けることができるのだから
学校の不在や不十分は問題にならない、と判断することはできない。そうした
判断は途上国においてなされることのある“女子は学校へ行く必要はない”と
の主張にただ回収されるだけである。学校の存在や過剰が作り出す不幸はたし
かにある。だが、学校の不在や過少がもたらす不幸もあり、学校が取り除くこ
とのできる不幸もある。いわば学校のグローバルな分配を含む国際学校教育開
発を否定することはできない。

　教育のグローバルな制度として PISA を挙げることもできる。ここで問うの
は PISA の内容の妥当性ではなく手続きである。PISA においては物理的な強
制力が行使されているわけではないにもかかわらず参加国・地域が増えている。
PISA に示される学力のありようがグローバルな標準となり、各国・地域の教
育政策もそれを無視しにくくなっている。教育のありようがひとつの基準に収
束することによってもたらされるのは不幸の除去なのか。

　PISA 型学力こそがグローバル化した世界 —— まさに社会的なものが支持す
る範域である —— を生きる力であり、それを子どもに身に付けさせることがグ
ローバルな社会化だと言うこともできるかもしれない。“このように生まれた
のだからそのように生きていけ”という宿命論と教育は相容れないのではない
か。子どもたちもまた社会化されなければ生きづらい。その生きづらさが不幸
と名指されることもあろう。学校は PISA 型学力の獲得を制度的に支援するこ

とができる。国際学校教育開発はやはり否定できないのではないか。

5　制度はつねに2つ以上作られなければならない── 本報告のまとめ

　社会的なものは国際学校教育開発を支持する。だが、学校に基づいた教育や生のありよう（S_1、S_2、……）が定着すればするほど、それ以外の教育のありようや学校を通過しない生の様式（非S_1、非S_2、……）は顧みられにくくなり、それらのもとにある子どもの不幸も増していく。社会的なものはそうした他者を座視しない。

　社会的なものは制度に対して次のように言う── S_1が制度的に保障されるなら、同時に非S_1、非S_2、……もまた制度的に保障されなければならない、と。それによって、非S_1、非S_2、……のもとにある子どもたちの不幸が減らされなければならない、と。

　だから制度はつねに2つ以上作られなければならない。他者を想像させる社会的なものの契機を制度設計に埋め込み、非S_1、非S_2、……を制度的にも肯定する。S_1を保障する制度は、それをいわば裏切る非S_1を同時に同程度保障する別制度によってはじめて正当化される。当該制度は当該制度自体では正当化されない。だから制度は増えていく。制度が多い社会は生きやすい社会であるともされる（cf. ドゥルーズ［1946/1953］2010）。重要なのはどの制度を活用しても学びながら生きられるように制度的に保障することである。

　本報告冒頭に、国際教育開発は「少なくとも理論的には解が定まりにくく、それゆえに思考は継続されなければならない」と書いた。しかし実際は、理論の外部では解が定められ、つまりある側面では思考が途絶され、それゆえに実務が促されている。そして制度論と幸福論の交差点から理論的に拓かれた地平に広がっていたのは、理論的な粘性の擁護というよりは、実務的な活性への支持であった。この風景はひとまず示しておかなければならない。しかし、本報告のこの結論自体が今後改めて検討されなければならない課題となることも最後に記しておきたい。理論はつねに実務とは別の位置にあらねばならない。

【文献一覧】

Pogge, Thomas（2002）*World Poverty and Human Rights*, Cambridge: Polity Press.

Rawls, John（1999）*A Theory of Justice*, Revised ed., Cambridge: The Belknap Press of Harvard University Press.（＝川本隆史・福間聡・神島裕子訳（2010）『改訂版 正義論』紀伊國屋書店.）

青山拓央（2016）『幸福はなぜ哲学の問題になるのか』太田出版.

市野川容孝（2006）『思考のフロンティア 社会』岩波書店.

市野川容孝・宇城輝人編（2013）『社会的なもののために』ナカニシヤ出版.

教育制度研究会編（2012）『新訂第三版 要説 教育制度』学術図書出版社.

シンガー, ピーター（[1993]1999）『実践の倫理 新版』山内 友三郎・塚崎智監訳, 昭和堂.

ドゥルーズ, ジル（[1946/1953]2010）『哲学の教科書—ドゥルーズ初期』加賀野井秀一訳, 河出書房新社.

中島義道（2002）『不幸論』PHP 研究所.

橋本憲幸（2016）「学校は世界の子どもを救えるか」末松裕基編『現代の学校を読み解く—学校の現在地と教育の未来』春風社, 333-370.

宮澤賢治（[1926]1954）「農民藝術概論綱要」『現代日本文学全集 24 高村光太郎・萩原朔太郎・宮澤賢治集』筑摩書房, 377-379.

教育制度学は幸福にどうアプローチするのか

阿内 春生（福島大学）

1 各報告について

　報告者からは多様な点から教育制度と幸福について議論が提起された。筆者は当日、(拙いながら)司会を務めたのでここでシンポジウムのまとめを記す役割を与えられている。まず、3人の報告を振り返るが、それぞれ報告論文があるため、重複を避けて当日のディスカッションにおいて議論された点を確認するにとどめておく。

　山下は、教育制度学の方法論について、広義の教育実践（制度の設計や運用を含む）を理論的な基盤とし、教育制度研究の方法論を教育に深く根ざして確立すべきであることを示した。その上で学会としての在り方を含めて、教育制度学の教育学としての地位の確立を論じている。

　雪丸は特別支援教育の制度について、歴史的な振り返りの中から障害児を苦

しめてきたものがなんだったのかを明らかにするとともに、現在、共学原則を
志向しつつ進展する「日本型インクルーシブ教育システム」のもつ限界を、「環
境観」「つながり」の点から指摘している。

橋本は教育制度と幸福について、哲学思想的知見を踏まえて、正面から議論
を提起した。橋本は幸福が個人の、不幸が社会の管轄であるがゆえに幸福の合
意が難しいため、不幸を除去するアプローチが重要であることを提案した。そ
の上で、国家・政府と結びついた制度ではなく他のアプローチがあり得ること、
など思考方法そのものを転換する必要性を指摘した。この指摘にはフロアから
否定的なもの(「不幸」)を除去するというアプローチばかりでなく、肯定的な「よ
い教育」を目指す研究が必要ではないかとの指摘が出されているが、橋本は合
意が難しい肯定的なもの(「幸福」)の探求には限界があり、不幸の除去アプロー
チが有効であることを回答している。

2　ディスカッション

ディスカッションにおいては、報告者個人への質問、個人への質問を超えた
共通する論点など、限られた時間ではあったが活発な議論が交わされた。ここ
ではそのディスカッションから議論を整理していくこととしたい。以下、「(報
告者名)」はその報告者からの応答を要約したものであることを示す。

フロアからは本シンポジウムが提起した「教育制度は人を幸せにしてきたか」
という課題設定に関する議論がなされた。幸福を議論のベースとした枠組み設
定は、有効なのかどうか、有効であるとしてそれを保障するのは誰かについて
議論された。フロアからの質問では「人権保障」との相違がまず質された。こ
れに関しては、人権侵害のあるところに幸福はあり得ず、むしろ両者は親和的
なもので、幸福は人権を包含しているのではないか(山下)、制度と国家・政府
を結びつける考えから脱却し、国家・政府以外の主体も「不幸」の除去に取り
組むべきである(橋本)、人権は人間によって確立された構造物であり、人権に
加える「幸福」の研究が必要である、現に存在する制度がマイノリティの幸福
を損なう可能性がある(雪丸)、などの返答があった。

さらにフロアからは国家・政府を制度から相対化することでどのような示唆
が得られるのか、人権または権利という概念を用いないことで保障する責任を
曖昧にしてしまうのではないかということ、が問われた。これに対しては、制

度と国家・政府との固着された関係から脱却すべきであることが重ねて述べられるとともに、合意できない幸福よりも「不幸」を除去するアプローチに優位性があることが指摘された（橋本）。

　この論点に関する議論は司会の不手際もあって時間が迫ってしまい、最後まで議論を深めることができなかったが、教育制度と権利あるいは教育制度と幸福を問い直す本質的な議論を提起していた。報告者（橋本）がより多くの主体に不幸の除去を担わせ、それを実質化することを指向していたのに対して、フロアからの意見では国家や政府のはたらきなしにそれが実質的に保障されるのかという懸念が示されていたように思う。一方、この両者は連続であるとも考えられるのではないだろうか。すなわち、制度を動的なものと捉え、国家・政府と固着しない制度を視野に入れようとする新制度論や、国家・行政では行き届かない部分でNPOやNGOの働きに期待するガバナンス論などが示唆するように、国家による保障と多様な主体の参画による支援拡大は両立不能な枠組みではない。言い換えれば、国家・政府による「権利」の保障を大前提とした上で、そこから漏れてしまう者の「不幸の除去」は両立しうるのではないだろうか。その意味では、人権保障と「幸福」をベースとする議論は親和的であるとする山下の意見は示唆に富むと感じられた。

　次に制度とは何かについて、司会から各報告者に意見を求めた。障害者支援という意味では、法的支援などの堅い意味での制度が整っている一方で、ただし文化慣習としてのルールや、伝統的な価値観以外の教育に求められているものもあると感じて「ルール」とまとめた（雪丸）、今回は近代以降の学校制度を制度として扱ってきたが、国家や政府と固着しない制度など制度の外延は拡がっており、曖昧になってきているのではないか（橋本）、「ルールの束」として捉えることから今回の報告をしたが、「堅いルール」「柔らかいルール」という考え方には関心を持った（山下）、という回答があった。（教育）制度をどのように捉えるかをあらかじめ規定せず、それぞれの前提とする内容の議論を共有しておかなかったことは、司会の不手際でもあったのだが、それぞれの立場から多様な「制度」についての捉えがあることを図らずも明らかにすることができ、議論の整理として有効であった。

　また、紙幅の都合で詳述はできないが、フロアからは質問票を通じて個々の報告者に鋭いご意見、ご質問をいただいた。記して御礼申し上げたい。

3　まとめにかえて

　第25回大会（2017年度）の公開シンポジウムは「教育制度は人を幸せにしてきたか―教育の制度分析の現在地と未来―」と題して行われた。「幸せ」（幸福）を学術的な鍵概念として設定して議論することは、教育制度の関連学会では異例のことであったと考えられる。やや大上段に構えた印象もあり、その上に司会の力不足もあり、「これが教育制度を通じて人々に幸福をもたらす手段だ」とまでの結論を得ることはできなかった。しかし、各報告者からの意欲的かつ刺激的な報告はそれぞれの研究の中で「教育制度」や「幸福」をどう捉えてきたのかを多様に示していたし、フロアとのやりとりの中ではそれらの結節点（例えば権利と幸福の保障など）が示唆されていたのではないだろうか。

　教育制度学が方法論を他分野に依拠できない学問分野であるからこそ、教育に寄り添った方法の確立が可能であることを山下は報告の中で示唆した。その方法の確立にあたっては「カチカチの制度」（雪丸）ではなく、幸福を得、（堅い）制度に盛り込んでいくための柔軟な制度を研究することもあり得るのではないか、また、そこには「不幸の除去」（橋本）というアプローチも盛り込みうるのではないか、という知見が得られたことは本シンポジウムの大きな成果であったと思う。

　最後にシンポジウムの企画運営に多大な労をとっていただいた実行委員会各位と、当日ご参加いただいたすべての方に改めて御礼を申し上げ、本まとめを閉じたい。

<課題別セッション I>

拡張・拡散する義務教育
―その把握と再構築の課題―

〈報告〉

現代日本の義務教育の拡散

　　　―制度外教育機会・規制緩和の観点から―　　　　　横井　敏郎

義務教育段階における追加的な教育機会保障の

　　　今日的動向　　　　　　　　　　　　　　　　　　　高嶋　真之

義務教育における年齢主義の緩和

　　　―中学校夜間学級の形式卒業者受け入れを事例に―　横関　理恵

コメンテーターからの問題提起　　　　　　　　　　　　　窪田　眞二

【企画者　嶺井　明子・窪田　眞二・高橋　寛人】

企画の趣旨

　福祉国家再編とグローバル化の時代に入り、教育を受ける側の多様化（あるいは状況認識の深化）と教育を行う側の多様化が進行している。具体的には、いわゆる不登校児童生徒とフリースクールにとどまらず、外国人の子どもと外国人学校、オールタナティブスクール、学齢超過者と夜間中学校、公私協力学校、フリースクール等の私学化、困窮者世帯の子どもの学習支援、公設型学習塾など、義務教育制度の境界線の内外に多様な形態で表れている。わが国の義務教育はもはや、制度外のものも含めて多様な学習主体と教育主体の存在を無視して理解することはできない。本セッションでは、事例も提供しながら、わが国義務教育の拡張・拡散を行政領域、年齢、制度内外などの点から整理し、義務教育制度の再構築の課題を検討したい。

現代日本の義務教育の拡張・拡散
―制度外教育機会・規制緩和の観点から―

横井　敏郎（北海道大学）

1　義務教育の拡散・拡張の動向

　現代日本の義務教育は制度の内外で分化・拡散し、領域を制度的にまた潜在的に広げている。本発表では、制度の外部に広がる教育的営為も含めて義務教育の拡散・拡張の現状を俯瞰することを目的とする。

　義務教育段階の普通教育は制度外も含めて多様な分化を生じさせている。その分化は教育制度内外（一条校・各種学校／制度外のフリースクール・オルタナティブスクール・外国人学校・学習教室等）、管轄行政領域（文科・厚労・内閣府）、設置運営主体（公立・学校法人・株式会社・NPO等）、学習主体（年齢・国籍・階層・地域・障害等）などの分岐が入り組む形で構成されている。これを截然と整理することは難しいが、特に目立った動きを学習主体の点からみると、以下のような場が生まれている。すなわち、①通常の学校に通う困窮世帯・過疎地域の子どもが補償的な教育支援を得られる場（厚労省・文科省管轄の学習支援教室、公設民営学習塾など）、②通常の学校から離れた子どもが代替的な教育を受けられる場（次節参照）、③学齢超過者が義務教育段階の教育を代替的・補償的に受けられる場（公立夜間中学校・自主夜間中学校など）、④障がいのある子どもが代替的・補償的に教育を受けられる場（無認可障害児学園・学習教室など）、⑤外国人の子どもが代替的・補償的に教育を受けられる場（外国人学校・インターナショナルスクール・日本語教室など）である。

2　通常の学校から離れた子どもの代替的な教育の場

　上記のうち、②通常の学校から離れた子どもの代替的な教育の場には非常に多様な教育の場が含まれている。ここでは詳細は略すが、教育委員会によって設置された不登校の子どものための教育支援センター、制度外のオルタナティブスクールとフリースクール（これは教育志向のフリースクール（オルタナティブ教育志向と通常教科教育志向に分化）と居場所志向のフリースクール（フリースペース）

に分化している）、オルタナティブスクールおよびフリースクールが制度内化した教育課程特例校がある。また不登校の子どもが③自主夜間中学校や④児童デイサービス等の障害児サポート施設、⑤外国人の子どものための学習サポート教室などを学習の場・居場所としている場合もあり、子どもの代替的な教育の場・居場所は多様に広がっている。

3　現代義務教育の変容と再構築の課題

　現代日本の義務教育の拡散・拡張は全体として見ると、通常学校で教育を受けることが困難となった多様な子ども（学齢超過者を含む）あるいはその危機にある困窮世帯・過疎地域の子どもに対する代替的あるいは補償的な教育の場（包摂的な拡張）と、通常学校の教育と異なる価値・方法を求めるオルタナティブ志向の代替的な教育の場（オルタナティブな拡張）の２つのベクトルをもった場の拡大と見ることができよう。

　戦後日本の義務教育制度は、単一の学校形態のもとでその教育条件（校舎等と教職員）の均等化を図る機会保障システムであった。しかし、こうしたレベルの教育機会均等論、平等論では現代に沸き起こる教育要求に対応することは難しい。社会的な不平等の解消に取り組みつつ、ここで見た制度の内外に拡散・拡張する教育要求の１つ１つについていかに包摂や多様性の容認を可能としうるか（あるいはせざるべきか）を吟味し、それを通じて義務教育制度のバージョンアップを図ることが喫緊の課題となっている。

義務教育段階における追加的な教育機会保障の今日的動向

高嶋　真之（北海道大学大学院教育学院・院生／日本学術振興会特別研究員）

1　本報告の概要

　戦後日本では、憲法・教育基本法体制の下、学齢期においては一条校を中心に教育を受ける権利を保障してきた。しかし今日、学校教育の代わりとなる「代替的な教育」（例：フリースクール、中学校夜間学級）や学校教育の上乗せとなる「追

加的な教育」（例：教科教育の補充学習・発展学習、進路指導）の公的保障が進んでいる。

本報告では追加的な教育機会の公的保障に着目し、その背景及び今日的動向の特徴を明らかにしてきた。ここでは紙幅の都合上、後者を中心に整理していく。

2　追加的な教育機会保障の今日的動向の特徴

これまで追加的な教育は、公的な教育機関である学校で教師が補習を行う一方で、学校外では私的な教育機関である学習塾が拡大・定着することで提供されてきた。しかし、通塾経験の社会的な蓄積を経た後、2000年代以降、教育政策の理念が「ゆとり＋生きる力」から「生きる力＋確かな学力」へと転換し、新自由主義教育改革の進展により競争的環境の下で自治体・学校の裁量権が拡大され、さらに福祉領域からも学校外の学習支援に注目が集まることで、学校外で追加的な教育機会を公的に保障する動きが促進されていった。

追加的な教育機会保障の今日的動向の全体像を示すと下図のようになる。ここでは、2000年代以降に変化した部分を色と矢印で表している。これを以下の4つに大別し、それぞれの特徴について整理していく。

第一の、そして最も大きな変化は、「学校外の公的保障」に位置する実践・法制度が出現したことである。例えば、土曜日の教育活動、放課後学習支援、地域未来塾、貧困世帯の学習支援、公費支援型学習塾が挙げられる。ここでは、学習塾を〈民設型学習塾／公設型学習塾〉と呼び分けてカテゴリー化する。

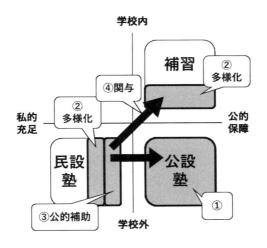

第二の変化は、追加的な教育の担い手の多様化である。これまで補習は学校の教師が担ってきたが、そこに保護者・地域住民・退職教員・学生などがボランティアとして携わるようになった。また、民設塾は個人経営・営利企業が中心であったが、より公益性の高いNPOや社団法人・財団法人などの民間団体も参入し始めている。

第三の変化は、民設塾に関わる公的補助の始まりである。これまでも通塾費用の私費負担の大きさは問題視されてきたが、一部の自治体では通塾費用の公的補助が行われ始めている（例：東京都・宮城県女川町）。また、特に公益性の高い活動をしている場合には、国や自治体から事業に対する補助金が充てられる場合もある。

第四の変化は、民設塾による学校内外の公的保障への関与である。以上のような新たな動きに伴い、補習や公設塾の外部委託も行われている。すなわち、「公教育の民間化」が、「学校の民営化」「学習塾の公設化」の二方向で進んでいると言える。

3　今後の公教育制度研究の課題

以上のように、追加的な教育機会保障への着目により、新たな研究課題も数多く生まれることが予想される。そのためまずは、個々の事例検討とその学問的吟味を重ねながら、学校内外を越えた教育の公的な保障のあり方を考えていく必要がある。

義務教育における年齢主義の緩和

―中学校夜間学級の形式卒業者の受け入れを事例に―

横関　理恵（北海道大学教育学院・院生）

1　義務教育における年齢主義の緩和

戦後、我が国の義務教育制度は、学齢期の子どもを対象に就学義務制度を採用している。就学年限は9年間（6〜15歳）と規定され、毎年1学年ずつ進級す

ることを基本とし原級留置は稀である。我が国の義務教育制度は年齢主義に強く影響を受けていると言える。しかし、学齢超過の義務教育未修了者数は約70万人程度（内閣総理大臣答弁）とも、約160万人（全国夜間中学校研究会調査）とも言われる。年齢主義に強く規定された義務教育制度では、学齢を超過した時点で保護者の就学義務、地方公共団体の義務は消滅すると認識されその責任の所在が曖昧である。

本発表では、年齢主義を緩和し学齢超過者を受け入れている義務教育制度内にある中学校夜間学級（全国8都府県31校、2017年現在）における形式卒業者（中学校の卒業資格を有するが、義務教育修了の学力が備わっていない者）の受け入れの事例に着目し、その経緯と現状を明らかにし、学齢超過者・形式卒業者の教育保障に関わる課題を検討することを目的とする。

2　中学校夜間学級における形式卒業者の受け入れの経緯と現状

1947年に新学制が発足し中学校は義務教育となるが、家庭の経済的事情で昼間に働き長期欠席状態の生徒が多数いた。それらの生徒を救済するため、現場の教員たちが自発的に夜間に授業を行い、その後、中学校を管轄する市町村教育委員会が関わり中学校夜間学級（以下、夜間学級）は開設されている。東京都では、1974年に「義務教育未修了者の就学対策について」（東京都教育委員会義務教育課）という文書が出され、学齢及び学齢超過者の不登校生徒を中学校夜間学級の入学者に明確に位置付けた。その結果、1980年代後半まで学齢の不登校生徒が夜間学級に多く存在したが、1990年代には、国は不登校政策を拡大させ、適応指導教室など学校外での教育機関を整備し、中学校へ登校しなくとも形式的に卒業資格を付与した。一方、夜間学級は不登校政策には位置づけられず、不登校経験者の入学が激減した。

1990年代以降、形式卒業者は増加したが夜間学級の入学対象者ではなかった。しかし、2015年7月に国は、「義務教育修了者が中学校夜間学級へ入学を希望した場合の対応に関する考え方について」を各都道府県教育委員会に通達し、形式卒業者の夜間学級への入学を促す方針を示した。国は中学校を形式的に卒業し高校進学後、中途退学した者が夜間学級へ入学を希望した者も入学可能としている。事例研究で取り上げた東京都葛飾区双葉中学校夜間学級には、昼間の中学校で不登校を経験し、形式的に卒業した日本人の若者が、高校進学を目指して中高齢者や外国籍の人々と共に、安心して基礎教育を学び直してお

り、夜間学級は重要な役割を果たしている。

3　学齢超過の義務教育未修了者・形式卒業者の教育保障にかかわる制度的課題

　学齢の不登校の児童生徒に対する教育機会の確保、夜間などに授業を行う学校における就学機会の提供などの施策に関して、基本理念や国・地方公共団体の責務などを規定した「義務教育の段階における普通教育に相当する教育の機会の確保等に関する法律」が2016年12月に成立した（2017年2月完全施行）。この法律の基本理念には年齢又は国籍その他におかれている事情にかかわらずその能力に応じた教育を受ける機会が確保されるとある。韓国では学齢超過者にも基礎教育を受ける機会が保障されている（平生教育法第2条3項・文字解得教育）。我が国においても夜間学級を含め、学齢超過者の義務教育未修了者・形式卒業者の教育機会保障を実質的に保障するセーフティネットの構築をいかにしてゆくのかが課題である。

コメンテーターからの問題提起

窪田　眞二（常葉大学）

　本課題別セッションで取り上げた課題にはさまざまな論点が存在しているため、それを整理して論点を示すのがコメンテーターの役割かと思うが、ここでは、およそ2点に絞って課題提起をしてコメントに代えることをお許し願いたい。

　発表者の発表の趣旨を拝聴していて、義務教育を受ける機会を保障するという機会保障の話と、教育の質が保障されているのかということについての話とが含まれていると思われる。しかし、制度は本質的にいかにして教育の機会を保障するかという教育を提供する側の話でこれまで議論されてきたといえるのではないか。

　義務教育として必要な要素、例えば、時間、内容あるいは教員の資格（免許）や配置数といった枠組みとして必要なものを提供していくことが、今年（2017

年）3月の「義務教育の段階における普通教育に相当する教育の機会の確保等に関する基本指針」でも示されている。そこでは、就学義務制度、就学援助制度、授業料無償制度、教科書無償給付制度、小・中学校等の設置義務制度、義務教育費国庫負担制度など、義務教育の機会を保障してその水準を確保するために整備されてきたものが列挙されており、すべて機会を保障するために教育を提供する側が何をしなければならないかが示されている。

これらの制度の前提となっているのは、子どもは学校に行きたがっている、国民はその保護する子どもを学校に行かせたがっているという思いがあることだ。そこに通えば義務教育が受けられる。そのことが前提となっているので、例えば義務教育段階で「除籍」を規定することが想定されていなかったといえるのではないか。今日では戦後の制度が整備されていった時代には想定されていなかった状況が出てきて、それに対応しなければならなくなっている。

義務教育が提供されている場にいても（在籍していても）、実質的に教育を受けているとはいえない状況が問題になってきたときに、果たして義務教育制度では、実質的に教育を受けられているかどうかを（義務教育を提供する機関としての）要件としてみなされるべきかどうかが、実態は進んできてしまっているが、十分議論されていないのではないか。

外国人学校やオルタナティブ・スクールについての議論において、そうした教育機関で行われている教育は、これまで整備されてきた義務教育を享受できなかった人々に、代替的にあるいは追加的に保障しようとするものとして、それは義務教育制度の一部を担うものだということを何をもって認定するかという問題である。上記のように、やはり時間や内容や教員の資格といった条件が整っているか、なのか、実際に提供されている教育の質を認定の要件とするのか。現在の制度では、実際にどのような教育が提供されているかではなく、義務教育が提供されるのに必要な時間、内容、教員資格や数が登録上、基準をクリアしているかどうかが義務教育制度の要件であり続けている。

もうひとつは、義務教育制度外にあるものを義務教育制度内に組み入れるためにどのように仕組みの緩和を行うかということである。例えば、義務教育学校で中学校段階と小学校段階の枠を超えて教育内容を入れ替えるなどの弾力的な運用を可能にする教育課程の特例措置が認められたり、教員免許に関する相当免許状主義の弾力的な運用（もしくは例外）が認められたりしている。あるいは、不登校の子どもたちに対する教育課程の特例（不登校特例校）、特別支援学

校での教育課程の特例、日本語指導が必要な児童生徒への教育課程の特例などのほか、構造改革特区での学校設置者の特例もある。こうした取り組みは、従来の義務教育制度の硬い枠を柔軟にしていこうとするものであるが、果たして義務教育において想定されている質が保証できるのかといった問題が当然伴うので、それに対しては、補充的もしくは補償的な教育が必要であるという議論が出てくる。そのあたりを義務教育制度であるために必要な要件という観点から考えていく必要があるのではないか。

　なお、後半の討論では、学校に通わなくても義務教育の修了を政府が認定するとした場合にいかなる基準で認めるか、また、そもそも年齢主義の義務教育制度において子どもの学習の質の保証をすることに論理的矛盾はないのかなどの問題が提起され、活発な議論が行われた。

課題別セッションⅡ（制度原理）

臨教審以降の教育制度の再検討（その2）
　―教育委員会制度の変遷に焦点をあてて―

〈報告〉

臨教審以降の教育委員会制度改革　　　　　　　　　　　　大畠　菜穂子
教育委員会制度改革の展開と教育委員会制度の現代的意義　柳林　信彦
仙台市教育行政の成果と課題　　　　　　　　　　　　　　今野　孝一

〈討論とまとめ〉

臨教審以降の教育委員会制度原理の変遷をめぐって　　　　元兼　正浩
　　　　　　　　　　　　　　　　　　　　　　　　　　　髙妻　紳二郎

【企画者　江幡　裕・元兼　正浩・髙妻　紳二郎】

企画の趣旨

　今日の教育改革に連なるベクトルの起点をどこまで遡るかには諸説あるが、その一つに臨時教育審議会が挙げられる。本大会が開催された2017年に白寿を迎えた中曽根康弘氏が首相当時、「戦後政治の総決算」の一つとして首相直属の諮問機関として設置した臨時教育審議会の第4次答申（最終答申）が1987年に提出されてから30年になる。

　本セッションでは、臨教審答申以降の30年間（平成の元号にあたる時期）を歴史的に振り返り、各テーマについて臨教審の議論からどのように変化し、現在に至っているかを検討する。この間、90年代後半の橋本行政改革、2000年代に入っての文科省設置、遠山プラン、教育改革国民会議、小泉改革、第一次・第二次安倍政権など政策的にはいくつかのエポックが認められる。また、今日の改革のキーワードであるグローバリゼーション、地方創生、人口減少、子どもの貧困、SDGs、Society5.0といった外部環境の変化や諸相を可能な限り視野に入れ、臨教審当時における議論とも対照させながら、今後求められる政策アイディアを論じることとし、前回は高等教育制度をテーマに取りあげた。

　本大会ではこの30年間に大きな転換を迎えた教育委員会制度に焦点をあて、

上記の課題に迫ることを目的とする。具体には、指揮監督権などの権限関係、合議制教育委員会や事務局の活性化、教委－学校関係など各報告者の問題関心に従い、少なくとも臨教審設置以降30余年の再整理をお願いし、それぞれが考える転換期（エポック）を提示していただく。また、そうしたエポックに影響を与えることになった外部環境の変化やイシュー、アクターなどの因果関係を説明していただくこともお願いした。各提案者の考える転換点や独立変数のズレをどのように捉えるべきか、臨教審以降の教育委員会制度ないしは地方教育行政を捉え直す政策アイディアや制度原理について議論を深めたい。

臨教審以降の教育委員会制度改革

大畠 菜穂子（金沢星稜大学）

　本報告では次の3つの課題が与えられた。第1に、臨教審以降の教育委員会制度に関する議論の変遷を整理し年表を作成すること、第2に、各時期の特徴や変化に影響を与えた政治的、経済的、社会的要因を考察すること、そして第3に、教育委員会制度をめぐる理念や基礎概念の変化を明らかにすることである。

　教育委員会制度の議論の変遷については、3つの時期区分を設定した。すなわち、①臨教審から教育改革国民会議（1984-2000）まで、②地方分権推進委員会第1次勧告から地教行法改正（1996-2014）まで、③改正地教行法施行後（2015-現在）である。以下、3つの時期の特徴とそこから得られる知見を整理する。

　まず、①臨教審から教育改革国民会議までは、教育委員会をいかに活性化するかが論点となった。臨教審は、第2次答申で教育委員の多様化や研修、教育長の任期制・専任制を提言したが、主要な制度変更に至るものではなかった。活性化路線は、教育改革国民会議に継承され、2001年の地教行法改正で一部実現された。

　一方、②地方分権推進委員会第1次勧告を契機とする地方分権改革では、教育委員会の廃止・任意設置論が浮上した。全国市長会を中心に、教育委員会の

任意設置が提唱され、2003年の総合規制改革会議や2005年の地方制度調査会の答申へも反映された。これを受け国会でも、自由党そして民主党から教育委員会を廃止する法案が提出された。自民党内からも教育委員会の廃止論が出された。①教育委員会の活性化路線と②地方分権・規制緩和路線が拮抗するなかで、2007年と2014年の地教行法改正に至った。特に2014年の改正は、教育委員会の廃止・任意設置には至らなかったが、教育の大綱策定、総合教育会議の設置による首長の関与強化が果たされた。

　③2015年の改正地教行法施行後は、首長と教育委員会の連携強化が基軸となり、教育委員会の廃止・任意設置論は収束したように見受けられる。全国市長会も要望事項から任意設置論を削除した。ただし国会では、その後も日本維新の会から任意設置の法案が提出されるなど、問題がすべて解消したわけではない。

　臨教審以降の教育委員会制度改革の議論を整理することで明らかになったのは、既存の行政委員会の枠組みでは、もはや改革の参照事例となりうるものが存在しなくなっていることである。国会審議において与野党議員から提案された教育委員会制度の改革案は、教育委員の常勤化をはじめいずれも実現には至っていない。委員会の形骸化は、現行の行政委員会がおしなべて抱える問題であり、監査委員等をモデルに民主党が提案した「教育監査委員会」についても同様のことが予想される。

　周知のとおり、教育委員会制度は、教育の地方分権、民主化、一般行政からの独立を理念として成立したが、1956年の地教行法制定によって、教育の政治的中立性・安定性・継続性が重視されるようになった。また教育委員会組織内部においては、レイマンコントロールとプロフェッショナルリーダーシップの抑制と均衡を理念としてきた。このうち、教育委員会の存在意義として現在も効力を有しているのは、教育の政治的中立性・安定性・継続性のみといえる。今後、規制緩和路線が再び強まった時に、教育制度研究が引き受けるべき課題は、教育委員会制度の存在意義を政治的中立性・安定性・継続性以外に提示できるか検討を行うこと、また政治的中立性を保障する制度として海外も含め多様な制度設計を検討することであると考える。この点を今後の検討課題としたい。

教育委員会制度改革の展開と教育委員会制度の現代的意義

柳林 信彦（高知大学）

1 本報告の課題

　報告者に課せられた課題は、制度改革に関係する / したアクターの存在を踏まえて、臨時教育審議会以降において教育委員会（制度）をめぐる30数年分の年表を整理し、教育委員会の理念や基礎概念がどのように変化したかについての考察をおこなうことである。

2 教育委員会制度改革の展開

　上記課題に対して本報告では、臨時教育審議会以降において地方分権推進委員会等の政府、文部科学省、全国市長会等の地方の各アクターの教育委員会（制度）改革に関する提言をまとめる形で考察を行った。端的にまとめると、つぎのようになる。

　教育委員会改革論議としては、1990年代後半まで政府・文科・地方ともに活性化論を展開していたものが、1999年の日本生産性本部の報告書以降、政府系が任意設置論を展開し始め、一方で地方は、2001年の島根県における事務移管を機に事務移管論に舵を切っている。また、両者ともに、2009年の地方分権改革推進委員会の第3次勧告以降、首長の権限強化論を展開している。文部科学省のみが、一貫して教育委員会の活性化論を唱えてきた。また、2014年の改革以降は、事務移管論、任意設置論ともに見られず、改革論議はとりあえず一段落している。

3 教育委員会制度の理念・基礎概念の変化をどう考えるか

　教育委員会の理念は、教育行政の地方分権、政治的中立性・継続性・安定性の確保、地域住民の意向の反映とまとめられる。2014年の地教行法改正では、基本的にこれらは残された。その点からは、制度改革は行われても理念レベルの「変化」はないと考えられる。

　例えば、2004年に行われた堀・柳林の一連の研究では、「様々な手法を用い

臨教審以降の教育制度の再検討 201

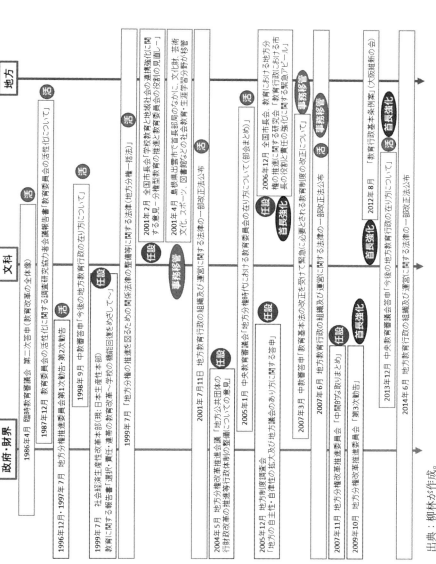

出典：柳林が作成。

て首長は教育行政の政策過程に関与できており、教育委員会制度は総合行政を推進する上での制約要因というより、首長のスタンス次第で柔軟な対応が可能な制度として受容している」[1]と結論づけている。こう考えると、2014年の地教行法改正は、首長と教育委員会との関係では現状追認と捉えることもでき、その意味で改革は教育委員会の活性化論と捉えられるだろう。

4 まとめにかえて

あえて教育委員会を教育委員会たらしめているものを問うとすれば、地域住民意見の教育行政への反映と教育行政の専門家ということであろう。とすれば、多様化する教育サービス提供者と受益者との調整、つまり、分権改革期の住民のニーズとは何で、それを提供するのは誰で、それをどのように調整し教育行政に位置づけるということのために教育委員会は何を果たすべきなのかが問われる必要があるだろう。

【註】

1 堀和郎・柳林信彦「自治体教育行政における首長と教育委員会の関係構造－市町村長に対する面接調査を基に－」『日本教育政策学会年報 第13号』2006年、p.131。

【参考文献】

三上昭彦『教育委員会制度論』(エイデル研究所) 2013年。
柳林信彦「高知における首長と教育委員会の協働による地域教育課題解決」『日本教育行政学会創立50周年記念誌』2016年。

【付記】 本研究は、日本学術振興会科学研究費補助金の成果の一部である。

仙台市教育行政の成果と課題

今野 孝一 (仙台市立上杉山通小学校)

1 教育委員会での主な職務内容等

教員として36年間勤務し、そのうち13年間を仙台市教育委員会の事務局職

員として、主に以下のような教育指導行政に携わってきた。
  (1) 健康教育課　指導主事として（食育、食物アレルギーを担当）
    ・『仙台市食に関する指導の手引き』を作成。(H14)
    ・『仙台市食物アレルギーの手引き』を作成。(H17)
    ・給食費未納対策も行った。
  (2) 教育指導課　主任指導主事として（学力向上プランを担当）
    ・『仙台市確かな学力育成プラン』を担当。(H21)　⇒　学力育成室が新設。
  (3) 学びの連携推進室長として（学力向上、仙台自分づくり教育を担当）
    ・カタール国の復興支援を受け、キャリア教育施設「仙台子ども体験プラザ-Elem」を開設。(H25)

2　教育委員会での経験を基に感じた事
(1) 教育委員会の意思決定過程
  ・教育委員会における意思決定の所在を規定する事務委任制度は、高度で多様化した教育課題を解決するためには、欠くことができないものである。
  ・新しい教育委員会制度になり、教育委員長はなくなり、これまで事務局のトップだった教育長が特別職として教育委員会での議論を仕切っていることから、専門性が発揮されるなど改善された。
  ・事務局での方針やプランの策定においては、外部委員を含めた検討委員会を立ち上げ議論する形が多いが、「学力育成プラン」の場合のように教育長自らが指揮をとる場合もある。
  ・プラン等の策定では、多くの場合、パブリックコメントを募集し、それを反映するように努めているが、意見が少ないなど、市民の声を反映することが難しい。
  ・方針や事業の軽重によって事務局だけで意思決定し、執行しているものもあるが、近年、教育委員会で

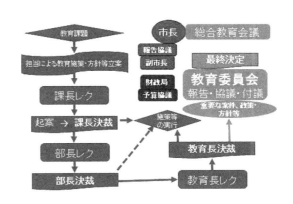

しっかりと報告、協議、付議を行うようになってきている。
・事務局職員が方針やプランを策定し、教育長まで通してから、教育委員会で協議や付議をし、教育委員の意見をもとに修正、訂正した後に、最終決定となっている。

(2) 教育委員会におけるレイマンコントロール等
・住民が専門的な行政官で構成される事務局を指揮監督する仕組みにより、専門家の判断のみによらない、広く地域住民の意向を反映した教育行政を実現する、いわゆるレイマンコントロールは、機能していると考える。
・教育委員の意見をもとに修正、訂正しており（事務局の方針への反対意見が出されることも有る）、ある程度チェック機能は働いている。
・教育委員の構成は、教育長（行政経験者）、教育委員6名（学識経験者3名、教職経験者1名、PTA関係者1名、学校支援地域本部関係者1名）の7名。構成と人選、学校教育に関しては、学校等の実情をどれだけ知っているかが会議の活性化の鍵になる。
・予算編成は市長部局で行われることから、教育委員会で方針や事業を決定しても予算がつかなければ、執行できない。
・市長（副市長）と教育長は、重要案件や大きな予算等について、常に情報共有を図っており、大切な問題は報告・相談を行っている。
・市長と教育委員との総合教育会議（年2～3回）も行うようになり、いじめ問題をはじめ首長と教育委員の情報共有や協議を深め、同じ課題意識や持って教育行政を進めていくことが大切であると考える。

臨教審以降の教育委員会制度原理の変遷をめぐって

元兼　正浩

髙妻　紳二郎

　まず、企画者の一人である江幡裕理事より、三名の報告者への感謝とコメントが述べられた。とりわけ各自が丁寧な関係年表を作成いただき、教育委員会

の活性化論から廃止・任意設置論、さらには首長との連携強化といったこの30年間の流れを行政政策文書や実体験によって裏付けながら詳細に提示していただいたことは参加者にとっても貴重な資料となった。

　論点の一つとして、教育委員会制度の理念であるa. 教育の地方分権、民主性、一般行政からの独立（1948）、b. 教育の政治的中立性・安定性・継続性（1956）のうち、aは現在ほとんど効力を持たなくなっており、教育委員会の存在理由として有効なのはbのみであるという大畠会員の見解をどう受け止めるか。aは他の方法で活かされたということなのか、その理念が捨てられたということなのか。また、かろうじて残っているという政治的中立性は本当に残っているのか、そもそも政治的中立性とは何を意味していたのかとの質問がなされた。

　これに対し大畠会員はaの地方分権、民主制は（公選による）首長によっても代替できるため、教育委員会制度設置の理由には効力を有さない、また一般行政からの独立は予算など現実にはフィクションとなっており、中立性に包摂されているのではないかと応答した。また、中立性については①教育内容の中立性、②人事の中立性、③日々の活動の中立性の3つの視点を提示し、もし教育委員会が廃止されたとき①〜③が今後どうなるのかを考えなければならないとした。

　次に、2014年の地教行法改正に対する評価をめぐっても議論がなされた。柳林会員は挑発的な意見と断りながらも教育委員会制度の理念はすべて残され「現状追認」であると結論づけたが、これに対し基本的な制度原理はすでにかえられてしまっており、今回法律でそれに決着をつけただけではないか、教育委員会組織内部の理念c. レイマンコントロールとプロフェッショナルリーダーシップをめぐっては大きく変質したのではないかとの意見がなされた。すなわち、住民の意向を反映できる教育委員というレイマンは残ったものの、「コントロールできているか」を考えると、教育長に対して指揮監督権や罷免権がなくなったことからその手段を失ったのではないかといった見解である。また、そもそもレイマンコントロールとは子どもの未来に対する理想主義的な教育意思を政治意思よりも優先させる仕組みのことであり、その前提として政治的中立性が重要ではないか、いやプロフェッショナルリーダーシップの方がより理想主義的であるといった意見も交わされ、今回のセッションの守備範囲を超えるが、旧・教育委員会法の制度理念や制度設計、運用実態にまで遡り検討する必要性も痛感した。

206 課題別セッションⅡ

　その他、この30年間の「活性化」をめぐる議論の変化について、人選による活性化から役割分担による活性化、さらには首長主導の活性化といった変遷や、いじめ問題など教育問題の解決から、地方分権時代の教育行政のイニシアティブを求める議論への展開、また合議制教育委員会（狭義）の活性化から教委事務局を含めた広義教育委員会制度の活性化の問題、さらには自治体規模の問題などにまで議論は白熱し、余韻を残しながら本セッションを終了した。

課題別セッションⅢ

米国教員制度改革の新動向
　―改正初等中等教育法（ESSA）における教員制度改革の検討―

〈報　告〉
新初等中等教育法（ESSA）における教員法制改革の分析
　　―教員評価政策の各州動向を中心に―　　　　　　　　　髙橋　哲
ESSAからみる米国教師教育制度の方向性
　　―タイトルⅡの内容分析を通して―　　　　　　　　　　佐藤　仁
ESSAにおける教員養成制度に関する規定の特質
　　―アカデミーおよび教員試補プログラムを手がかりとして―
　　　　　　　　　　　　　　　　　　　　　　　　　　小野瀬　善行
〈討論とまとめ〉　　　　　　　　　　　　　　　　　　　黒田　友紀

【企画者　山下　晃一・八尾坂　修】

新初等中等教育法（ESSA）における教員法制改革の分析
　―教員評価法制を中心に―

髙橋　哲（埼玉大学）

　2015年12月15日に連邦初等中等教育法の最新改訂法として「すべての子ど
もが成功するための法（Every Student Succeeds Act；以下、ESSA）」が制定された。
同法は、連邦政府の中央集権政策を促してきた旧法（NCLB法）への批判を受け
て制定された。ゆえに、ある論者はこれを教育における「州権限の復権」（Rebell
2016）と評しているが、小論は、これを教員法制の観点から検証しようとする
ものである。
　ESSAにおいては、①州による挑戦的州学力スタンダードの設定義務、なら

びに、②このスタンダードに基づく学力テスト実施義務が依然として課せられている。一方で、旧法下での年次適性進捗目標の到達義務は削除され、代わりに、長期目標と中期進捗の設定義務が課せられている。また、旧法では目標が達成できなかった学校への是正措置の具体的内容が定められていたのに対して、ESSA においてはこの規定が削除された。このため、ESSA の内容を旧法と比較した場合、ESSA の分権的性格をみることも可能である。しかしながら、是正措置に関しては、旧法のもとで構築された手法が、多くの州で継続されていると指摘されている。

　教員関連の条項では、従来、各州の教員免許要件として求められていた「高い資質を有すると認定された教員」(Highly Qualified Teacher；以下、HQT)の条項が削除され、各州の裁量が拡大された（詳しくは、佐藤論文参照）。一方、教員評価に関しては、オバマ政権下の「頂点への競争 (Race to the Top)」プログラム（以下、RTTT プログラム）、ならびに、「義務免除」政策において導入された「効果的な教員 (effective teacher)」概念が ESSA の本文に取り入れられた。教員の「効果」概念にもとづく教員評価は、学力テストを評価に活用し、さらには、その評価結果を人事措置に活用することを前提としている（高橋2016年）。この概念が、ESSA の「タイトルⅡ」において採用されたのである。タイトルⅡはその目的として、「学校における生徒の学力到達度を改善するのに効果的な教員、校長、その他の学校管理職の数を増やすこと」(Sec. 2001 (3)) を掲げ、州と学区の「努力義務」として、「効果」概念にもとづく教員評価制度の策定を定めている。

　この条文のもと、各州の法的対応を、ESSA 制定後から2017年5月末までに改正された各州の教員評価関連法をもとに検討してみたい。この間に、12州が教員評価関連の州法を改正しており、うち8州が、教員評価における学力テストの活用手法を変更している。ジョージア州は教員評価における学力テストの占める割合を50％から30％に、ルイジアナ州は50％から35％に削減している。一方、ユタ州では、州が策定するガイドラインに、学力テストの結果を教員評価に活用することを禁じるよう明記することが改正法に定められている。また、2州が教員の評価者に対する研修義務を追加しており、授業観察による教員評価を重点化するための法改正を行っている。一方で、教員評価を人事措置に活用することについて変更を行っている州は1州に過ぎない。オクラホマ州では、「非効果的」と認定された教員の免職に関して、雇用継続の可能性を含めた緩和措置がなされた。

既述の ESSA はアカウンタビリティ等における州、学区の裁量を拡大する側面もあるが、一方で、学力テストについては厳格な実施義務が継続され、また教員の「効果」概念を法定事項として格上げしたとみることもできる。このことは、教員評価の「手法」が多様化する一方で、教員評価を処遇に結び付ける「人事直結型」の教員評価が依然として継続される要因となっているとみることもできる。ESSA は「義務免除」政策等の内容を恒常化する側面もあり、これに対して各州がどのように対応をするのか、トランプ政権の教育政策動向と併せて継続的に検討する必要がある。

【参考文献】

Rebell, Michael A., "The New Federal ESSA Statute: A Step Backward for Fair School Funding," January 25, 2015.
高橋哲「アメリカの教育財政制度改革—2000年代以降の連邦補助金政策の展開—」日本教育制度学会編『教育制度学研究』第23号、2016年、111-115頁。

ESSA からみる米国教師教育制度の方向性

―タイトル II の内容分析を通して―

佐藤 仁（福岡大学）

ESSA タイトル II「高い質の教員および校長・他の学校リーダーの養成、研修、採用」の Part A「効果的な指導への支援」では、州および学区の教員政策に対する補助金システムの内実が規定されている。この補助金システムは、NCLB 法で規定されていたものを基本的に引き継ぐものとなっているが、補助金の支給に際して連邦政府が求める内容および方法に関し、いくつかの修正が加えられている。以下、ESSA と NCLB 法の相違点を探りながら、連邦政府が教師教育制度・政策に対して、どのような方向性を示しているのかについて検討したい。

まず、補助金の配分であるが、州内の5〜17歳の児童生徒数によって金額

が決定される。NCLB法では、補助金の35%は全児童生徒数に基づき配分され、残りの65%は州の貧困基準以下で生活している児童生徒数に基づいて配分されていた。ESSAにおいては、この割合は2020年度に前者が20%、後者が80%と変更される。この点は、不利な状況にある児童生徒への支援を念頭に置いているものであろう。また、補助金の95%は学区に支給され、残りの5%は州が利用できるようになっている（NCLB法の時は2.5%）。さらに、校長・他の学校リーダーに関する州の方策については、全体の3%まで使用することができる（この場合、学区への補助金は92%分となる）。こうした配分方策は、学区による個別の政策ではなく、州による包括的な政策（特に校長等の管理職に関する政策）を重視していると捉えられる。

　次に、補助金の用途について確認しよう。州および学区に支給される補助金には、使用できる用途が規定されている。その内容についてNCLB法との相違を確認すると、大きく次の3点を挙げることができる。一つめは、児童生徒の学力到達度に基づいた教員評価システムの開発である。これは、特に2009年の「頂点への競争」（RTTT）プログラム以降に連邦政府が進めようとしている施策の一つであり、それを継続する姿勢が看取できる。二つめは、「効果的な教員」という表現の使用である。NCLB法では、「高い資質を有すると認定された教員」（HQT）という表現を使い、HQTの育成や配置が求められたが、ESSAではHQTに代わって、effectiveという概念を用いている。HQTの内実は教科内容の知識や学士号といったインプットに関わるものであったが、効果的な教員は児童生徒の学力到達度を向上させるのにeffectiveである教員というアウトカムを志向するものである。この点は、上述の教員評価制度の構築を含め、児童生徒の学力向上と教員政策をリンクさせ、一貫的改革を推進しようとする姿勢と理解することができる。三つめは、そうした効果的な教員へのアクセスを公平化する方策である。具体的には、困難な学校に勤務する教員に対するインセンティブ、リクルートの強化等が挙げられ、包括的な人材管理の構築が一つの方策とされている。ただし、こうした公平なアクセスを目指す中で、困難な学校に勤務する教員の養成に特化したacademyやresidencyプログラムといった代替的なシステムの構築を促進する方策も含まれている（詳しくは、小野瀬論文参照）。

　以上のESSAに表れている内容に加え、最後に連邦政府の教師教育政策に対する消極的な姿勢を指摘しておきたい。トランプ大統領による2018年度予

算教書（President Budget Request）では、これまで述べてきた ESSA タイトル II に基づく補助金の全額カットが提案された。この時、高等教育法に基づく教師教育機関への補助金についても全額カットを提案しており、教師教育に対する消極的姿勢を看取できる。理由としては、教師教育にかかる方策は他の補助金で補填可能であることが挙げられている。これに対し、教師教育関係団体のロビー活動の成果もあって、2018年度の補助金予算はこれまで通り確保された。しかし、2019年度の予算教書では、再度全額カットが提案されている。こうした消極的な姿勢に対して、どのような議論が展開されていくのか。動向を注視するとともに、今後の検討課題としたい。

ESSA における教員養成制度に関する規定の特質
―アカデミーおよび教員試補プログラムを手がかりとして―

小野瀬 善行（宇都宮大学）

1　はじめに

　本稿は、ESSA における教員養成制度の規定の特質について、新たに規定された教員、校長または他のスクールリーダー養成アカデミー（以下アカデミー）および教員試補プログラムを手がかりとして明らかにすることを目的とする。教員資格に関する規定は Alternative Route to Teacher Certification（以下、ARTC）の位置づけなど、NCLB 法から ESSA へと数多くの点において引き継がれている。しかし、後述のように、どのような教員を目指すためのかといった目的や、どのような方法においてそれを達成するのかといった方法において、ESSA には特徴的な定義を看取することができる。これらの内容について以下確認を進めていく。

2　ESSA における教員養成関連条項

(1) アカデミーについて

　アカデミーとは、「公立または非営利の団体であり、大学（高等教育機関）や大

学と連携した、ニーズの高い学校に勤務する教員や校長、または他のスクールリーダーを養成するアカデミーを設置する組織」をいう（Sec.2002.（4））。具体的な規定で注目すべきは、アカデミーで提供される教員養成プログラムの内容である。アカデミーが養成する教員は「効果的な教員」であり、児童生徒の学力向上の達成ができる教員とされ、その指標は州により規定されるものとなっており、各州のテスト政策と連動した教員養成が目指されていることが窺える（Sec.2002.（4）（A））。

さらに、アカデミーのスタッフは、学士号以上の学位や学術研究を指導できる客観的な証拠を必要としない。このような要件は「不必要な制約」と位置づけられる（Sec.2002.（4）（A）i）。また、設置基準、取得単位数、認証評価段階からの認証といった従来までの教員養成プログラムに関する規制を大きく緩和（撤廃）している。このような条件整備（input）は重要ではなく、州の定める教科内容試験に合格することができる（output）が何より重視されている。

(2) 教員試補プログラムについて

同プログラムは、学校を基盤とした養成プログラムであり、1年間、正規の教員として勤務しながら、教科内容や教授技術について教育を受けるものである（Sec.2002.（5））。教員試補プログラムについては、従来からも NEA が教員になるための専門的な養成のための「最善の方法」であり、学校区や教員養成プログラム提供主体の双方にとって益のあるものであると主張するなど、専門職団体などからも導入が提言されている（NEA 2104）。しかしながら、ESSA における教員試補プログラムの評価は、各州の規定に基づいた教授技術というように矮小化していることが看取できる。

3 まとめ

これまで ESSA における教員養成政策の特質について、アカデミーのおよび教員試補プログラムの内容を手がかりとして確認してきた。特徴的なことは、(1)目指すべき教員の目標に関して「効果的な」というキーワードが積極的に繰り返し述べられていること、また、(2)そのような教員は州に定めた試験を基盤とした評価軸により認定可能であること、(3)評価軸が教員養成プログラムの評価と強固に結びついている現状である。ESSA は、教員養成に関する目的や方法を「児童・生徒の学力向上」という命題により強固に関連づけ、教職の専

門性や自律性、教育学研究を軽視している。今後は、ESSA の下、各州の具体的な施策について分析を進め、同法の特質や課題について考察を進めていくことにしたい。

【参考・引用文献】

U.S. Department of Education（Sep, 2017）Non-Regulatory Guidance Title II, Paret A of the Elementary and Secondary Act of 1965, as Amended by the Every Student Succeeds Act of 2015.

U.S. Department of Education（Nov, 2016）"Highly Qualified" Certification Questions and Answers under the Every Student Succeeds Act.

討論とまとめ

黒田 友紀（日本大学）

　本課題別セッションでは、米国の ESSA の教員政策の法制度、教員養成・教師教育制度について検討された。教員政策の最新動向が総合的に報告されるとともに、オバマ政権の政策との連続性と変容をいかに評価するかという点や今後の教員政策の課題が示された。フロアからもそれぞれの関心に基づく質問が挙げられ、多面的に議論する機会となった。

　ESSA は、連邦政府の介入を禁止し各州に権限を戻す点で好意的に受け止められ、「州権限の復権」という評価もなされている。報告でも示されたように、アカウンタビリティ条項は削除あるいは緩和され、補助金の利用や学校への公正な教員の配置なども各州に任せ、州政府の裁量が拡大されている。しかし、オバマ政権の政策との連続性は見過ごせない。たとえば、ESSA において、教員政策の視点がインプットからアウトカムへ移っている点が指摘されていたが、NCLB 法とオバマ政権の連邦政府による政策を経て、現在の教師の effectiveness を求める動きとして浸透した面は強く、各州でも政策が踏襲されている現実がある。また、州に権限を移しアウトカムを重視することで、未だ

HQT を達成できない教師が多い貧困地域やマイノリティの多い地域や、継続して教員不足となる州では、インプットもアウトプットも満たせなくなる危険性と、州のキャパシティによる格差が生じ得る。オバマ政権の遺産をいかにトランプ政権下で各州が引き受けていくか、州権限の「復権」がいかなる形で現れるかを、今後注視していく必要があるだろう。

　また、オルタナティブ・ルートの拡大としてのアカデミーの創設は、ハイ・ニーズの学校や教師不足の領域の教員養成、そしてスクールリーダー養成のキャリア・パスとしての役割が期待されている。ここでも生徒の学力を向上させる教師の effectiveness に焦点が当てられ、アカデミーとその教員に要求される「不要な制約」をできるだけ排除しようとする点で、その奥にトランプ政権の民間資源への期待（教育の私事化の加速）が透けて見える。そして、教員政策の補助金の廃止をめぐる教員政策の軽視とも共通するが、教員養成における教育学研究の軽視や教職の教授技術への矮小化や脱専門職性の課題もみえる。

　日本とは統治構造も法も異なるものの、資金をかけずに、より臨床的で実践的な教師やリーダーシップの育成、エビデンス・ベースの学力向上や教師の専門性の開発を学校や教師に要求する点では共通点もみられる。本セッションを通して、トランプ政権の教員政策のさらなる検討への期待と、教師教育・教員養成の在り方を検討する必要性が共有されたのではないだろうか。

課題別セッションIV

学修成果の可視化を考える

〈報告〉

山梨県立大学における取組み事例	清水　一彦
筑波大学の試み	溝上　智恵子
大学基準協会の調査結果から見る大学における	
学習成果の設定と測定	山田　礼子

企画の趣旨

　2017年4月からいわゆる3つのポリシー (3P) が義務化された。すでに多くの大学において、この3P は策定されていたが、この義務化は、3P を一貫した理念の下に策定し、それらに基づく体系的で組織的な大学教育を、不断の改善に取り組みつつ実施することにより、学生の学修成果を向上させ、学位授与にふさわしい人材を育成し、社会へと送り出すことが必要とされた。

　今回の義務化によって、各大学は学修成果の可視化を含む教育の内部質保証システムの構築に取り組まなければならなくなった。内部質保証システム体制（構造）をどう構築するか？カリキュラム・マップやカリキュラム・ツリーをどう策定するか？そして、最も困難な課題が、学修成果の測定であり可視化である。

　本稿では、それぞれ大学での取り組みについて事例発表するほか、学生調査結果に基づく学修成果の可視化について報告する。

山梨県立大学における取組み事例

清水　一彦（山梨県立大学）

内部質保証のための体制整備

　山梨県立大学（以下、本学）では、2016年度に、大学の内部質保証に責任を有

する組織として「大学質保証委員会」（委員長学長）を立ち上げ、法定会議や団体等からの意見や要望を一元的に集約し、検証・評価の目的と視点を設定しながら教育の質的改善・向上を具現化する仕組みを作った。その基本的な考え方は、次のとおりである。

(1) 学長をトップとする内部質保証に責任を負う全学組織を設置する。
(2) 既存の全学委員会の一部を部会制に編制し、部局等との有機的連関を確保する。
(3) 少人数制を採用し、機動性をもたせる。
(4) 副学長職を新たに設置する。

また、検証・評価のために設定した目的は、①県立大学として質の高い教育研究活動を展開する、②学生の視点に立った学修成果を実質的に保障する、③社会や地域に対する説明責任をきちんと果たす、といった3つに求めた。また、評価視点についても、①必要度－地域や県民のニーズへの合致、②有効度－期待された成果の形成、③効率度－適正な費用対効果、の3点を設定した。

同時に、大学質保証委員会の下に自己点検・評価部会、研究評価部会及び認証評価部会を設置し、後二者には外部の有識者を構成員に含め、評価－改善－計画につながる客観性あるいは適切性を担保させることにした。大学質保証委員会とともに、各部会も学長を委員長として少数の委員で構成され、機動力が発揮できる組織としている。

全学レベル、学部・学科レベルの学士力の設定

こうした体制の下で、同年度にそれまでの3つのポリシーを見直し、新たに4年間に学生が身に付けるべく学修成果を学士力として位置づける作業を行った。その結果、学士力については、全学共通の「学士基盤力」と、学部・学科等の「学士専門力」及び教職教育についての「学士専門力（教職）」の3つに分けて、それぞれ学修成果としての能力（コンピテンシー）を設定することとした。その結果、全学レベルの学士基盤力として6、3学部の学士専門力が32、学士専門力（教職）が4という、合計42の学士力を設定した。

その上で、こうした能力と開設科目との関係を表すカリキュラム・マップ並びにカリキュラム・ツリーを、大学レベル、部局レベルで作成した。さらに、最も設定が困難と思われる学士力（学修成果）の可視化については、従来の学生による授業評価の制度を改善しながら、GPA、ルーブリック評価の結果を併用

して測定することとした。

　新たな授業評価の項目には、「カリキュラム・マップで設定されているこの授業の『学士力』を身に付けることができましたか?」という設問を設け、4段階で評価することになった。

　新授業評価の基本的なコンセプトは、従来のような個々の授業開発から脱皮し、新たに組織・制度開発への移行を図ることに置いた。本学では、設立当初から学生による授業評価は活発に実行され、その結果については組織長を通して個々の教員にフィードバックされ、必要に応じて改善指導が行われてきた。ほぼ10年にわたって続けられてきたが、その結果、学生の満足度も高く、教員評価も高いレベルで推移してきた。こうした実績を基盤に、今回の学修成果の可視化を進める上でも、個人レベルから組織レベルの授業改善へと転換するために、新たな授業評価を導入し、2017年度から全学的に実施することとなった。

教学システム策定の戦略

　教学ガバナンスを確立するためには、学内において改革を実行するための全学的仕組みを構築することが重要となる。本学においては、学長として3つの戦略目標を立てて取り組んできた。1つは、構成員の意識変革である。そのために、学長自らできるだけ学内 FD の講師役を務め、教育改革や教育評価に対する意識の変容に努めた。また、本学は、かねてから全学的な FD 開催においては職員も積極的に参加し、「教職協働」の基盤が築かれている。こうした文化が、教職員の意識改革にもつながったと思われる。2つは、スピード感である。可能な限り、学長自らたたき台(下案)の作成に努め、議論のスピード化を図った。そして3つは、実行性である。毎年度の初めに表明している学長所信にも、年度の重点課題を盛り込んでいるほか、法定の中期目標・計画や年度計画の着実な取り組みによって実行性を高めている。

　すでに教学システムの改革によって、学修成果の可視化が実行され、その結果は学内のみならず学外にも発信している。グローカル、地域、実践というキーワードを有する本学の目的・使命も、この可視化によって数量的に把握することができた点は意義深い。今後、実施に伴う課題を解決しながら、さらに精度を上げていきたい。

筑波大学の試み

溝上 智恵子（筑波大学）

教育課程の編成

　2017年4月から全ての大学（学士課程）において策定・公表が義務化された3つのポリシーは、多くの大学と同様に筑波大学でも、すでに学士課程と大学院課程において「筑波スタンダード」や入学案内等にて明示・公表されている。これらのポリシーに規定された学修成果を具体的にどのように見える化させるのか。これが次の課題だが、そのためには何よりも教育課程の体系化が不可欠である。

　筑波大学では、学群学則第23条にて、教育課程は「筑波大学、学群等の教育上の目的を達成するために必要な授業科目を開設して、体系的に編成しなければならない」ことやその編成にあたっては、「学群等の専攻に係る専門の学芸を教授するとともに、幅広く深い教養及び〝総合的な判断力を培い、豊かな人間性を涵養するよう配慮する」ことが規定されている。大学院課程も大学院学則第26条にて「研究科・専攻等の教育上の目的を達成するために必要な授業科目を開設するとともに学位論文の作成等に対する指導の計画を策定し、体系的に教育課程を編成」し、その編成にあたっては「研究科・専攻等は、専攻分野に関する高度の専門的知識及び能力を修得させるとともに、当該専攻分野に関連する分野の基礎的素養を涵養するように適切に配慮する」ことが規定されている。とはいえ、全ての学士課程や大学院課程における教育課程が万全に体系化されているわけではない。

　そうした中、筑波大学では、第3期中期目標期間中に「学生本位の視点に立った教育を提供し関係者に対する教育の質の保証を実現する観点から」、すべての教育課程を「学位プログラム制」に移行することを中期計画として掲げた。学位プログラムとは、様々な定義があるが、学位を取得させるにあたり、当該学位のレベルと分野に応じて達成すべき能力を明示し、それを習得させるように体系的に設計した教育プログラムであると筑波大学では想定している。この学位プログラムの全学導入と並行する形で、教育課程の体系化が図られ、学修

成果の可視化が目指されている。

教育課程の体系化と学修成果の可視化に向けた作業手順

　教育課程の体系化に向けた具体的な作業手順は、(1)学位プログラムごとに修得する知識・能力（コンピテンス）を確定し、(2)各学位プログラムが開設する科目へ全学の付番ルールに基づいて、ナンバリングコードを付番したのち、(3)カリキュラム・マップとカリキュラム・ツリーを策定し、カリキュラムの点検を実施することで、体系化を図る予定である。

　手順(1)のコンピテンスの確定は、学位プログラムの特徴にあったコンピテンスを設定することにより、学生が身につける知識や能力が明示され、提供される単位・学位・資格の内容を客観的に保証・把握することができる。学位プログラムごとに設定される専門性の高い内容と、各課程共通の汎用性を持つ内容の2種類が組み込まれる予定である。

　手順(2)の科目ナンバリングは、筑波大学の全開設科目に「分野」「レベル」等に応じた特定のナンバー（科目分類番号）を付与し、科目番号や実施言語と合わせて開設授業科目一覧やシラバス等に記載することにより、教育課程の構造を分かりやすく明示する。学生は履修したい分野について履修順序を把握でき、学士課程・大学院課程全体の中で当該科目の位置付けも把握できて、体系的な履修を進めることが可能となる。

　手順(3)のカリキュラム・マップとは、教育課程全体と個々のコースの教育目標との連関を示し、結束性の高い教育課程を構築するための点検表である。各学位プログラムの開設科目が、当該プログラムの教育目標を達成するために必要十分であるかといった検証を行うことができる。一方、カリキュラム・ツリーとは、「履修系統図または履修モデル」とも言えるもので、科目の順次性が担保されているかを点検できる。

今後の課題

　大学における教育課程の体系化の必要性は、以前から指摘されているにもかかわらず、全体として必ずしも順調に作業が進んでいるとは言えない。その一因として、筑波大学は大学の強みとして「学際性」を掲げているがこの学際性が強い分野における教育課程の体系化や大学院課程における教育課程の体系化は極めて難しいということがある。また3つのポリシーと個々の科目において

220　課題別セッションⅣ

修得する知識・能力との関連性を論理的に説明する必要があるが、これまでこのような観点で教育課程を論じる経験がなかったことも作業難航の一因かもしれない。

　全学で統一ルールによる科目ナンバリングを実現するためには、分野を規定する粒度をどのように統一するのか、学問分野間の調整が不可欠である。さらにカリキュラム・マップやカリキュラム・ツリーといった馴染みの薄い用語の意味や、その必要性を理解してもらう作業も、全学で統一的に実施するには不可欠な作業である。これらの課題をクリアしながら、教育課程の体系化を図り、学習成果の見える化に取り組んでいるのが、現在の筑波大学の「試み」である。

大学基準協会の調査結果から見る大学における学習成果の設定と測定

山田　礼子（同志社大学）

　近年、我が国における高等教育の質保証という観点から、学習成果を提示することが強く高等教育政策にも反映され、かつ社会からも求められる新局面に高等教育機関は直面している。こうした認識は、各高等教育機関のみならず、多くの専門分野においても共有されている。学生に学習成果を身に付けさせるための方策として何をすべきか、そして教育改善を実質化するには何が必要かについて多くの高等教育機関が議論を重ね、実際に、日本の高等教育は初年次教育やFDの進展などさまざまな努力を重ねてきた。

　大学基準協会における学習成果部会は、こうした状況を背景に、学習成果の設定、測定及び活用に関して理論的整理を行うとともに、我が国の大学におけるこれに関する取り組みを把握する調査研究を実施した。

先行研究の整理と基準協会の調査

　学習成果の測定に関する研究は近年蓄積が積み重ねられている。白川、森、山田は共通教育の学習成果を測定する方法として汎用的な知識を測定する客観

学修成果の可視化を考える　221

小テストを開発し、間接評価である学生調査と統合することで、両者の評価に
一定の相関関係があることを示した (2016)。松下等は、実際の教育の現場にお
いてルーブリック評価を積み重ねて使用することで、その有効性を示している
(2016)。しかし、白川、森、山田および松下等の研究は測定方法の有効性につ
いて学生を対象に検証したものであり、日本の大学がどのように学習成果を設
定し、どのような測定方法を取り入れているかを把握しているものではない。
本調査では学習成果の設定や測定方法には多様性があるのか、否かといった問
題設定を行い、平成28年に質問紙調査を全国の4年制大学777校を対象に実施
し、473校から回答を得た。

質問紙調査からみる「学習成果」

①「学習成果」の設定単位とその内容

　DP との関係のなかで、「卒業に求める学習成果」がどの単位で設定されてい
るかを尋ねたところ、「全学単位」50.7%、「学部単位」58.6％、「学科・コース単
位」59.2% となっており、全学・学部・学科コース単位がそれぞれ、「学習成果」
の単位として想定されていることがわかる。卒業時に求める「学習成果」を設
定していない大学はわずか3.4% であった。全学と学部・学科等における「学
習成果の設定」状況の組み合わせをみると、「全学単位」「学部単位」「学科・コー
ス単位」のすべてで設定している大学が24.3%と最も多く、次いで、「学科・コー
ス単位」のみ18.8％、「学部単位」のみ13.1％、「全学単位」のみが12.9%であった。
学習成果をどの組織単位で設定するかについては、多様な現状があることが示
されたが、DP作成において、全学共通の基本方針を設定している大学は60.7%
であり、多くの大学で統一性が図られているようである。

　全学単位でも、学部学科単位でも、学習成果は、「コミュニケーション能力、
論理的思考力などの能力項目を抽象的に設定している」大学が多く（「全学単位」
46.1％、「学部・学科単位」66.2%)、「能力項目の到達水準を明記し、具体的に設定
している」大学は多くない（「全学単位」6.8%、「学部・学科単位」15.9%)。

②「学習成果」の測定方法

　全学的に共通した学習成果」と「学部・学科等の学習成果」について、「学習
成果」の測定方法とその測定単位を基に8つの測定方法について尋ねた結果が
表1である。

表1 「全学的に共通」と「学部学科等」の学習成果の測定方法と測定単位

	1. 卒業論文・卒業研究		2. 外部試験		3. 学生調査		4. 卒業生アンケート		5. 雇用先アンケート		6. GPAの分析・検証		7. 学修ポートフォリオ等の分析・検証		8. 外部専門家の評価	
	全学	学部・学科等	全学	学部・学科等	全学	学部・学科等	全学	学部・学科等	全学	学部・学科等	全学	学部・学科等	全学	学部・学科等	全学	学部・学科等
1.個人	21.6%	35.5%	12.9%	15.6%	11.6%	8.9%	7.0%	5.7%	3.4%	2.7%	7.6%	7.6%	7.4%	11.0%	0.0%	0.2%
2.クラス	0.2%	1.5%	0.8%	0.6%	1.1%	0.6%	0.2%	0.2%	0.2%	0.2%	0.4%	0.2%	1.5%	1.9%	0.0%	0.0%
3.学科	9.7%	19.0%	4.7%	11.2%	7.0%	8.7%	5.7%	7.4%	2.1%	4.0%	8.9%	11.6%	2.7%	5.7%	0.8%	5.9%
4.学部	5.1%	10.4%	4.7%	10.1%	9.1%	13.3%	8.5%	12.3%	3.4%	6.8%	6.8%	11.8%	1.5%	5.9%	3.2%	5.3%
5.大学	7.8%	4.7%	14.4%	6.3%	33.6%	14.4%	23.9%	10.4%	15.0%	5.5%	17.3%	8.9%	7.2%	3.0%	9.1%	5.1%
6.その他	0.2%	2.1%	0.4%	2.3%	0.8%	2.3%	0.4%	1.3%	0.8%	1.3%	1.3%	1.9%	0.6%	1.9%	0.2%	1.1%
7.行っていない	46.7%	18.6%	52.6%	42.7%	31.7%	41.4%	46.5%	50.7%	64.9%	65.8%	50.5%	46.9%	69.6%	58.6%	76.3%	68.5%
無回答・非該当	8.7%	8.2%	9.5%	11.0%	5.1%	10.4%	7.8%	12.1%	10.1%	13.7%	7.2%	11.0%	9.5%	12.1%	10.4%	14.0%
合計 (n)	473	473	473	473	473	473	473	473	473	473	473	473	473	473	473	473

結果からは、全学単位の取組みと学部・学科単位での取り組みでは、用いられている方法が異なることが示唆された。「学部・学科等の単位での学習成果」については、「個人」と単位とした「卒業論文・卒業研究」が最も用いられている方法である。一方、「全学単位の学習成果」については、「大学」単位での「学生アンケート」が最も用いられている。

　調査結果からは、学習成果を測定する対象としての単位と測定のための方法は多様であり、様々な選択がなされていることが判明した。なお、「学習成果」の設定に関連して、卒業要件として、単位取得以外の要件を設定している大学も17.3％みられた。これらの大学では、外部試験で一定点数を取ることや卒業認定試験の合格などが卒業要件に設定されており、そこで学習成果が測定されている。この傾向は、医療系や理工系で多く見られた。学習成果と卒業をどのように位置づけるかは重要な課題であろう。

課題別セッションV

家庭教育支援施策における公と私

〈報告〉

広域行政における家庭教育支援施策
　　　─北海道教育委員会における事業モデル形成の取組─　　柴田　聡史
私立幼稚園における家庭教育支援の公共的な意義と課題　　　宮口　誠矢
北海道安平町の公私連携型認定子ども園の環境整備　　　　　下村　一彦
家庭教育支援チームによる家庭教育支援の取組　　　　　　　背戸　博史

〈総括〉

本課題の今後の展開に向けて（総括）　　　　　　　　　　　泉山　靖人

企画の趣旨

　1990年代の半ば以降、家庭教育への関心が急速に高まっている。なかでも明示的であったのは1998年の中教審答申であり、そこでは新しい時代を切り拓く心を育てるために家庭の在り方を問い直す必要が指摘され、「相互に思いやりのある明るい円満な家庭」を築き子どもの教育に努めることが提唱された。

　一方、個人の趣味やスポーツと言った私事的な関心に基づく学習機会の供給から開始された生涯学習行政は、近年、「社会の要請」（2008年中教審答申）へとその主眼をシフトさせ、さらには「個人の自立」（2013年第6期中教審「議論の整理」）への注力に至っている。

　こうした2つの動向は家庭教育支援施策として逢着し、公と私の新たな結節を生み出した。本課題別セッションでは生涯学習行政として振興される家庭教育支援施策における公と私の問題を検証する。

広域行政における家庭教育支援施策
―北海道教育委員会における事業モデル形成の取組―

柴田 聡史（琉球大学）

　本報告は、家庭教育支援施策に関わる諸アクター（国、都道府県、市町村、学校、保護者、地域住民など）の中で、国や市町村との関係において都道府県がいかなる役割を果たしているかという観点から、北海道教育委員会の取組を事例にその特徴を検討するものである。国による家庭教育支援については、昭和30年代頃からの家庭教育学級や各種健診時の講座等の学習機会や情報の提供の促進が基本的な施策であり、内容や対象を拡大しながら多様な学習機会の提供が目指されてきた。その後、平成18年の教育基本法改正を契機に、家庭教育支援チームによる支援など、地域と連携した家庭教育の推進や課題を抱える個別の家庭への支援を主眼とした施策が展開されている。

　そうした動向の中、北海道教育委員会（以下、道教委）は、平成16年に「北海道子どもの未来づくり条例」を制定し、子育て支援や家庭教育支援に取り組んでいる。ここでは過去に実施された3つの事業と現在実施されている事業について、それぞれの概要と特徴を整理し、現在に至る施策展開の特質を明らかにした。道教委における家庭教育支援施策は、国の事業・補助金を活用して学習プログラムや教材の開発を行い、いくつかの市町村との連携により事業のモデルを構築することで、市町村による学習機会の提供を支援する取組である。次世代の親の育成に主眼を置いたプログラム開発に始まり、すべての親への情報提供を目的とした学習プログラムのモデル事業、さらには地域の関係者のネットワークによる多様な学習機会創出のモデル事業へと展開してきた。その中で、学習機会に参加できない親の学びをいかに支援するかということが課題とされ、現在は保護者の学びを促進する地域人材の養成と身近な場での相互学習プログラムと教材の開発を中心とした施策が実施されている。このような事業モデル形成を中心とした施策は、道教委と連携してモデル事業を実施する市町村の家庭教育支援を推進するとともに、事業モデルの蓄積により他の市町村独自の家庭教育支援施策の実施を促進するものであると言える。

家庭教育支援施策における「公と私」の関係をついては、支援施策として提供される学習の目的や内容がどのように設定されるかがひとつの論点となる。多くの都道府県がプログラムや教材の開発を通じて目的や内容の設定に関わっているが、市町村に比べて家庭や保護者との接点が少ない広域行政において、「公と私」の関係がいかなる意味を持ち、そこにどのような課題が捉えられるのか、今後検討していく必要がある。

私立幼稚園における家庭教育支援の公共的な意義と課題

宮口誠矢（東京大学大学院院生／日本学術振興会特別研究員）

　文部科学省の家庭教育支援施策においては、親のための相談体制や親同士のネットワークづくりの重要性が強調され、そのような機能を幼稚園及び保育所が積極的に担うことが期待されてきた。そこで、本発表では、公共性を帯びつつも私事性の強い私立の幼稚園が主体となる家庭教育支援について、札幌トモエ幼稚園を事例とし、公共的な意義及び課題について検討を行った。

　札幌トモエ幼稚園（以下、トモエ）の実践は、親を学びの主体として包摂した共同体を築き、その中に親が子どもとの関わり方やその基礎にある子ども観、人間観を主体的に変容させ得る契機を確保し、親及び子どもが率直に自己表現を行いあう機会を提供している。トモエにおける家庭教育支援のあり方は、木村園長の人間観・理念とトモエにおけるこれまでの実践を通して形成されてきた、独自性の高いものである。このような家庭教育支援を受ける機会を社会に提供している点で、また、それによって家庭教育支援についての親の選択肢を拡大することに貢献している点で、トモエにおける家庭教育支援には公共的な意義があると言える[1]。

　その一方で、トモエにおいては「『共同体』における実践」を重視しているがゆえに、開放性を確保するという課題が、より困難なものとなる可能性がある。この課題について、園児の親など学校内部の人々に対しては「排除」や「抑圧」の契機が生まれにくくなるような共同体の形成・維持が志向・実践されている

と言える。しかし、親の主体性を重視するなど、独自性の高い実践を行うことと、外部の人々が入学・参加しやすい実践を行うことは必ずしも両立せず、その両立をいかに行うかということが課題となっていると言える。このことは、トモエの実践に限らず、他の家庭教育支援の実践についても妥当し得る。実践の独自性を強めるほど、これから入学する可能性のある子どもや、既に在学している子ども及びその親のうち、一部の人々の入学又は参加を実質的に阻害する可能性が高まるからである。私立学校の活動として行われる家庭教育支援である以上、一定の開放性の確保は、公共的に要請された課題として取り組まれるべきものと考えられる。

【註】

1 私学の公共性を論じる、市川昭午（2002）「私学への負担金（私学助成）についての理論的考察」東京私学教育研究所『所報』67号、pp.45-58を参照。

北海道安平町の公私連携型認定子ども園の環境整備

下村一彦（東北文教大学）

　本発表では、『家庭教育支援の推進方策に関する検討委員会報告書』（平成29年1月）でもその重要性が指摘されている、小学校就学前施設での親の学びや交流支援に関して、北海道勇払郡安平町の幼保連携型認定子ども園2園の取り組みに着目し、その意義と課題を整理する。安平町では、はやきた子ども園が平成28年度から学校法人リズム学園、おいわけ子ども園が平成29年度から社会福祉法人追分福祉会、と町との公私連携型運営に移行したのを契機に、地域性を活かした独創的な園庭創りを保護者との協働で進めている。保護者が参画する園庭整備は他園でも見られるが、教育委員会が事務局を担い、職員・保護者・地域住民・専門家らが参画する園庭環境整備計画策定協議会が中核となって進める取り組みは管見の限り他にない。

　はやきた子ども園での馬の飼育や雪だるま型の池の整備でも、おいわけ子ど

も園での丸太による立体砂場や一本橋の整備でも、そのプロセスには家庭教育支援の観点から大きく3つの意義を見ることが出来る。1つ目は、保護者の関心と対話（その先にある参画）を促す情報発信である。多様な情報提供や募集を受けて、関与や学びの程度は保護者により異なるものの、協議会委員としての参画、設計図応募者としての参加や視察会参加での学び、町内誌やパネル展示を見ての対話の機会に繋がっている。2つ目は、活動の広がりと継続性である。小学校と連携して総合的な学習の時間に園庭整備に取り組む等、取り組みが卒園後や地域づくりにも繋がっていることは、保護者の意欲や関心を喚起する上で重要な要素になると考えられる。3つ目は、遊具の構造等に関する専門的知見に乏しい保護者の意見表明や参加を専門家の指導で支えていることである。

　ただし、両園の取り組みには課題（今後の留意点）も2つある。1つは、参加しない（参加できない）保護者を許容することを原則としながらも、全ての保護者の理解を促し続けることである。もう1つは、環境整備に際して最も重要となる職員の研修を続け、職員との対話を通した保護者の学びを間接的に支援することである。

　なお、安平町の公私連携型運営での園庭整備は、園庭での怪我等の責任が各法人にあることを明確化した協定等により、指定管理や業務委託では難しい保育現場の裁量の尊重が図られ、保護者の学びや交流にも繋がっている。ただし、公私連携型の協定は5年毎の見直しが可能であり、今後の改定の動向にも注目しておきたい。

家庭教育支援チームによる家庭教育支援の取組

背戸博史（琉球大学）

　本報告では北海道小樽市を事例として、家庭教育支援チームによる家庭教育支援の意義と課題について整理する。平成29年度における国の家庭教育支援施策は、1）全ての保護者への家庭教育支援の充実、2）家庭教育支援チーム等による家庭教育支援体制の強化、3）家庭教育支援チーム等による訪問型の家庭

教育支援体制の構築、4)子供の基本的な生活習慣づくりの推進のための普及啓発、の4つの戦略からなる。

その推進主体として平成20年度から組織化され、全国総数約400とされる家庭教育支援チーム（以下「チーム」と略称）は、家庭教育に関する情報提供や相談対応等を専任で行う家庭教育支援員を中心に、都道府県や市町村によって養成される子育てサポーターや元教員、民生委員・児童委員、保健師等の地域人材によって構成される組織である。その特徴は保護者と同じ目線で寄り添う「当事者性」、地域の課題を共有する「地域性」、そして事業にかかる「専門性」であるとされる。

小樽市の場合、平成27年に設立された「小樽わくわく共育ネットワーク」がこれにあたる。平成26年、3人の市民（母親）が行政による子ども関連サービスの「不便」を教育長に申し入れ、その市民を加え市としての検討が始まり、平成27年、家庭教育支援事業の着手とともにその担い手であるチームが組織された。同チームは子育てサポーター、保育士、保健師、教職員、家庭教育支援員、家庭教育コーディネーター、地域コーディネーター、生涯学習推進アドバイザー、行政職員等から成り、先述した3名の市民もここに含まれる。地域課題を問題視した市民が構成員である時点で同チームは「当事者性」と「地域性」を備えるとともに、3名の市民を含めすべての構成員が家庭教育に関連する領域での「専門性」を有している。

中心的取組は学習機会の提供であり、それは最大の成果でもある。小樽市では平成27年の家庭教育に関する学習機会が年4回（受講者74人）であったのに対し平成28年度は年30回（受講者330人）、平成29年度は年126回（受講者1,492人）と飛躍的な伸びを示している。非行政的な視点による情報提供や親近感のある相談事業、普及啓発のための開放的なイベントの開催等に関しても同チームは実績をあげている。一方、そうした「当事者性」や「地域性」は、家庭ないし家庭教育という私的領域と同質性を持つ故にその境界を不分明にする点で両義的である。また、飛躍的に増大した学習機会も同チームを構成するメンバーの「専門性」にかかわる内容のボリュームが大きく、ある種の不均衡を示してもいる。公私の関係や公共的学習プログラムを巡る適切性の担保に関しては、検討の余地が残る取組でもある。

本課題の今後の展開に向けて（総括）

泉山靖人（東北学院大学）

　本課題別セッションの質疑における論点のひとつが、「私は公にどのように開かれるべきか、公は私をどのように受け入れるべきか」という問いであった。

　その中で背戸会員が指摘したように、公と私の関係は、ソフトな表現（○○力）によって提示される「こうあるべき」という社会のマジョリティが求める公益と、それらとは異なるあり方（オルタナティブ）を提供し公益を問い直す契機となる私的実践との間の、ある種の対比により捉えることができよう。トモエの長年にわたる実践は、世代を超えた理解者を獲得することで一定の「公益性」を生みだしつつあるという。一方で、会場からは他の類似事例において、その出身者が小学校において特異な存在とされているとの事例紹介もあり、宮口会員が指摘する開放性が、「公益性」を獲得する上での課題であることが確認された。

　また、私の領域における親（保護者）の子育てへの関与のあり方が、それぞれの実践の中でどのように扱われているのかということも論点となった。政策的にジェンダーフリーが打ち出されている中で、トモエの実践は父母両者の関与を求める一方で、下村会員が報告した園庭の事例では、「力仕事のイメージ」からか参加者に偏りがあるとの補足がなされた。私の領域において参加しない（できない）保護者の理解を促し続けることの必要性が指摘されているが、その理解をいかなる方法論により実現しようとしているかを明らかにすることは、今後の課題とされた。

　その一方で、課題を放置する危険性も指摘された。厚生労働省系の取り組みは、児童虐待防止といった公益性をもって公が私に関わっている。このバランスの中で、柴田会員が指摘するように広域行政における課題設定にあたっては、そのリアリティが問われる必要がある。本課題研究の前提となる家庭の教育力の低下は、イメージ先行ではないのか、との指摘もあった。問題状況を所与のものとして政策課題を検証するだけではなく、自覚的にそれらの課題を検証することも必要であろう。

【付記】

　本課題別セッションは科学研究費補助金基盤研究（B）「生涯学習行政の推進における公と私に関する理論的実証的研究（研究課題番号：17H02666）」（研究代表：背戸博史）の成果の一部である。

教育制度研究情報

■研究動向

教育制度原理の研究動向
―G. ビースタの民主主義教育論と教育制度―

佐藤　晋平

■国内最新情報

義務教育学校制度の創設と導入状況

押田　貴久

■国外最新情報

トルコにおける2012年義務教育改革と
イスラーム教育の強化

宮崎　元裕

==== [研究動向] ==================== 教育制度学研究第 25 号〔2018 年〕====

教育制度原理の研究動向
―G．ビースタの民主主義教育論と教育制度―

佐藤　晋平（佐賀大学）

はじめに

　本稿は、教育制度の制度原理についての研究動向を整理・概観するものである。ただ、研究動向の整理や概観と言っても、多くの研究の著者と論文タイトルを羅列するだけでは教育制度の原理の研究動向について改めて記述する意味もさほど大きくないかもしれない。従って本稿は、特定の論者の議論－それも、特に刺激的な提案を行っているもの－に絞って検討を加えることにした。本稿で取り上げるのは、昨今邦訳本も相次いで出版されている教育哲学者、ガート・ビースタ Gert Biesta である。

1　G. ビースタの研究

　G. ビースタは昨今、政治教育、民主主義教育などについて積極的に発信している教育哲学者である。その論述は J. デューイ、H. アーレント、J. デリダ、E. レヴィナス、J. ランシエール、C. ムフ、A. リンギスなど、様々な論者の影響を受けて展開する。ビースタの議論は近代合理主義を超えたところでの民主主義教育の模索であり、教育と政治のラディカルな関係についての思考実験でもある。では、こうした試みを教育制度に反映させようと考えた時、どういった問題や可能性が出現するのか。本稿ではこの点を考察してみたい。以下では、ビースタの著作のうち邦訳が出版された 2 つのものについてその概略を簡潔に紹介し、そののちに教育制度研究に関するインプリケーションを述べたいと思う。

　ビースタは、2010 年に *Good Education in an Age of Measurement: Ethics, Politics, Democracy,* Paradigm Publishers（2010）を出版した。これは藤井啓之・玉木博章の翻訳によって『よい教育とはなにか―倫理・政治・民主主義』（白澤社、2016 年）

として邦訳書が出版された。本書は、「よい教育」を考えることが現代社会において困難になっているという認識の提示に始まり、民主主義教育の再解釈を中心にしてビースタ自身による「よい教育」の模索が展開する。

本書ではまず、現代の教育についての目標が「資格化」「社会化」「主体化」の3つの次元から成っているとされ、この3つについて自身の見解が示されることが宣言される（「はじめに」）。そしてビースタの問いは、教育の成果に関する測定＝エビデンス志向に関するものから始まる。昨今のエビデンス志向は、教育に関する我々の議論を、何が価値あるものかということから測定可能なことへと移していないか、という問題提起である。そこでは並行して、学習という、個人ベースで成果が可視化しやすく測定可能だと考えられやすい概念の価値が向上し、一方で教育という人間関係に関する概念が衰退している（1章）。これに対しビースタはデューイを参照しながら、エビデンスは行為のルールではなく仮説を提示するにすぎないため、研究者も実践家もエビデンスが示す効果的方法のみならず何のためのエビデンスかという教育の目的の次元に関わらなければならないとする（2章）。またエビデンスが多用される場面としての説明責任について、その経営的、顧客応答的な側面は生徒や保護者を消費者としてしか扱わないため、学校と市民は公共的・民主的関係を構築しえないことを指摘する。そして、ここで重要なのは経営論的な説明責任ではなく、道徳的な関係を構築する応答責任であることが述べられる（3章）。だが応答とはどこまでも個別性への応答であるから、共同体の「正常」なあり方への教育は反対の志向を有している。ビースタは H. アーレントの独自性 uniqueness の出現に関する主題に E. レヴィナス、A. リンギスの応答の議論を絡ませながら、共同体が新たに出現する者の独自性に接近しようとするとき、「正常」に向かう教育は中断されなければならないことを指摘する（4章）。ビースタによれば、そもそも民主主義の教育というものはある特定の形式をとることはできない。というのも、主体化としての教育は一人ひとりの現れ方に即して特定化できないからだ（5章）。J. ランシエールが、不法ながら平等を求める外部からの圧力が共同体をより民主的にすると言うように、一人ひとりの現れ方により教育が変容することは、たとえそれが既存の教育の中断を意味するとしても教育がより民主主義化することを意味している、とされる（6章）。

このような内容をもつ『よい教育とはなにか』に引き続き、*Learning Democracy in School and Society*, Sense Publishers（2011）（上野正道・藤井佳世・中

村（新井）清二訳『民主主義を学習する－教育・生涯学習・シティズンシップ』勁草書房、2014年）が出版された。本書では、教育、生涯学習とシティズンシップの関係について、イングランド、スコットランドのシティズンシップ教育政策から、高等教育や知識経済までをも含む社会的・教育政策的な課題が包括的に、かつ批判的に論じられている。前著同様に内容を概観すべきとも思うが、本書についてはすでに複数の紹介がある（片山 2015；子安 2015）ためレビューはそちらに譲り、本稿との関係における重要なポイントへの言及に紙幅を割きたい。

　本書でビースタは、『よい教育とはなにか』よりも民主主義に関する議論をさらにラディカルに展開しているように見える。ビースタによれば、民主主義政治においてその政治を成立させる一定の条件を要請しようとする合理的モデルは、その点で民主的ではない。この点について『よい教育とはなにか』では、熟議民主主義 deliberative democracy は民主主義を個々人の選好の集約と捉えるモデル aggregative model より公共的であるとされるが（Biesta 2010: 97-99=2016: 142-143）、『民主主義を学習する』では熟議民主主義も批判されている。それは、熟議民主主義 deliberative democracy においては民主主義政治への参入の条件が熟慮 deliberation できることとされてしまうからであり、「熟慮に与する人びとの政治的、市民的アイデンティティが、熟慮がはじまる以前にすでに形成されている」（Biesta2011:92=2014:200-201）ことになってしまうからである。だが、それでは全ての市民を包含しないことになり、その意味で民主的ではないことになる。

　ビースタからすれば、熟議民主主義論では民主主義を正常に駆動できる「よき市民」が想定されていることが批判されなければならない。なるほど、「よき市民」は政治の正しい知識を持っているかもしれないが、それを持たないものも参入できる政治が民主主義ではないのか。こうした議論の展開から、ビースタは「よき市民」ではなく「無知な市民 ignorant citizen」に開かれた民主主義を、そして「無知な市民」との対話による主体化－つまりは民主主義の学習－の重要性を提案する（7章）。

2 　「無知な市民」

　非常に足早に、2つの著作におけるビースタの議論の骨子を見て来た。さて、以下でビースタの議論と教育制度の制度原理を考察するにあたって、「無知な

市民」の概念に着目してみたいと思う。よってこれについてもう少し詳しく見てみることにする。

「よき市民とはなにか、という構想には、わたしたちはまずよき市民について決定することができ、そのうえで教育や他の手段を通してその「生産」にとりかかる、という争う余地のないかのような前提がある……民主的な主体とは、単純に教えられ、学ばれうるあらかじめ規定されたアイデンティティとして理解されるべきものではなく、民主的なプロセスと実践へのまったき関与を通して、新しく異なる仕方で幾度となく現れるものとして理解されなければならない。無知な市民とは、だれ彼が想定している「よき市民」などというものについてまったく気づいていない者のことである。無知な市民とは、ある意味でこのよき市民についての知識を拒否し、この拒否によって、飼いならされることを拒否し、前もって規定された市民のアイデンティティに縛りつけられることを拒否する者である」(Biesta 2011: 97=2014: 212)。

　通常、民主的な国家においては、政治を担うことができる「よき市民」が想定されており、その市民を育成するために教育があると私たちは考えているだろう。だがビースタが民主的な政治において重視するのは、政治の知識をもつ「よき市民」ではなく「無知な市民」である。「無知な市民」は、既存の秩序の側が想定している「よき市民」のあり方を知らないか気づいていない、あるいはそれを拒否する市民である。「よき市民」を拒否するという点においては、「無知な市民」はその対極にいるとさえ言えるだろう。

　だがこうした「無知な市民」は、社会を民主的なものとする上で不可欠と位置付けられる。というのは、「無知な市民」が既存の秩序に対して異議を突きつけることで、あらたな平等への契機が発生するからである。「無知な市民」に応答しようとすることで、既存の秩序の側は民主的な社会となるための機会を得る。逆にこれを拒否してしまえば、それは単なる秩序維持となり、民主的とは言えない政治になってしまう。

　合理的な熟議を前提とするリベラルな政治モデルにおいては、例えば個人的な怒りを既存の秩序の側に苦情として突きつけるようなことは、公共的な問題構成への努力を欠くという点で門前払いされるかもしれない。だが、ビースタが「無知な市民」の概念を導入し退けるのは、こうした枠組みであろう。「無知な市民 ignorant citizen」という言いようには、熟慮のための知識を持たないということと並んで、その熟慮共同体が有するマナーを知らない無礼さ

ignorance も含まれているだろうか。だとすれば我々は、共同体に対する無礼な挑戦者に対しても政治を開かなければならないということなのかもしれない。彼／彼女が無礼にならざるをえないほど憤っているという状況そのものに接近しうるかどうかで、民主的な政治のポテンシャルが試される。

また子どもという、大人から見れば無遠慮で思慮の無いものとされる存在が、大人たちの共同体に「大人のルール」を知らずに出現する無礼な挑戦者であることを考えると、この概念が民主主義的な教育を考える上で示す含意はさらに重要なものであるように思える。

3 「無知な素人」による教育行政と「不当な支配」

さて、以下ではビースタの着想から、彼が直接は言及していない別の問題—日本の教育制度に関する問題—を考えてみたい。

日本の教育行政制度にとって、「無知」という特性は一つの重要性を持ってきたと考えることができる。というのは、戦後日本の教育行政制度は、教育委員会制度によって教育行政のレイマンコントロールの原則を有しているからだ。教育に関する専門的知識の有無について、無の方である素人市民へ大きな権力を付与しようとしたこの原則は、民主主義社会、あるいは民主的な教育というものがどうあるべきなのかをビースタの議論を経由して考える上で、示唆深い。戦後当時企図された公選制教育委員会制度は、いくつかの理由から廃止となった。だが、その廃止が民主的な教育の展開にとって何を意味するのか。ビースタの「無知な市民」に関する議論は、レイマンコントロールの原則の再考を促す要素も持つだろう。

もっとも、ビースタの議論は公選制教育委員会制度の復活を直接名指しするような方向性を持つもの、というわけでもないように思う。教育委員会制度は教育行政の一般行政からの独立を担保する制度でもあるが、もしそれが時折批判されるように教育業界の閉鎖をも同時に意味するのであれば、ビースタの議論からすればそれはそれで非民主的な制度ということになる可能性も有している。

その意味では、「無知な市民」の議論は教育基本法の「不当な支配」の文言についても問題を提起するものということになりそうだ。改めて言うまでもなく、戦後教育行政に関する諸々の紛争では、ある行為が教育基本法で禁止された「不

当な支配」にあたるのではないかという批判がなされてきた。そして少なくない場合において、紛争の相手を「不当」だと言う一方、自身の方が「正当」であると考えられたことだろう。しかしビースタが言うには、民主主義を駆動するものとしての「無知な市民」の重要な特性は、彼／彼女が秩序の外にいることだ。それは、考えようによっては一種の「不当」さですらあるのではないだろうか。ビースタがランシエールに依拠して言うところでは、「民主的な主体を生み出すディセンサスの基本的役割」は「平等の論理をもちいた治安秩序の論理への対抗」である（Biesta 2011: 97=2014: 213）。たとえ「不当」であったとしても、それが秩序に対し平等の論理からの要求であるならば、むしろそれが現時点では「不当」なものであるがゆえに、秩序を民主化へ向かって攪乱する。こうした挑戦は、「正当」を決め込んだ秩序よりもよりよく民主的な主体形成の可能性を－つまり民主的な教育の領野を－開くことになるだろう。

4　合理的根拠を持つ制度の不可能性 ── エビデンスとの関係で

　ビースタによれば、効率や合理性によって正当性を構築している教育の秩序は、その範囲を超え出る志向をもたないという点で民主的ではないことになる。『よい教育とはなにか』における教育研究のエビデンス志向に関する批判も、この点に関係する。教育の測定可能性という指標への依存傾向は、確かに現代社会の合理性信仰を示しているだろう。そして、教育におけるエビデンスへの志向は、当然エビデンスを根拠として持つ合理的な教育制度を一つの帰結として持つだろう。

　こうした制度が民主的なものと言いうるか、ビースタの文脈では確かに危険を指摘することができる。科学的測定の専門家による支配がもたらすものは、かつてフーコーが指摘したような生権力的統治の全面的な展開としての強力に規格化された社会であろうか。それが民主的な社会と言えるのかについては、大いに疑問がある。

　もちろん、『よい教育とはなにか』でビースタがデューイから思考しているように、エビデンスが示すことができるものはある。それでも、研究が示すのは「何がうまくいったか」であって、それは「何がうまくいくか what will work ということを我々に伝えることはできない」（Biesta 2010: 41=2016: 64）。この点において、研究者は事実を明らかにするのみではなく、同時に価値についてコミッ

240 研究動向

トしなければならないことになる。ビースタから考えるなら、民主主義のための教育制度は当然のことながらエビデンスによる合理的根拠のみにより支配されてはならず、その合理的文脈を超え出る可能性をいかに担保できるかというところに存在意義が見いだされることになるだろう。

5 象徴としての教育制度へ——目的を論じるために

このような議論を展開するビースタにとって、教育はそもそも測定可能な因果的合理性に規定されたものではない。ビースタによれば教育とは、「象徴的なもしくは象徴的に媒介された相互作用のプロセス」であり、因果的な関係により導出されると想定される効果ではなく、より不確実な「解釈」が機能している領域である。その意味で、むしろ因果論的な工学的研究の不可能性こそが、教育を可能にしているとされる (Biesta 2010: 34-35=2016: 55)。こうした教育の捉え方は珍しいものではなく、たとえば N. ルーマンの教育システム論や、教育を偶発的な生成として捉える理論にも共通すると言える。

では、もし教育が因果関係に関する合理的根拠を持つことができないのだとしたら、そうした教育という営みを制度として構想することはできるのだろうか。ビースタを忠実に引き取るならば、たとえどのような制度を構想したとしても、教育制度が民主的であろうとする限りそれは「無知な市民」に攪乱され続けられるだろう。「無知」の次元を含み込むとは、そういう不可能性の領域に突入することだ。教育制度論にとっては、この点こそが最大の難問となるのではなかろうか。ランシエールによれば、「無知な教師 le maître ignorant」は自身が駆動する教育は滅びないだろうが成功もしないだろうと言っていたとのことだ (Rancière 1987: 231=2011: 206)。無知の次元を完全に含み込もうとする営みは、決して成功したり、完成したりしない。ではそのとき、制度というものをどう構想すればよいのか。

以下では、一つの可能性を考えてみたい。それは制度が帰結ではなく、きっかけになってしまうということだ。制度を特定の成果・結果を担保するものとして構想するのではなく、どのような成果・結果を導くかはわからないが、営みのきっかけではあるものとして構想するということである。当然、その制度は成果・結果に向かう綿密に構築されたプログラムや記号間の関係が詳細に示された意味連関の体系を持ち合わせてはいない。むしろ、それらが無いところ

に特徴を持つかもしれない。つまりその制度は、「無知な市民」や「無知な教師」のように、制度自身がもたらす結果を知らない。するとその制度に関わる人々は、その制度の意味を埋めるために動き始めるだろう。こうした制度は、ビースタが言うところでは象徴として機能するものということになるだろう。制度が成果に関する合理的プログラムとしてではなく、きっかけを与える象徴となれば、実践は硬直化しない－しえない－だろう。

おそらく日本の教育制度は、こうした意味での象徴をよく有していたと言いうる側面もある。レイマンコントロールや「不当な支配」の禁止という規範は、それだけでは何も具体的には指示しない一定の空集合としての性格を持つ。だが、民主的教育行政とは何かに関する議論をそこから展開するためのきっかけに－象徴に－なり得た側面もあるように思われる。

ビースタと共に制度を合理的範疇に固定しないことが民主的な教育にとって重要だと考えるなら、象徴の次元において制度を考えるべきかもしれない。レイマンコントロールの原則にまだ価値があるのか、「不当な支配」の禁止という文言は民主主義を駆動するという点では誤っていたのか、それらのことをここでさらに考える余裕はない。だが測定可能な成果ではなくそうした象徴の次元において制度を考えることは、教育が何を象徴として持つべきかを考えるということから、ビースタが研究において重要だと指摘する「よい教育」の目的を考える次元に再び我々が参入することを意味するのだと思う。

【文献一覧】

※ G. ビースタのものは文中に記載につき略

片山勝茂（2015）「図書紹介 ガート・ビースタ著 上野正道・藤井佳世・中村（新井）清二訳『民主主義を学習する：教育・生涯学習・シティズンシップ』」『教育哲学研究』111号、教育哲学会、pp.204-206。

子安潤（2015）「書評『民主主義を学習する：教育・生涯学習・シティズンシップ』ガード・ビースタ著、上野正道・藤井佳世・中村（新井）清二訳」『生活指導研究』32号、日本生活指導学会、pp.111-113。

Rancière, Jacques（1987）*Le maître ignorant : cinq leçons sur l'émancipation intellectuelle*, Fayard.（＝2011　梶田裕・堀容子訳『無知な教師』法政大学出版会）

==== [国内最新情報] ==================== 教育制度学研究第 25 号〔2018 年〕====

義務教育学校制度の創設と導入状況

押田　貴久（兵庫教育大学）

はじめに

　2015（平成27）年の学校教育法改正により、一条校に「義務教育学校」が追加された[1]。そして、2016（平成28）年度には、13都道府県15市町村22校（施設一体型19校、隣接型3校）が義務教育学校となった[2]。この義務教育学校創設の背景には、2006（平成18）年の教育基本法改正、2007（平成19）年の学校教育法改正により義務教育の目的・目標が定められたこと等により、小学校・中学校の連携の強化、義務教育9年間を通じた系統性・連続性に配慮した取組が進められてきたことにあろう[3]。この義務教育学校の創設は、地域の実情や児童生徒の実態など様々な要素を総合的に勘案して、設置者が主体的に判断できるよう、既存の小学校・中学校に加えて、義務教育を行う学校に係る制度上の選択肢を増やしたものである[4]。この制度化により、小中一貫教育を通じた学校の努力による学力の向上や、生徒指導上の諸問題の解決に向けた取組、学校段階間の接続に関する優れた取組等の普及による公教育全体の水準向上に資するものと考えられている[5]。

　そこで本稿では、義務教育学校制度の創設に向けた取組と導入状況について検討していく。

1　義務教育学校制度の創設に向けた取組

　わが国では、明治5年の学制以来、義務教育の普及・拡大が図られてきた。第二次大戦後の日本国憲法第26条には、「すべて国民は、法律の定めるところにより、その能力に応じて、ひとしく教育を受ける権利を有する。」と教育を

受ける権利が示され、第2項では「すべて国民は、法律の定めるところにより、その保護する子女に普通教育を受けさせる義務を負ふ。義務教育は、これを無償とする。」と義務教育が規定された。これを受け、旧教育基本法第4条では「国民は、その保護する子女に、九年の普通教育を受けさせる義務を負う。」と位置付けられた。実際には学校教育法に基づき、小学校6年間、新制中学校3年間が義務教育を担ってきたのである。

2005（平成17）年に中央教育審議会は、「新しい時代の義務教育を創造する（答申）」として、新たな義務教育の姿を示した。これを受け、2006（平成18）年には、教育基本法が改正され、第5条第2項に「各個人の有する能力を伸ばしつつ社会において自立的に生きる基礎を培い、国家及び社会の形成者として必要とされる基本的な資質を養う」という義務教育の目的が定められた。さらに学校教育法の改正においても小・中学校共通の目標として義務教育の目標規定が新設（第21条）されたのである。

先の2005年の中央教育審議会答申「新しい時代の義務教育を創造する」では、「義務教育に関する制度の見直し」として、9年制の義務教育学校の設置について、言及されている。さらに「教育再生会議」の第3次報告では、「6－3－3－4制」を弾力化する方策として、小中一貫校の制度化の検討が盛り込まれたのである。

一方で小学校と中学校の接続については、広島県呉市や東京都品川区などの市区町村が研究開発学校制度、さらには構造改革特別区域制度（教育特区制度）を活用し、小中一貫の教育課程や学校運営等を研究開発してきた。先の2自治体と京都市、奈良市を発起人とした「小中一貫教育全国連絡協議会」が2006（平成18）年4月に設立され、「義務教育学校設置等制度改革に係る要請等」を行ってきた。

2014（平成26）年7月の教育再生実行会議第五次提言では、「今後の学制等の在り方について」として、幼児教育の無償化、義務化ならびに小中一貫教育の制度化等が提言された。これを受けて、中央教育審議会でも審議され、2016（平成24）年12月22日に「子供の発達や学習者の意欲・能力等に応じた柔軟かつ効果的な教育システムの構築について（答申）」がまとめられた。答申では小中一貫教育の制度化の意義として以下の点をあげている。

・運用上の取組では小中一貫教育を効果的・継続的に実施していく上での一

定の限界が存在するため、制度化により教育主体・教育活動・学校マネジメントの一貫性を確保した総合的かつ効果的な取組の実施が可能となる。
・設置者の判断で教育課程の特例を認め、柔軟な教育課程編成を可能とすることにより、地域の実態に対応した多様な取組の選択肢を提供する。
・小中一貫教育の制度的基盤が整備されることにより、国・県による支援の充実が行いやすくなる。
・人間関係の固定化や転出入への対応などの小中一貫教育に指摘されている課題について、制度化に伴い積極的な指導助言や好事例の普及を行うことなどにより、課題の速やかな解消に資する手立てが講じられるようにする。

また答申では、小中一貫教育の制度化の目的は、「平成18年の教育基本法の改正及び平成19年の法の改正で新設された義務教育の目的・目標を踏まえ、小・中学校段階の教職員が9年間を通じて実現したい教育目標を共有し、一体的な組織体制の下、9年間一貫した系統的な教育課程を編成・実施することができる学校種を新たに設けるなどして、設置者が地域の実情を踏まえて小中一貫教育が有効であると判断した場合に、円滑かつ効果的に導入できる環境を整えることである」としている。この答申を受け、「学校教育法等の一部を改正する法律（平成27年法律第46号）」が、2015（平成27）年6月に可決・公布され、2016（平成28）年4月1日に施行された。

2　義務教育学校制度の導入状況

小中一貫教育の基本形として、一人の校長の下で一つの教職員集団が一貫した教育課程を編成・実施する9年制の学校で教育を行う形態（義務教育学校）と、組織上独立した小学校及び中学校が義務教育学校に準じる形で一貫した教育を施す形態（小中一貫型小・中学校）の2つになる。このうち小中一貫型小・中学校については、更に設置者に着目し、同一設置者による中学校併設型小学校及び小学校併設型中学校（以下「併設型小・中学校」という。）として制度化し、一部事務組合を設立して小・中学校を設置している場合など、小学校と中学校で設置者が異なるものは中学校連携型小学校及び小学校連携型中学校（以下「連携型小・中学校」という。）として制度化された（**図1**、**図2**）。なお、義務教育学校、小中一貫型小・中学校のいずれにおいても、施設一体型や施設隣接型、施設分離型

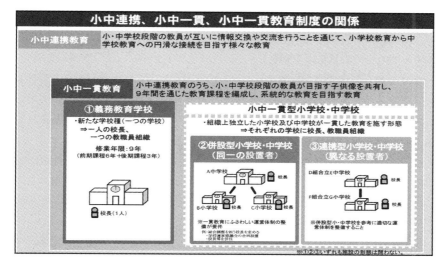

図1　小中連携、小中一貫、小中一貫教育制度の関係

出典：文部科学省（2016）『小中一貫した教育課程の編成・実施に関する手引』p.17。

	義務教育学校	小中一貫型小学校・中学校 中学校併設型小学校 小学校併設型中学校	小中一貫型小学校・中学校 中学校連携型小学校 小学校連携型中学校
設置者	―	同一の設置者	異なる設置者
修業年限	9年 （前期課程6年＋後期課程3年）	小学校6年、中学校3年	
組織・運営	一人の校長、一つの教職員組織	それぞれの学校に校長、教職員組織 小学校と中学校における教育を一貫して施すためにふさわしい運営の仕組みを整えることが要件 ① 関係校を一体的にマネジメントする組織を設け、学校間の総合調整を担う校長を定め、必要な権限を教育委員会から委任する ② 学校運営協議会を関係校に合同で設置し、一体的な教育課程の編成に関する基本的な方針を承認する手続を明確にする ③ 一体的なマネジメントを可能とする観点から、小学校と中学校の管理職を含め全教職員を併任させる	それぞれの学校に校長、教職員組織 中学校併設型小学校と小学校併設型中学校を参考に、適切な運営体制を整備すること
免許	原則小学校・中学校の両免許状を併有 ※ 当分の間は小学校免許状で前期課程、中学校免許状で後期課程の指導が可能	所属する学校の免許状を保有していること	
教育課程	・9年間の教育目標の設定 ・9年間の系統性・体系性に配慮がなされている教育課程の編成		
教育課程の特例：一貫教育に必要な独自教科の設定	○	○	○
教育課程の特例：指導内容の入替え・移行	○	○	×
施設形態	施設一体型 ・ 施設隣接型 ・ 施設分離型		
設置基準	前期課程は小学校設置基準、後期課程は中学校設置基準を準用	小学校には小学校設置基準、中学校には中学校設置基準を適用	
標準規模	18学級以上27学級以下	小学校、中学校それぞれ12学級以上18学級以下	
通学距離	おおむね6km以内	小学校はおおむね4km以内、中学校はおおむね6km以内	
設置手続き	市町村の条例	市町村教育委員会の規則等	

図2　小中一貫教育制度に関する類型

出典：文部科学省（2016）『小中一貫した教育課程の編成・実施に関する手引』p.20。

246 国内最新情報

といった施設形態にかかわらず設置できる。

「義務教育学校」は、一人の校長の下、一つの教職員組織が置かれ、義務教育9年間の学校教育目標を設定し、9年間の系統性を確保した教育課程を編成・実施する新しい種類の学校である。心身の発達に応じて、義務教育として行われる普通教育を基礎的なものから一貫して施すことが学校の目的とされている（学校教育法第49条の2）。そして、義務教育学校の目標は、学校教育法第21条各号に掲げる目標を達成するよう行われるものとなっている。

義務教育学校は、9年の課程が小学校相当の前期6年、中学校相当の後期3年に区分されるが、1年生から9年生までの児童生徒が1つの学校に通うという特質を生かして、9年間の教育課程において「4－3－2」や「5－4」などの柔軟な学年段階の区切りを設定することも可能である。

教員は原則として、小学校と中学校の教員免許状を併有することが必要にな

表1　平成28年度4月における義務教育学校の設置状況

都道府県	学校名	小中一貫取組開始年度	施設	区切り
北海道	斜里町立知床ウトロ学校	平成28	一体型	6－3
北海道	中標津町立計根別学園	平成27	一体型	6－3
岩手県	大槌町立大槌学園	平成27	一体型	4－3－2
山形県	新庄市立萩野学園	平成27	一体型	4－3－2
茨城県	水戸市立国田義務教育学校	平成23	一体型	4－4－1
茨城県	つくば市立春日学園義務教育学校	平成24	一体型	4－3－2
千葉県	市川市立塩浜学園	平成27	隣接型	4－3－2
東京都	品川区立品川学園	平成18	一体型	4－3－2
東京都	品川区立日野学園	平成18	一体型	4－3－2
東京都	品川区立伊藤学園	平成18	一体型	4－3－2
東京都	品川区立荏原平塚学園	平成18	一体型	4－3－2
東京都	品川区立八潮学園	平成18	一体型	4－3－2
東京都	品川区立豊葉の杜学園	平成18	一体型	4－3－2
神奈川県	横浜市立義務教育学校霧が丘学園	平成21	隣接型	6－3
石川県	珠洲市立宝立小中学校	平成24	一体型	4－3－2
石川県	珠洲市立大谷小中学校	平成28	一体型	4－3－2
長野県	信濃町立信濃小中学校	平成24	一体型	4－5
大阪府	守口市立さつき学園	平成26	一体型	6－3
兵庫県	神戸市立義務教育学校港島学園	平成26	隣接型	6－3
高知県	高知市立義務教育学校行川学園	平成23	一体型	4－3－2
高知県	高知市立義務教育学校土佐山学舎	平成27	一体型	4－3－2
佐賀県	大町町立小中一貫校大町ひじり学園	平成23	一体型	4－3－2

出典：文部科学省「小中一貫教育の制度化に伴う導入意向調査の結果」より作成。

る。ただし、当分の間は、それぞれの段階の免許を保有すればよいこととされている。

　導入当初の2016（平成28）年度には、13都道府県15市町村22校（施設一体型19校、隣接型3校）が義務教育学校となった（**表1**）。施設形態別では施設一体型41校、施設隣接型6校、施設分離型1校である。その後、2017（平成29）年度には、23都道府県35市区町48校（国立2校、公立46校）となり、前年度より26校増加している。施設形態別では施設一体型41校、施設隣接型6校、施設分離型1校である。

　なお、「併設型小・中学校」は、既存の小学校及び中学校の基本的な枠組みは残したまま、義務教育学校に準じた形で9年間の教育目標を設定し、9年間の系統性を確保した教育課程を編成・実施する学校であり、同様に設置者の異なる小学校と中学校が一貫した教育を行おうとする場合には「連携型小・中学校」も設置できる。

3　義務教育学校の特徴と留意点

　改めてこれまでの小学校、中学校でのもとによる小中一貫教育と義務教育学校との比較をすると、義務教育9年間を一体的に運営することが出来ることが特徴的である（**表2**）。例えば、神戸市立義務教育学校港島学園では、小学校高学年における教科担任制や相互乗り入れ指導（共動授業）を行うことで、小学部と中学部との学習の段差が解消され、中学部教員との交流も増えることで、中学部に進学する心理的抵抗は低くなったという[6]。

　なお、先の学校教育法改正における付帯決議として、「学校運営協議会の活用」「学校統廃合の際の留意点」「教職員体制の整備・定数の確保」「教員免許状の併有促進」「取組事例の分析と情報提供等」「高等学校専攻科の担保」「エリート校化の防止（参議院）」なども指摘されている。これらの留意点も考慮されながら今後、児童生徒や地域の実態に応じて、義務教育学校が設置運営されることが期待される。

248 国内最新情報

表2 現行制度化と義務教育学校の比較

	現行制度下での小中一貫教育	義務教育学校
修業年限	・小学校6年 ・中学校3年	・9年（ただし、小学校・中学校の学習指導要領を準用するため、前半6年と後半3年の課程の区分は確保）
設置義務	・小学校、中学校ともに市町村に設置義務	・設置義務はないが、小学校・中学校の設置に代えて設置した場合には、設置義務の履行と同等
教育課程	・小学校・中学校それぞれの教育目標の設定、教育課程の編成 ・一貫教育の実施に必要な教育課程の特例を個別に申請し、文科大臣の指定が必要	・9年間の教育目標の設定、9年間の系統性を確保した教育課程の編成 ・小・中の学習指導要領を準用した上で、一貫教育の実施に必要な教育課程の特例を創設し、個別の申請、大臣の指定は不要（例：一貫教育の軸となる新教科創設、指導事項の学年・学校段階間の入れ替え・移行）
組織	・小学校・中学校それぞれに校長（計2人） ・小学校・中学校別々の教職員組織	・1人の校長（ただし、統括担当の副校長又は教頭を1人措置） ・一つの教職員組織（教職員定数は、小学校の定数と中学校の定数の合計数と同じ）
免許	・教員は所属する学校の免許状を保有すれば十分	・教員は原則小・中両免許状を併有（当面は小学校免許状で小学校課程、中学校免許状で中学校課程を指導可能としつつ、免許状の併有を促進）
施設	・国庫負担の対象は、小学校同士の統合、中学校同士の統合のみ	・国庫負担の対象として、小学校と中学校を統合して義務教育学校を設置する場合も追加
その他	・学校評価は、小学校・中学校それぞれで実施 ・学校運営協議会は、小学校・中学校それぞれに設置 ・学校いじめ防止基本方針は、小学校・中学校それぞれで策定	・学校評価は、義務教育学校として実施 ・学校運営協議会は、義務教育学校として一つ設置 ・学校いじめ防止基本方針は、義務教育学校として策定

【註】

1　第一条　この法律で、学校とは、幼稚園、小学校、中学校、義務教育学校、高等学校、中等教育学校、特別支援学校、大学及び高等専門学校とする。

2　2018（平成30）年度の学校基本調査（速報値）によれば, 82校（国立2校, 公立80校）へ増加している。

3　文部科学省「小中一貫教育制度の導入に係る学校教育法等の一部を改正する法律に

ついて（通知）」（平成27年7月30日付け27文科初第595号）。
4　同上。
5　同上。
6　文部科学省 (2018)「小中一貫した教育課程の編成・実施に関する事例集」p.18。

【参考・引用文献】

河原国男・中山迅・助川晃洋 (2014)『小中一貫・連携教育の実践的研究―これからの義務教育の創造を求めて』東洋館出版社。

国立教育政策研究所 (2016)『小中一貫 事例編』東洋館出版社。

高橋興 (2017)『小中一貫教育の新たな展開』ぎょうせい。

中央教育審議会「子供の発達や学習者の意欲・能力等に応じた 柔軟かつ効果的な教育システムの構築について（答申）」（2014年12月22日）。

文部科学省「小中一貫教育制度の導入に係る学校教育法等の一部を改正する法律について（通知）」（平成27年7月30日付け27文科初第595号）。

文部科学省 (2016)『小中一貫した教育課程の編成・実施に関する手引』。

文部科学省 (2017)「小中一貫教育の導入状況調査について」。

文部科学省 (2018)「小中一貫した教育課程の編成・実施に関する事例集」。

文部科学省小中一貫教育制度研究会編著 (2016)『Q&A 小中一貫教育』ぎょうせい。

=== [国外最新情報] ============================ 教育制度学研究第 25 号〔2018 年〕===

トルコにおける 2012 年義務教育改革と イスラーム教育の強化

宮崎 元裕（京都女子大学）

1 2012年の義務教育改革

　トルコでは 2012 年に義務教育期間を 12 年（従来は 8 年）に延長する教育改革が行われた。なお、義務教育期間が延長されたのは、1997 年に 5 年から 8 年に延長されて以来のことである。1996 年以前、1997 年～2011 年、2012 年以降の各教育段階の教育年数・義務教育期間・純就学率は、**表 1** の通りである。

　義務教育期間の延長に伴い、教育制度・教育内容にも様々な変更が加えられた。就学年齢は従来の月齢 72 ヶ月から 66 ヶ月に引き下げられ、中学校のカリキュラムに多数の選択科目が新設された。さらに、1997 年の義務教育改革時に廃止された（宗教科目を重視する）イマーム・ハティプ中学校が再開されたことも大きな変更点である（宮崎 2014）。

　トルコでは 1997 年と 2012 年に義務教育改革が行われているが、改革が行われる直前の 1996 年度と 2011 年度の純就学率（表 1）を見ると、義務教育期間の延長の準備が十分には整っていない状態での改革であることがわかる。義務教育を 8 年間に延長した 1997 年改革の前年度（1996 年度）の中学校の就学率は

表 1　教育年数・義務教育期間・純就学率の変遷

1996 年以前（1996 年度）	1997~2011 年（2011 年度）	2012 年以降（2016 年度）
高校 3~4 年（38.5%）	高校 3~4 年（67.4%）	高　校 4 年（82.5%）
中学校 3 年（52.8%）	初等教育学校 8 年（98.7%）	中学校 4 年（95.7%）
小学校 5 年（89.4%）		小学校 4 年（91.2%）

注：網掛け部分が義務教育。括弧内はそれぞれ 1996 年度、2011 年度、2016 年度の純就学率。

出典：MEB（Milli Eğitim Bakanlığı）, *Millî Eğitim İstatistikleri*（http://sgb.meb.gov.tr/www/resmi-istatistikler/icerik/64, 2018/8/12 閲覧）

52.8％とようやく半数を超えたところであり、義務教育を12年間に延長した2012年改革の前年度（2011年度）の高校の就学率は67.4％にすぎない。

　義務教育期間を延長するには時期尚早に見える状況にもかかわらず、改革が断行された背景には、イマーム・ハティプ校（宗教指導者養成を本来の目的とする学校）を巡る世俗主義勢力とイスラーム勢力の対立が大きく関係している。世俗主義勢力による1997年の改革は、それまでの小学校と中学校を8年制の初等教育学校として統合することによって、イマーム・ハティプ中学校を廃止することを意図していた。その一方、イスラーム勢力による2012年の改革は、初等教育学校を再び小学校と中学校に分けることでイマーム・ハティプ中学校の復活を意図していた。この義務教育改革に限らず、世俗主義とイスラームを巡る問題が、現在まで公教育に大きな影響を与えてきたのがトルコの特徴である。この問題を避けてはトルコの教育を語ることはできないため、次に、これまでの世俗主義と宗教教育の変遷を、宮崎（2012）をもとに整理する。

2　世俗主義と宗教教育の変遷

　トルコでは、1923年の共和国成立以来、世俗主義を国家原則として掲げたことによって、世俗主義との関係で公教育における宗教教育のあり方が常に議論の的になってきた。共和国成立から1949年までは、トルコの世俗主義は厳格な政教分離を志向するフランスのライシテをモデルとし、公教育における宗教教育は廃止された。トルコの場合、国民の圧倒的多数がイスラーム教徒でありイスラームによる国民統合を図ることが自然であったにもかかわらず、イスラームに依存せずに世俗主義を国家原則として国家形成を進めたことは、当時としては挑戦的な取り組みだった。

　しかし、宗教教育を求める国民の要望に応える形で、1949年以降、公立学校における宗教教育は順次再開された。「宗教文化と道徳」という科目名の宗教教育が、1949年に小学校の第4、第5学年に選択科目として導入され、1956年には中学校に、1967年には高校にも導入された。また、宗教指導者の養成を目的とするイマーム・ハティプ校も公立中等教育機関（中学校3年、高校4年）として1951年に設立されている。共和国成立当初目指されていた、宗教教育を排除した厳格な世俗主義が定着せず、世俗主義の修正が迫られたことになる。ただし、世俗主義自体は現在に至るまで国家原則であり続け、宗教教育の科目

252　国外最新情報

名が「宗教文化と道徳」という名称になっているのも、この授業が（世俗主義に反する）明確な宗教教育ではなく、世俗主義の枠内でも行いうる「宗教文化と道徳」に関する教育という位置づけだからである。

　そして、1970年代になると、イスラーム政党（当時の名称は国民救済党）の勢力の拡大とともに、世俗主義勢力（最大の世俗主義勢力は軍部）とイスラーム勢力との対立の図式が明確になり、その対立が教育にも大きな影響を与えることになった。まず、イスラーム政党が与党として加わった連立政権において、1974年にイマーム・ハティプ校の卒業生に対して一般の大学入学資格を付与する政策がなされたことを契機に、イマーム・ハティプ校の生徒数は急増した。そして、イスラーム政党の支援によるイマーム・ハティプ校の発展を世俗主義からの逸脱とみなして危機感を募らせたのが軍部である。その結果、軍部は1980年に軍事クーデタを起こし、イスラーム政党である国民救済党の活動を禁止した。軍政下の1982年には、公立学校における宗教教育（「宗教文化と道徳」）が必修化された。世俗主義の擁護者を自認していた軍部が、宗教教育の必修化に踏み切ったのは、「宗教教育を世俗主義国家が管理し、世俗主義と矛盾しない宗教教育を行うことは、世俗主義と矛盾しない。むしろ国家管理外で世俗主義と対立するような宗教教育が行われている方が世俗主義国家の危機である」という論理によるものである。実際に、「宗教文化と道徳」の授業では、信教の自由を保障するなどの観点から世俗主義の重要性が説かれており、この授業を必修化することは、世俗主義を維持するための方策だったと言える。

　その一方で、1983年の民政移管後も、名称を福祉党と変更したイスラーム政党の勢力拡大は続き、イスラーム政党と軍部の対立が再び激しくなった結果として生じたのが1997年の義務教育改革である。1997年の義務教育改革は、義務教育期間を従来の5年間から8年間に延長するものだが、この改革を提唱したのは軍部である。軍部の意図は、義務教育期間の延長によって、イスラーム政党の支持基盤となっているイマーム・ハティプ中学校を廃止することにあったとされる。実際、1997年以後は、イマーム・ハティプ中学校は8年制の初等教育学校に統合される形で廃止され、イマーム・ハティプ高校のみになった。

　1997年の義務教育改革によって世俗主義を巡る対立が一段落した直後の2000年に、宗教教育の内容は大きく改訂され、宗教的題材に対する批判的思考が重視されるようになったり、イスラーム以外の宗教についての説明が増加

したりした（Kaymakcan 2006）。この授業の教科書は、クルアーンやハディースからの引用が多用された内容になっており、明らかにイスラーム教徒を対象とした宗教教育である。しかし、イスラームの教えそのものを教えるというよりも、むしろ、イスラームを題材に現代的な道徳を教えることに重点が置かれている。さらに、イスラームを教えこむのではなく児童自身がイスラームを題材に現代的な道徳について考えることや、他宗教について学ぶことを重視している。いわば、イスラームの教えを固定的に教えるのではなく、イスラームから少し距離を置いた宗教教育と言える。こうした宗教教育は、他宗教について学びながら他宗教について理解と寛容を深めるという点や、他宗教との比較や自宗教に対する批判的検討を通して自宗教を相対化するという点で、多宗教の共存が求められる多文化時代の宗教教育として積極的な教育的意義を有している（宮崎 2012）。

　2000年代はイスラーム政党（公正発展党）が長らく第一党として政権を担当し、勢力を拡大していった。そして、イスラーム政権の強力なリーダーシップの下で、2012年義務教育改革が断行され、1997年に廃止されたイマーム・ハティプ中学校が再開されることになった。

3　2012年義務教育改革以降のイスラーム教育の強化

　2012年義務教育改革以降はこれまで以上に公立学校におけるイスラーム教育を強化する傾向が見られるようになった。

(1) イマーム・ハティプ中学校の再開

　まず、イマーム・ハティプ中学校の再開である。2012年に再開されたイマーム・ハティプ中学校は、ただ単に1997年以前と同じ形での復活ではなく、より宗教科目が強化されている。1997年以前のイマーム・ハティプ中学校で宗教科目として設定されていたのは、「クルアーン」5時間、「アラビア語」3時間の合計8時間である（MEB 1985, pp.28-29）。一方で、2012年のイマーム・ハティプ中学校の宗教科目は、「クルアーン」2時間、「アラビア語」4時間、「ムハンマドの生涯」2時間、「宗教の基礎知識」2時間の合計10時間で、時間数、科目数ともに2012年の方が増加している（MEB 2012）。つまり、2012年の教育改革は、1997年の義務教育改革によって廃止されたイマーム・ハティプ中学校を単に

復活させただけにはとどまらず、1997年以前よりもイマーム・ハティプ中学校の宗教科目を強化したことになる。しかし、2018年のカリキュラムでは、「クルアーン」2時間、「アラビア語」2時間、「ムハンマドの生涯」2時間、「宗教の基礎知識」1時間（第6,第7学年のみ）で宗教科目の時間は合計7時間に減じられている（MEB 2018）。

2016年のイマーム・ハティプ中学校の生徒数は651,954人で、中学校全生徒数の11.7％を占めており、イマーム・ハティプ高校の生徒数は645,318人で、高校全生徒数の11.0％である（MEB 2017）。1994年のイマーム・ハティプ中学校の生徒数の比率は11.3％、高校は8.5％だったため（Tarhan 1996）、イマーム・ハティプ校の生徒数の比率は、1997年以前に比べてそれほど変わっていない。

(2) 公立学校におけるイスラーム教育の強化

また、2012年の義務教育改革に伴い、公立中学校の選択科目として宗教関連科目が新設された。公立中学校では、必修科目である「宗教文化と道徳」の時間以外に、「クルアーン」、「ムハンマドの生涯」、「宗教の基礎知識」の3つの科目が選択科目として新設された。これらの科目は、それぞれイスラームに関する知識と理解を深めるための科目で、イマーム・ハティプ中学校では必修とされている科目である。つまり、これらの選択科目を全て選択した場合は、公立中学校とイマーム・ハティプ中学校の授業内容の違いは「アラビア語」のみになり、公立中学校でもイマーム・ハティプ中学校に準じた教育を受けることができることになる。この意味では、選択科目の新設は公立中学校のイマーム・ハティプ校化という可能性も有しているが、2012年義務教育改革以降の中学校の選択科目は、宗教関連の3科目以外にも多分野に及び（合計20科目以上）、宗教関連科目以外の科目を選択する余地も残されている。

「クルアーン」の授業内容も注目に値する。この授業では、アラビア語の基礎や、アラビア語のクルアーンの一部が掲載されている。共和国成立以来、トルコの公教育ではアラビア語の教育はイマーム・ハティプ校で行われているのみで、イマーム・ハティプ校以外ではアラビア語に触れられることはなかった。つまり、2012年以前のトルコでは、イマーム・ハティプ校以外ではアラビア語を教えないことが公教育における世俗主義の譲れない一線と認識されていたのだが、2012年の教育改革で導入された「クルアーン」の授業は、その一線を明確に越えてしまったことになる（宮崎 2014）。

さらに、2017年には「宗教文化と道徳」の内容を改訂し、この授業の教科書から世俗主義に関する内容を大幅に削減する提案がなされている[1]。これまでの「宗教文化と道徳」の教科書では、世俗主義が信教の自由を保障し、他宗教に対する敬意と寛容の基盤になると説明され、世俗主義の重要性が強調されていた。先述したように、2000年以降の「宗教文化と道徳」は、イスラームから少し距離を置きつつ、他宗教についての理解と寛容を深めるという点で、多文化時代の宗教教育としての意義を有していたが、これは世俗主義の理念を重視しながら宗教教育を行うことを試行錯誤してきたことによって辿り着いたものである。その意味では、世俗主義に関する内容を大幅に削減することは、これまでのトルコの「宗教文化と道徳」を大きく変質させる可能性もある。

おわりに

トルコは1923年の共和国成立以降、世俗主義を国家原則として重視してきた。イスラーム教徒が国民の圧倒的多数を占める国家にもかかわらず、イスラームに頼らない国家を形成することは、無謀とも言える非常に困難な試みだった。実際、時間の経過とともに、世俗主義のあり方には変更が加えられ、1950年前後には宗教教育とイマーム・ハティプ校が再開され、1982年には世俗主義と矛盾しない宗教教育を行う目的で宗教教育は必修化された。イマーム・ハティプ中学校は、1997年に再度廃止、2012年に再開と世俗主義勢力とイスラーム勢力の対立の中で、翻弄されてきた。

共和国建国当初に厳格な世俗主義を国家原則としなければこのような問題は生じなかったかもしれないが、世俗主義とイスラームをどのように両立するかという問いを突きつけられ続けたからこそ、得られたものもある。2000年以降の「宗教文化と道徳」のイスラームを固定的に教え込まずに他宗教に対する寛容を重視するような内容は、世俗主義にこだわり続けたからこそ得られた到達点の1つであろう。欧米諸国とイスラーム諸国の狭間で世俗主義とイスラームのバランスをとり続けてきた成果とも言える。

しかし、イスラーム政党のエルドアン大統領の権限強化とともに、世俗主義とイスラームのバランスが崩れる危うさも近年のトルコには見られる。2012年義務教育改革においても、イマーム・ハティプ中学校の再開、公立学校における宗教関連の選択科目の新設などがなされ、2017年には「宗教文化と道徳」

の内容から世俗主義を削除する提案がなされている。

その一方で、イスラーム政権によるイマーム・ハティプ校に対する手厚いサポートの割には、イマーム・ハティプ校の生徒数の比率は、1997年以前と比べてもそれほど大きく増加せずに、全生徒数の10％程度にとどまっている。イマーム・ハティプ校は10％程度が望ましいというのが、国民のバランス感覚なのかもしれない。

いずれにせよ、多宗教の共存が求められる現在だからこそ、共和国成立当初以上に世俗主義の持つ意味は大きくなっている。それにもかかわらず、イスラーム教育の強化により世俗主義がさらに後退する動きが見られるトルコの今後の動向には注目し続ける必要がある。

【註】

1 Hurriyet 紙 2017年7月21日付。東京外国語大学「日本語で読む中東メディア」(http://www.el.tufs.ac.jp/prmeis/news_j.html, 2018年8月1日閲覧)

【文献一覧】

宮崎元裕（2012）「多文化時代の宗教教育－トルコの『宗教文化と道徳』の教科書を事例に－」『京都女子大学発達教育学部紀要』第8号、pp.165-174。

宮崎元裕（2014）「トルコにおける2012年義務教育改革－宗教関連選択科目の新設とイマーム・ハティプ中学校の再開に注目して－」『京都女子大学発達教育学部紀要』第10号、pp.21-30。

Kaymakcan, R（2006）. "Religious Education Culture in Modern Turkey", Marian de Souza, et al.（eds.）*International Handbook of the Religious, Moral and Spiritual Dimensions in Education*, Springer, pp.449-460.

MEB（Milli Eğitim Bakanlığı）(1985) *İmam-Hatip Liseleri Öğretim Programları*, MEB.

MEB (2012) *İmam Hatip Ortaokulu Haftalık Ders Çizelgesi ve Kurul Kararı*.（http://ttkb.meb.gov.tr/www/imam-hatip-ortaokulu-haftalik-ders-cizelgesi-ve-kurul-karari/icerik/81, 2013/10/20閲覧)

MEB (2017), *Millî Eğitim İstatistikleri 2016/17*.
（http://sgb.meb.gov.tr/www/resmi-istatistikler/icerik/64, 2018/8/12閲覧)

MEB (2018) *İmam Hatip Ortaokulu Haftalık Ders Çizelgesi*.（https://ttkb.meb.gov.tr/www/haftalik-ders-cizelgeleri/kategori/7, 2018/8/12閲覧)

Tarhan, M（1996）. *Religious Education in Turkey: A Socio-Historical Study of the Imam-Hatip Schools. Ph.D. Thesis*, Temple University.

書　評

神林　寿幸　著
『公立小・中学校教員の業務負担』

雲尾　周
書評にお応えして　　　　　　　　　　　　　神林　寿幸

楊　川　著
『女性教員のキャリア形成
　　―女性学校管理職はどうすれば増えるのか？』　　柴田　聡史
書評にお応えして　　　　　　　　　　　　　楊　川

══ [書評] ══════════════════ 教育制度学研究第 25 号〔2018 年〕══

神林 寿幸

『公立小・中学校教員の業務負担』

大学教育出版、2017年、236頁、本体価格 2,500 円

雲尾 周 (新潟大学)

本書の意義と概要

　2017 年 6 月 22 日、文部科学大臣から「新しい時代の教育に向けた接続可能な学校指導・運営体制の構築のための学校における働き方改革に関する総合的な方策について」が中央教育審議会に諮問され、中央教育審議会に「学校における働き方改革特別部会」が設置された (2018 年 6 月 20 日で第 14 回目が開催されている)。同部会から 2017 年 8 月 29 日に「学校における働き方改革に係る緊急提言」が出されたことまでは本書の「はしがき」にも書かれている。本書発刊後も、中央教育審議会中間まとめ (2017 年 12 月 22 日)、学校における働き方改革に関する緊急対策 (2017 年 12 月 26 日 文部科学大臣決定)、文部科学事務次官通知「学校における働き方改革に関する緊急対策の策定並びに学校における業務改善及び勤務時間管理等に係る取組の徹底について」(都道府県・政令指定都市教育委員会教育長宛、2018 年 2 月 9 日) が出され、学校における働き方改革の論議が続いている。本書評発行時にも決着を見ることはないだろう。

　文部科学省では、2010 年度「教員が子どもと向き合う時間を確保し、質の高い教育活動の展開を図ることを目的に、組織的な学校運営、専門的な役割を担う教職員の配置、業務の遂行方法の改善、教職員の働き方の見直し、教育委員会の学校サポート体制の整備などの研究課題について、15 の都道府県教育委員会等に調査研究を委託して実施」(文部科学省 HP「学校運営支援：平成 22 年度の取組」) していたし、それぞれの教育委員会では教員の勤務負担軽減等事業の拡大展開を図りつつ、「チームとしての学校の在り方と今後の改善方策について (答申) (中教審第 185 号)」(2015 年 12 月 21 日) 等に文部科学省の政策が結びついていくかに見えたのだが、総理が議長となる「働き方改革実現会議」、厚生労働省労働政策審議会等の動きに巻き込まれ、本筋を見失いつつあるようにも見える。

神林寿幸著『公立小・中学校教員の業務負担』　259

　本書はこの流れに掉さすものともいえるし、あらがうものともいえよう。従来の政策論議が根拠を置いてきた資料を新しい視点で丹念に再整理し、「通説」をくつがえす分析結果を提示している。つまり、戦前も含めて、折々に取り上げられ論議されてきた教員の職務調査とその対策がその場限りになりがちであったものを、通して分析することを行ったのである。本書の研究成果は、本来的には学校運営の改善に資することになるであろうが、学校における働き方改革といった形に政策課題が変化した今、都合のわるい研究と評価される可能性もあるところである。

　本書は著者が2017年3月24日に授与された東北大学博士（教育学）の論文「公立小・中学校教員業務負担の規定要因」に加除・修正を行って刊行された。現在の政策論議に合わせて最大限のはやさをもって上梓されたのであるからこそ、広く、教育政策に関わる人々、実際に業務負担を感じている教職員等に理解してもらい、考えてもらう必要があるだろう。

　具体的に「序章　公立小・中学校教員に負担をもたらす業務は何か？」において著者が提示した「日本の教員の業務負担に関する通説モデル」（6頁）は以下のものである。まず、学校選択制のような「教育改革」が行われる。すると、「日本の教員の周辺的な業務に費やす時間が増大」する。ここから、時間的な負担と、心理的な負担につながっていくのであるが、前者については、「今日の日本の教員は、周辺的な職務に費やす時間が長い」ということ、そして「今日の日本の教員は他国の教員と比べて、週の労働時間が長い」ということにつながり、「今日の日本の教員は他国の教員と比べて多忙」という結論に到達する。後者の心理的な負担は、「日本の教員の心理的負担が増大」し、「今日の日本では、周辺的な職務に心理的負担を感じる教員が多い」こととなり、「今日の日本の教員の心理的負担は大きい」ということから、先の結論に到達する。「教育改革」に端を発し、時間的にも心理的にも「今日の日本の教員は他国の教員と比べて多忙」という結論に達するのが「通説」である。

　この通説モデルを検証するために著者は2つの課題を設定した。一つ目の課題は、教員の多忙化の可否とその要因を明らかにすることであり、「第Ⅰ部　教員の業務負担変容に関する実証」として、「第1章　教員の時間的負担変容に関する実証」（1950〜60年代と2000年代後半以降の14の労働時間調査の一般線形モデルによる比較分析）、「第2章　教員の心理的負担増大をもたらした指導環境の変容」（教員の精神疾患による病気休職発生率に関する都道府県パネルデータを用いた分

260　書　評

析）、および「第3章　教育改革による教員業務負担増大の再検証」（2006年度文部科学省「教員勤務実態調査」の階層線形モデルによる分析）により検証された。

　二つ目の課題は、今日の日本の教員にとって負担の大きい業務とそれを規定する要因を他国との業務負担比較等を通じて明らかにすることであり、「第Ⅱ部　今日の教員の業務負担の規定要因に関する実証」として、「第4章　教員に心理的負担をもたらす業務の探索」（2006年度文部科学省「教員勤務実態調査」第5期データ（調査時期10月23日～11月19日）の分析）、および「第5章　教員の業務負担に関する国際比較分析」（OECD第2回国際教員指導環境調査（TALIS2013）の分析）により検証された。

　著者が「終章　生徒指導がもたらす公立小・中学校教員の業務負担」において提示した「日本の教員の業務負担を規定する要因に関する本書の結論」（201頁）では、「教育改革」に端を発するわけではなく、「学校に対する児童生徒の教育的配慮要求の増大（不登校、発達障害、ひとり親家庭など生活に困難のある児童生徒など）」に端を発し、時間的な負担では「教員の本来的な業務（生徒指導）に費やす時間の増大」を生じさせ、「今日の日本の教員は、本来的な業務（生徒指導）に費やす時間が長い」こととなり、「今日の日本の教員は他国の教員と比べて週の労働時間が長く、時間的負担が大きい」ということから、「通説」と同じ結論である「今日の日本の教員は他国の教員と比べて多忙」に達する。心理的な負担では、教育的配慮要求の増大に端を発し、「教員の心理的負担の増大」を生じさせ、「今日の日本では、本来的な業務（生徒指導）に心理的負担を抱く教員が多い」こととなり、「今日の日本の教員は心理的負担が大きい」ということから、同じ結論に到達する。

　通説と同じ結論に達するにしても、過程が異なるのであるから、その対応策も異なることとなる。著者は教員の業務負担軽減に向けた取り組みとして、学校教育や教員が担う教育活動の範囲の再検討、個々の教員の生徒指導に関する力量の向上、および生徒指導に費やす時間が長い教員をフォローできる教員の配置をあげている。冒頭に記した緊急提言、通知等にも類似の内容はあるが、重点が違うといえよう。

教員の業務負担軽減に向けた取り組み

　今ほど示した著者の主張であるが、そこで述べられていることが現在の切り取られた結果になっている懸念がある。その前の確認として、「中央教育審議

会には『本来的な業務である生徒指導は、教員に負担をもたらさない』という暗黙の前提があったと考えられる」（204頁）とあるが、「日本の教員は業務負担を感じないという暗黙の前提」（207頁）と言い換えている。時間的負担（いわば「多忙化解消」）と心理的負担（いわば「多忙感」解消）の後者に重点を置いているように読み取れるのだが、そこには今の政策動向とのずれがあるように思える。

「これまでの教員養成では、教職科目に占める『生徒指導、教育相談及び進路指導等に関する科目』の比重が小さ」く「最低4単位にとどまる」（208頁）として、個々の教員の生徒指導に関する力量の向上、教員志望者が生徒指導に関する資質・能力を習得する機会の確保の必要性を述べている。しかし、そもそもこの授業単位について以前は2単位でしかなかった。教育職員養成審議会「新たな時代に向けた教員養成の改善方策について（第1次答申）」（1997年7月29日）を受けて教育職員免許法が改正され、倍増したのである。同答申では具体的改善方策において以下のように述べている（◎：法令改正が必要な事項、□：運用の改善で対応できる事項）。

　ウ．教育相談（カウンセリングを含む。）に係る内容の充実
　◎□　小学校に係る「生徒指導及び教育相談に関する科目」及び中学校・高等学校に係る「生徒指導、教育相談及び進路指導に関する科目」の最低修得単位数を現行の2単位から4単位に改める必要がある。併せてこれら科目において取り扱われる「教育相談」に係る内容の中に「カウンセリング」に係るものが含まれることを制度上明記すべきである。
　　こうした改善を図る理由は、現在、学校では多くの教員がいじめ、登校拒否、薬物乱用など児童・生徒の生命・健康にも関わる問題に直面し、様々な努力にもかかわらずそれらへの決定的な対処方法が見出だせないまま日々苦慮している現実を踏まえ、上記のような生徒指導上の問題等に現職教員がより適切に取り組むことができるよう、教育相談（カウンセリングを含む。）を中心に生徒指導等に係る科目の内容を充実する必要があると考えたからである。
　　とりわけカウンセリングの意義、理論や技法に関する基礎的知識を教員が持つことで、児童・生徒をより深く理解しより適切に接することや、カウンセラーや専門機関と円滑に連携することが可能となり、教科指導・生徒指導等の両面において高い教育効果が期待できる。

262　書　評

　なお、ここで求められるのはあくまで教員を志願する者がカウンセリングに関する基礎的知識を修得することであり、カウンセリングの専門家の養成そのものではないことに留意し、その趣旨の徹底が図られるべきである。また、ただ単に教員の資質能力の向上に期待するだけでは上記のような諸問題の解決は困難であり、家庭や地域社会の自覚と主体的取組みが必要であることは、いうまでもない。
◎　幼稚園教諭【筆者略】
◎　小学校教諭免許状取得に際しても、児童の発達段階等に相応しい進路に関する指導について、養成段階で適宜教授するようにする必要がある。
□　学校における様々な生徒指導上の問題等をより円滑に解決することができるよう、「生徒指導及び教育相談に関する科目」等の授業においてカウンセリング等に関する内容を教授するに当たっては、単なる知識の教授にとどまらず、養護教諭、学校医、スクールカウンセラー等の専門家の職務の実際や、それらの者との連携の在り方等についても適切に取り扱うようにする必要がある。

　文部省（当時）によるスクールカウンセラー活用調査研究委託事業は、この答申の2年前、1995年度に始まったばかりであるので一部触れるだけで、教員自身がカウンセリングマインドを持つようにといわれたものである。20年を過ぎてもこの答申が有効であることが図らずも著者により証明されたのかもしれないが、この改正以前・以後の教員職務調査比較をその観点から行っているわけではない。
　著者は「生徒指導に費やす時間が長い教員をフォローできる教員の配置」については、学校全体での対応の必要性に展開し、管理職による「タイム・マネジメント」と教育行政による施策が必要としているため、現行の改革方向との差異が縮小化していく。もちろん、別のことをいわなければならないわけではないが、著者が本書で実証してきた成果からいえることは、もっとあるのではないだろうか。それは、現在の生徒指導の負担のみに注目しすぎたからとも考えられる。

いくつかの問

　著者はそれぞれの調査分析を的確に行い結論に焦点化していっているため、

神林寿幸著『公立小・中学校教員の業務負担』　263

個別事象で生じる疑問を解消してそれらをつなげていくことでより深化するとも思われる。以下、重箱の隅をつつくようなことでしかないが、提示したい。

　「TALIS2013については、あらためて教員の勤務形態を考慮した分析が必要である」（10頁）し、「11月以外に実施された教員の労働時間調査では、業務繁忙期や業務閑散期における教員の勤務実態が示される可能性がある」（40頁）とも述べているが、筆者も同意する。むしろ2〜3月調査という、もっとも部活動閑散期でありながらの長時間勤務の実態をどう評価すればよいのか、考える必要があるだろう。

　「生徒指導や部活動指導など、教員の課外活動に費やす時間が増大した背景を考えると」、「第1に、教育上配慮が必要な児童生徒の増加」、「第2に学校教育の役割拡大」（以上63頁）とある。第2に含まれるのかもしれないが、「放任」できなくなった部活動という視点もあるのではないだろうか。生徒の自主性に任せていた「古き良き時代」と、それが当然の姿なのであるが、たとえ専門外で指導ができなくても必ず顧問教員が立ち会わなければいけない現代社会である。

　第3章の分析では、週全体での労働時間は文系教員が長く、週の教育活動時間は理系教員が長い、など個別分析は一つひとつ首肯できるが、総体としてつかめない感がある。筆者の読解力の不足によるところが大きいが、多くの読者のためにも、項目をそろえて比較するような、理解を助けるまとめがあるとありがたい。

　第3章のまとめとして学校選択制という政策自体の影響のなさを指摘し、終章の残された研究課題でも「学校選択制以外の教育政策導入が、教員の業務負担に与える影響の検証」（212頁）を挙げている。著者も註で挙げている中では、コミュニティ・スクールや地域学校協働活動（学校支援地域本部を含む）がもっとも検証しやすいのではないかと思われるが、イニシャルコストとランニングコストを弁別した検証が可能かどうかが問われるだろう。

　様々な事情から刊行まで時間がなかったであろう本書には、著者の誠意として第1刷正誤表がつけられている。筆者の今回の読解ではさらに同程度の正誤表が必要になるが、それはやむなきことと思われる。付図序-1（28頁）の題のように明らかな誤りはわかるのでよいが、正しい解答を得たいこともある。第1章の週の庶務時間の分析において、中学校教諭について正しい記述がされていなかった（58頁）。ここは、実際はどういう分析になるのであろうか（それは

筆者が自分で読み取るべきなのであろうが）。第2章の註で新聞記事のキーワード検索が説明されている（90頁）が、最も古いものとして得られるものがなぜそうなるのか、不明である（新聞検索機能を筆者がよく理解していないのであろうが）。

　なぞかけのようなことで書評を閉じては読者に申し訳ないが、本書をぜひお読みいただきたいためのあげ足取りであって、本書の価値を少しも下げるものではないことは特記しておく。

［書評にお応えして］　　　　　　　　　　教育制度学研究第 25 号〔2018 年〕

書評にお応えして

神林 寿幸（明星大学）

はじめに

　拙著を丁寧に読み書評をくださった雲尾周会員、そして拙著を書評にとりあげてくださった日本教育制度学会編集委員会に厚く御礼を申し上げたい。拙著が刊行されてからも、教員の働き方改革に関する施策が国や各都道府県・市町村で進められており、このような中で、拙著が本学会で書評されることは大変光栄である。

　はじめに、この場をお借りして、1 点お詫びを申し上げたい。評者からも言及があったように、拙著は誤植が残ったままの形で刊行されてしまった。拙著の刊行後に、筆者でもあらためて確認作業を行い、正誤表を作成した。作成した正誤表は、出版元である大学教育出版ホームページ上の「サポート」ページ（https://www.kyoiku.co.jp/20/）や筆者の researchmap（https://researchmap.jp/t_kanbayashi/）に掲載している。読者にはご迷惑をおかけしてしまうことを重ねてお詫びするとともに、正誤表もあわせて参照しながら本書を手に取っていただければ幸いである。ただし、これらの誤植の訂正によって、本書の各章ならびに本書全体の分析結果や結論が変わることはないことを断っておきたい。

　さて、評者から頂戴した書評から、まず大きく次の 2 点の論点提示を頂戴したと筆者は読み取った。第 1 は本書と現行の教員の働き方改革のスタンスとの関連であり、第 2 は部活動に伴う教員の過重な業務負担の可能性である。さらに評者から「いくつかの問」として、第 1 章の「週の庶務時間」の分析結果に関する記述の確認について、第 2 章の新聞検索について、第 3 章全体としての分析結果について、大きく 3 点の疑問点を提示されたように思う。

　以上の点について、可能な限り、以下お応え申し上げたい。

1　本書と現行の教員の働き方改革のスタンスとの関連について

　評者からの書評の「教員の業務負担軽減に向けた取り組み」で、従来の教員

266 　書評にお応えして

の業務負担に関する政策が時間的負担に比べて、心理的負担に重点を置いてきたと本書が言及するように読み取れ、そこには今の政策動向とのずれがあるように思えるという指摘があった。

確かに、本稿執筆時点（2018年8月中旬）においても、中央教育審議会（以下、中教審）では学校における働き方改革特別部会で審議が進められ、文部科学省や多くの都道府県・市町村・学校でも、教員の働き方改革として、教員の長時間労働の是正に向けた取り組みが行われている。こうした状況を踏まえると、教員の業務負担に関する政策の多くが心理的負担に重点を置いてきたという本書の指摘は現行の政策動向とずれていると言えなくもない。また、本書の第1章の分析でも、1950〜60年代と2000年代以降に文部科学省（旧文部省も含む）や教育委員会、教職員組合が実施した調査データを使用したが、これらの調査が行われた背景には、教員の長時間労働に対する課題意識があった。

ただ、少なくとも1970年代〜2000年代前半までは、その期間の前後に比べて、教員の時間的負担に対する関心は弱かったといえる。本書の第1章でも述べたように、昭和41年度に旧文部省が「教職員の勤務状況調査」を行ってから、平成18年度に文部科学省が「教員勤務実態調査」を行うまでの40年間、教員の時間的負担を把握する全国調査は行われなかった。昭和41年度調査の結果を踏まえて教職調整額を定めた「公立の義務教育諸学校等の教育職員の給与等に関する特別措置法」が成立し、1950〜60年代に政策課題となっていた教員の超過勤務の問題について一定の解決が図られ、教員の時間的負担への関心が弱まったのがその理由の一つと考えられる。しかし、文部科学省「平成18年度教員勤務実態調査」（以下、平成18年度調査）が実施され、再び教員の時間的負担への関心が高まった。

さらに、筆者が教員の業務負担に関する研究に着手したのが、平成18年度調査が実施されてから数年後の時期であるが、筆者の理解では、教員の時間的負担に対する関心は、近年よりいっそう高まった。図1は、朝日新聞記事検索サービス「聞蔵Ⅱビジュアル」の検索から、1985年以降の『朝日新聞』の記事で、見出しに教員の長時間労働を含む記事として得られたものを年代別に件数をまとめものである[1]。全部で20の記事が得られたが、そのほとんどが2017年以降のものであることが分かる。

この背景には、文部科学省「平成28年度教員勤務実態調査」（以下、平成28年度調査）の速報が、2017年4月下旬に公表されたことが考えられる。周知のと

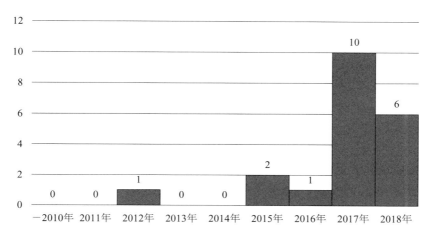

図1　見出し語に「教員の長時間労働」を含む記事件数（朝日新聞）
出典：筆者作成。

おり、同速報は、10年前よりも、教員の学内勤務時間が増大したことなど、日本の教員の深刻な長時間労働の実態を示した[2]。これを受けて2017年6月には、文部科学大臣から中教審への諮問がなされ[3]、同年7月に中教審に学校の働き方改革特別部会が設置された。しかし、平成18年度調査の実施後には、中教審でこのような会議が設けられることはなかった。

　加えて、社会全体で働き方改革の機運が高まったことも、教員の時間的負担に力点を置いた今日の政策動向を後押しすることになったと思われる。平成28年度調査の速報を受けて、「過労死ライン」を超える教員の報道が出た[4]ことは、その表れであり、これも平成18年度調査直後とは異なる状況であると筆者は感じている。

　なお、本書で教員の心理的負担に力点が置かれた政策動向として想定するのは、「多忙と多忙感は違う」という前提に立ったものである。実際に、教育委員会が教員を対象に実施した調査で、「忙しくても多忙感を感じないのはどのような場合か」という質問項目に、「やりがいが感じられるとき」という回答が多いことを報告するものがある[5]。また、教育委員会による教員の業務負担軽減にむけた方針で、教員の業務効率化等の視点に偏った取組は、よりよい課題解決にならない場合もあり、教職員のやりがいを感じられる職場環境づくりという視点からの取組も重要であると述べるものもある[6]。このような指摘は、最

268 書評にお応えして

終的には教員のやりがいという心理的側面が業務負担の程度を左右すると考えに基づいたものであり、筆者が本書のもとになった博士論文を執筆していた頃には、こうした議論が多かったように思う。そのため、本書の課題設定では、従前の教員の業務負担に関する政策は心理的負担に力点を置いてきたと述べた。

今日では、働き方改革という教員の時間的負担に力点を置いた政策提言が多く見受けられるようになった。そのため、教員の心理的負担に力点を置いた政策という本書の文言が、今の政策動向とずれて見えるという評者からのコメントを受けたと筆者は考えたところである。これはこの十年近くで教員の業務負担に関する政策が時間的負担に着目するようになり、政策動向が変化したことを表すものといえ、このような教員の時間的負担に着目した政策動向に、筆者は今後も期待している。

2 部活動に伴う教員の過重な業務負担の可能性について

本書では一連の検証を踏まえて、今日の教員に大きな負担をもたらす業務として、個別の生徒指導の存在を指摘した。これに対して、評者から部活動指導も考えられるのではないかというコメントが寄せられたが、筆者も同様の考えである。

本書の第1章で1950〜60年代と2000年代後半以降の教員の労働時間調査を比較し、週の教育活動時間の増大とともに、週全体の労働時間が増大したが、1950〜60年代と2000年の各調査で正規の教育課程に基づく教育活動に教員が費やす時間にさほど差がなかった。そのため、正規の教育課程以外で教員が児童生徒の指導に費やす時間（課外活動時間）が増大した可能性を本書は示唆した。

ただ、ここでいう課外活動が具体的に何であるかについて、本書の第1章の分析に使用データから直接的に明らかにすることはできない。本書36頁でも言及したように、各調査で業務時間を測定する際に使用する業務分類は異なるためである。課外の教育活動として、日本の教員は放課後に補習指導や部活動指導を行ったり、児童生徒からの悩み相談に応じたりするなど、あらゆる場面で教員は児童生徒に対して指導を行っており、これらの指導の中で、業務時間が増大したものは何かを断言することは難しい。

このように、本書の第1章の分析から、こうした指導の中でどれに費やす

時間が増大したのかについては直接判断することはできないが、最終的に本書では、不登校児童生徒、発達障害のある児童生徒、ひとり親家庭の児童生徒といった教育的課題をもつ児童生徒に対する指導に費やす時間が増大している可能性を指摘した。その理由には次の2点ある。第1に、本書の第2章や各種先行調査で示めされたように、不登校児童生徒、発達障害のある児童生徒、ひとり親家庭の児童生徒が増大しており、児童生徒をめぐる教育課題が複雑化・多様化している。第2に、本書の第1章では、小学校でも正課以外で行われる教育活動に教員が費やす時間も増大しており、多くの小学校では部活動指導が行われていないことも踏まえると、部活動以外にも、課外活動が増大している可能性がうかがえる点である。

　だが、中学校については、個別の生徒指導に加えて、部活動指導時間が増大したことも、教員の週全体の労働時間を増大させた理由であると考えられる。中澤 (2014) が示したように、部活動指導は教育活動としてみなされることで戦後拡大してきた。これは今日も同様で、文部科学省の「平成28年度文部科学省教員勤務実態調査」でも、10年前に比べて、中学校で教員の部活動指導に費やす時間が増大していることが示された[7]。部活動指導の拡大は、中学校教員の時間的負担の増大をもたらしたことについては筆者も看過できないものと考えており、その意味で、昨今の教員の働き方改革で部活動指導の見直しが議論されていることを筆者は歓迎している。

　ただ他方で、部活動指導の教育的意義は9割程度の保護者によって認識されているという調査報告がある[8]。そのため、一方的に部活動指導を教員の業務から切り離してしまうと、そのことが学校や教員に対する保護者の不満につながる可能性もある。学校や地域によって置かれた状況が異なるので、中教審で提言された部活動指導の見直しにむけた方策すべてをそのままの形で取り組むのではなく、学校関係者（学校・生徒・家庭・地域）同士で積極的な議論を行い、各学校・地域で取り組むことのできる範囲・方策を分析し選択していくことも今後求められるように思う。

3　「いくつかの問」について —— 第1～3章それぞれに寄せられた疑問点への回答

　まず、第1章の「週の庶務時間」の分析結果に関する記述 (58－60頁) については、本文に2か所の誤植が生じてしまった。そのため、評者に混乱を招いてしまった。重ねてお詫びを申し上げたい。こちらも前記の正誤表をあらためて

270　書評にお応えして

参照願いたいが、特に本分析の3点目、学級担任の担当別の庶務時間については、学級担任をしていない教諭（例えば、教務主任）のほうが長いという分析結果が得られたことを再度確認させていただきたい（表1−6を参照）。

　次に、第2章の新聞検索については、筆者でも各新聞記事データベースの再度確認を行った。そのうえで、朝日新聞記事検索サービス「聞蔵Ⅱビジュアル」について補足を行いたい。本書90頁の5−7行目には、1985年以降の新聞記事検索ツール「朝日新聞1985〜、週刊朝日・AERA」で、1984年11月29日付の新聞記事が検索されたことを記した。これは同検索ツールの収録記事のうち、「朝日新聞本紙（朝刊・夕刊）最終版」の「東京本社版ニュース面」については、1984年8月以降のものを掲載しているようである[9]。そのため、1985年以降の新聞記事検索ツールで、1984年の記事が析出されたと思われる。

　最後に、第3章について、属性等による個別の分析結果は首肯できるが総体としてつかめないという評者からのコメントを頂戴した。これらの属性変数は、当該章の最大の関心である学校選択制を導入している学校とそうでない学校で教員の業務負担がどのように異なるのかを検証するための統制変数と位置づけて、分析を行った。そのため、分析結果の記述を「文系科目担当の中学校教諭の業務負担の特徴は、理系科目担当教諭よりも、週全体の労働時間が長く、成績処理や授業準備に費やす時間が長い」といったものにしなかった。ただ、今後同様の分析を行う際には、このような書き方に工夫することも検討したい。

　また、教育政策の導入と教員の業務負担の変容との関連について、イニシャルコストとランニングコストを弁別した検証可能性が問われるという評者からの指摘は非常に重要である。筆者の浅学さからして、すぐに明確な回答をすることはできないが、検証には複数時点を観察した縦断データが必要であると思われる。当該政策が導入されてから何年が経過したのか、調査対象である教員が当該学校に勤務して何年目であるのかといった情報や、さらにイニシャルコストを測定するためには、当該施策を導入する前の情報も必要と思われる。このように、本書には残された課題が多くあるが、これらの課題に応えられるように、今後一層研究に精進したい。

【註】

1　「朝日新聞1985〜、週刊朝日・AERA」で、検索対象紙誌を「朝日新聞」とし、キー

ワードに「(教員＋教職員＋教師＋先生)＆長時間＆(労働＋勤務)」、発行日を「全期間」、そして検索オプションの検索対象を「見出し」として検索を行った。

2　さらに2013年に実施されたOECD第2回国際教員指導環境調査（Teaching and Learning International Survey 2013）によって、国際比較からも日本の教員の長時間労働の実態も示されたインパクトも大きいといえる。同調査結果を受けて、当時の下村博文文部科学大臣が「これからの学校教育を担う教職員やチームとしての学校の在り方について」を中央教育審議会に諮問した（http://www.mext.go.jp/b_menu/shingi/chukyo/chukyo3/052/siryo/__icsFiles/afieldfile/2014/12/15/1354014_1.pdf、最終閲覧日2018年8月15日）。

3　文部科学大臣松野博一『新しい時代の教育に向けた持続可能な学校指導・運営体制の構築のための学校における働き方改革に関する総合的な方策について』（入手先URL：http://www.mext.go.jp/b_menu/shingi/chukyo/chukyo0/toushin/__icsFiles/afieldfile/2017/10/16/1397081_01.pdf、最終閲覧日2018年8月15日）。

4　『毎日新聞』〔Web版〕（2017年4月28日11時00分）を参照（入手先URL：https://mainichi.jp/articles/20170428/k00/00e/040/242000c、最終閲覧日2018年8月15日）。

5　横浜市教育委員会事務局『横浜市立学校教職員の業務実態に関する調査報告書【分析・改善編】』（入手先URL：http://www.city.yokohama.lg.jp/kyoiku/toukei-chosa/a.pdf、最終閲覧日2018年8月15日）など。

6　新潟県教育委員会『子どもたちと向き合う時間の確保のために 多忙化解消アクションプラン』（入手先URL：http://www.pref.niigata.lg.jp/HTML_Article/751/72/ap2.pdf、最終閲覧日2018年8月15日）など。

7　文部科学省初等中等教育局『教員勤務実態調査（平成28年度）の集計（速報値）について』（入手先URL：http://www.mext.go.jp/b_menu/houdou/29/04/__icsFiles/afieldfile/2017/04/28/1385174_002.pdf、最終閲覧日2018年8月15日）

8　ベネッセ教育総合研究所『ダイジェスト版 学校教育に対する保護者の意識調査2018』（入手先URL：https://berd.benesse.jp/up_images/research/Hogosya_2018_web_all.pdf、最終閲覧日2018年8月15日）。

9　朝日新聞「聞蔵Ⅱビジュアル使い方―朝日新聞1985〜、週刊朝日・AERA―」（入手先URL：http://database.asahi.com/help/jpn/present_naiyou01.html、最終閲覧日2018年8月14日）。

【引用文献】

中澤篤史（2014）『運動部活動の戦後と現在―なぜスポーツは学校教育に結び付けられるのか―』青弓社。

[書評] 　　　　　　　　　　　　　　　教育制度学研究第 25 号〔2018 年〕

楊 川

『女性教員のキャリア形成
─女性学校管理職はどうすれば増えるのか？』

晃洋書房、2018 年、184 頁、本体価格 5,500 円

柴田　聡史（琉球大学）

1　本書の概要

　本書は、楊川会員が 2014（平成 26）年 3 月に九州大学より博士（教育学）の学位を授与された博士論文「公立小学校における女性教員の管理職への昇任及びキャリア形成に関する研究」に加筆・修正を加え、刊行したものである。

　全国の公立小中学校教員に占める女性教員の割合に比べて女性の学校管理職の割合が低いという現状に対し、「女性学校管理職はどうすれば増えるのか」というのが本書に通底する著者の問題意識であり、本書は「女性教員が学校管理職に至るまでのキャリア形成を規定する要因を明らかにすること」を目的としている（1 頁）。

　本書は、序章、第 1 章〜第 5 章、補章、終章の全 8 章で構成されている。以下、各章の内容を概観する。

　序章「女性管理職は増えているのか」では、先行研究の検討を踏まえて本研究の方法が述べられている。まず、管理職の任用に関わる従来の研究は、管理職選考試験等の任用制度と任用される教員個人のキャリアのどちらかに焦点が当てられ、それぞれ別個に扱われてきたと指摘する。その上で、管理職の任用が両者の相互関係によって実現することを踏まえると、制度の運用実態と個人のキャリア形成の実態の両面から解明することが必要であるとする。そこで本書では、管理職任用制度と教員のキャリア形成の契機という 2 つのファクターを組み合わせた分析枠組みを提示している。管理職任用制度については、任命権者の登用姿勢や資格要件などが「システム内在的差別」として女性に機能し、女性教員の昇任プロセスの阻害要因となる可能性が検討される。他方、教員のキャリア形成の契機については、個人の選好や家庭状況など、個人の問題によりキャリア意識の向上が図れない可能性があるとする。そうした枠組みのもと、

女性教員の管理職へのキャリア形成過程とその促進要因、阻害要因の分析が進められる。

第1章「都道府県・政令市の女性管理職の登用と研修」では、都道府県・政令市の学校管理職の任用制度および女性管理職の登用状況が検討されている。全体として女性校長・教頭の割合が低く、2000年度以降伸びがないことを指摘するとともに、都道府県・政令市ごとに見ると女性管理職の登用状況には大きな差があり、女性管理職の割合が低いままの自治体、高い割合を維持している自治体、伸びが低調である自治体、伸びが著しい自治体の4つに分類ができるとする。さらに、著者らが実施した都道府県・政令市教育委員会への質問紙調査等から、管理職選考試験の受験資格といった明文化された要件の他に、様々な経験や実績などの明文化されない「要件」の存在を示し、管理職選考制度の運用実態の多様性を明らかにしている。また、都道府県・政令市の「男女共同参画基本計画」策定状況を分析し、女性管理職登用の促進に関する政策の実施状況および教員人事における男女共同参画の実態を分析している。

第2章から第5章にかけては、前章を踏まえて選定された特徴の異なる4つの自治体を事例に、人事担当者および女性管理職へのインタビュー調査から、女性教員の管理職へのキャリア形成の促進・阻害要因、キャリア形成の実態が分析されている。第2章「女性管理職登用の促進政策が存在する自治体」では、女性管理職登用を促進する政策・姿勢が存在し、その割合が上昇しているA自治体の事例が検討されている。A自治体は、選考段階での登用促進だけでなく、主任や首席へ積極的な任用・登用を通じて管理職候補者を制度的に育成していることが明らかにされ、また女性管理職へのインタビュー調査からは勤務のしやすさや家族からの支援がキャリア形成の促進要因であることが指摘されている。

第3章「女性管理職の割合が高い自治体」では、女性管理職登用の促進政策はないが、高い女性管理職の割合を示しているB自治体の事例が検討されている。B自治体は管理職選考試験の受験資格要件が少なく、公立小学校の教務主任の半数以上が女性であるなど、受験のしやすさと主任経験を有する教員の多さが女性管理職の輩出の促進要因であると考察されている。

第4章「女性管理職の登用が進んでいない自治体」では、女性管理職登用の促進政策がなく、女性管理職の割合が下降しているC自治体の事例が検討されている。C自治体では選考試験の受験資格として、さらには管理職任用後も

274 書 評

へき地校での勤務が求められるという制度的な特徴が存在した。このような勤務の困難さ、資格要件の厳しさが、女性受験者低下の要因であると分析している。そして女性教員の管理職へのキャリア意識が低下する中で、家事や育児に対する家族からの支援が上記の困難さを克服する重要なポイントになったと指摘している。

第5章「女性教員研修組織が存在する自治体」では、女性管理職登用の促進政策・姿勢が存在するにもかかわらず、女性管理職の割合が低いD自治体の事例が検討されている。男性教員のほうが早い段階で主任に登用され、豊富な経験を持っていることが明らかにされ、女性教員の管理職への昇任の阻害要因が管理職としての力量形成やキャリア意識向上を阻む校務分掌の偏りにあると指摘する。また、女性教員が自ら組織した女性管理職会や中堅女性教員研修会は、管理職としての力量の形成、キャリア意識の向上を目指しており、阻害要因を克服する機能を有していると分析している。

補章「女性管理職率が上下に変動した自治体」では、第2～5章の結論を補強することを目的に、女性管理職の割合の拡大期と縮小期の双方を経験したE自治体について、それぞれの時期の女性管理職のキャリア形成の実態を分析し、増減の要因を明らかにしている。校長等による推薦制度の影響が弱まったことで拡大したが、その後広域人事による異動の影響により縮小していったことが指摘されるとともに、いずれの時期にも女性学校管理職会が女性の管理職試験の受験や育成を支えていたと考察している。

終章「女性学校管理職はどうすれば増えるのか」では、各章の総括をもとに本書の成果が整理されている。まず本書の結論として、4点が示されている。

1点目は、「管理職任用制度」と「教員のキャリア形成の契機」という二つのファクターを組み入れた女性教員の管理職昇任プロセスの分析枠組みを用いることで、個人のキャリア意識や力量形成へ影響を及ぼす要因と管理職任用制度の関係構造が解明され、女性管理職のキャリア形成を実態に近い形で描くことができるということである。

2点目に、女性管理職登用の促進政策は、家庭状況や主任経験等に恵まれた一部の女性教員に促進要因として作用するものの、その影響は限定的であるため、促進政策は登用段階（登用の数値目標の設定、受験資格の緩和）だけではなく、教員のキャリア形成の契機に合わせて管理職候補者として成長する段階（研修や意図的な登用）を含める必要があるとする。

3点目に、管理職任用システムに「システム内在的差別」が存在することである。人事異動制度や学校組織の校務分掌制度における「システム内在的差別」により、女性教員は管理職への志向や意欲を持ちにくく、力量形成の機会を失っているとする。また、管理職選考制度においては、校長や市町村教委の推薦、勤務評価や業績評価が人事異動や校務分掌と連動することで、管理職候補者になる前段階において女性教員が排除される構造になっているとする。

　第4に、現行の人事システムにある「システム内在的差別」を克服する仕組みとして、女性自身が作った独自のシステムが存在することである。女性管理職会、中堅女性教員研修会は管理職候補者の確保の段階で排除される傾向にある女性教員を独自に育成し、女性管理職への道を開拓することに寄与していた。一方で、こうした機会への参加がすべての女性教員に開かれていなければ、さらなる排除の仕組みとなる懸念も指摘されている。

　その上で、本書の基本的な問いである「どうすれば女性管理職が増えるのか」に対して、次の4点の検討が重要であるとする。①女性教員にとってハードルの高い異動範囲の問題を検討すること、②力量形成の機会として学校経営参画を図ることができる職に積極的に配置すること、③管理職選考試験では女性が男性に比べて積み上げにくい業績に関する評価のあり方を見直すこと、④育児や介護等に対する負担軽減や職場や社会での積極的かつ多様なサポートが必要であることである。計画的に女性教員を管理職候補者として育成するという視点を持ち、上記のような制度的な工夫を行うことによって女性管理職の割合が増加すると本書は結論づけている。

2　本書の意義と若干の論点

　本書の意義として次の点をあげることができる。まず、管理職任用制度と教員のキャリア形成という2つの観点を組み合わせた新たな分析枠組みを提示し、その有効性を示した点である。この分析枠組みを用いることで、キャリア形成の過程とその促進要因や阻害要因、その関係構造が明らかされている。さらに、自治体間の比較によって、地域的な条件の下での制度や政策の有無、違いが女性管理職のキャリア形成に与える影響を明らかにすることで、女性教員の管理職へのキャリア形成の実態に迫ることに成功している。

　また、これまで明らかにされてこなかった任用や人事制度における「システム内在的差別」の存在と実態を明らかにした点である。それは、管理職を具体

的に目指す段階だけでなく、そもそも管理職を志向するかどうかという際にも女性教員が直面するものであり、女性管理職が少ない現状の中で解消すべき制度的な障壁の存在が明らかにされたことは非常に重要な知見であろう。

　本書が明らかにした女性教員のキャリア形成をめぐる困難さは、今後の教員のキャリア形成のあり方を考える上で重要な指摘である。大量退職に対応した候補者確保という量的な側面と、高度かつ多様な資質・力量を持った候補者確保という質的な側面がともに大きな課題となる中で、本書は時宜にかなったものである。

　最後に本書を通読して気になったいくつかの疑問や論点を提示したい。

　第1は、自治体の主任等への登用に対する女性教員の登用促進政策の影響とそのプロセスについてである。管理職への志向の契機と力量形成の機会として主任等の経験の重要性が指摘されている。主任への登用が基本的には現場の裁量であるとするならば、積極的な女性教員の登用はどのようなプロセスによって促進されるのであろうか。女性管理職の割合が高い自治体をみると、例えばA自治体では主任への積極的な登用を政策として掲げているが、そのことが実際に現場にどのように作用し、結果としてどの程度の効果があったのだろうか。他方、B自治体では登用政策が無くとも、小学校の教務主任の半数を女性教員が占めているが、そこには政策以外にどのような要因が考えられるのか。いずれも直接には管理職の意識や判断によるのであろうが、例えば登用政策が学校や管理職に対して何らかの数値目標を掲げ、あるいは管理職の評価と結びつくことでそうした意識や判断を促すのか、あるいは他の要因があるのかお伺いしたい。

　第2は、上記とも関連するが、候補者の登用や育成、推薦に関わる管理職、特に女性管理職の役割についてである。分析枠組みの2つの観点が重なる部分として、先輩管理職の果たす役割の大きさが指摘されている。選考試験に関しては管理職の推薦を必要とすることが多く、また本人に対しても大抵の場合管理職からの「声かけ」がなされるなど、教員のキャリア形成のポイントとなる立場である。では、インタビューの対象となったような女性管理職は、後に続く女性教員のキャリア形成をどのように捉えているのか。積極的な登用や声かけを行い、さらには阻害要因の解消や軽減にも積極的であること、一方でその困難さゆえに逆に抑制的であることも考えられる。著者が明らかにしたように女性管理職会といった組織が女性管理職による後進の育成という意味で一定の

機能を有している。では、通常の職務や任用制度との関わりの中で、女性管理職は女性教員のキャリア形成にとってどのような役割を果たしているのか。女性管理職の存在とその拡大自体が今後どのように促進要因となり得るのかという観点からお尋ねしたい。

　第3は、女性教員のキャリアにおいて管理職自体がどのように捉えられているかという点である。インタビュー結果から、当初は目指していなかったキャリアを先輩管理職からの強い「励まし」や「勧め」によって次第に志向していく過程、その中で何度か断っていたり教員のキャリア継続を望んでいた様子が記されており、そこからはある種受動的にならざるを得ないキャリア形成の姿が窺える。女性の管理職志向の低さはこれまでも指摘されており、その大きな要因こそが「システム内在的差別」であることは本書の明らかにするところである。仮に、「システム内在的差別」のない制度設計がなされたならば、女性教員がより積極的にあるいは早い段階から管理職を志向していくことになるのだろうか。管理職が積極的に目指したいキャリアかどうかということ自体が、女性管理職の増加を阻む1つの大きな要因であると感じられる。その点、本書でも働き方の改善の重要性が指摘されるが、管理職を目指さなかった、あるいは断念した教員の認識などを含めて、その職務の実態やイメージが女性教員にどのように捉えられ、志向に影響を与えているのか。インタビュー調査の過程で見えてくるところがあればお示しいただきたい。

　第4に、新たな職の導入に伴う今後のキャリア形成のあり方についてである。今後の課題でも言及される主幹教諭や指導教諭といった新たな職の導入により、管理職に至る過程はより多様かつ段階的なものになると考えられる。そのことは、女性教員のキャリア形成にとっていかなる意味を持つのだろうか。管理職への志向や力量を獲得する機会の拡大となるのか、あるいは「システム内在的差別」が機能する機会が増えることになるのだろうか。新たな職の導入が、付随する研修制度等と関連をしながら、それまでの登用促進政策や任用制度にどのように影響を与え、いかなる変更をもたらすのか。また、個人にとってはキャリア形成の契機としてどのように位置づけられていくのか。可能な範囲で著者の見解をお示しいただきたい。

　いずれも本書の分析の射程から外れるものであるが、「なぜ増えないか」の要因分析に留まらずに「どうすれば増えるのか」という課題解決を目指す著者の視点から考察を伺えると幸いである。

[書評にお応えして] ━━━━━━ 教育制度学研究第 25 号〔2018 年〕━━━

書評にお応えして

楊 川（九州国際大学）

はじめに

　拙著『女性教員のキャリア形成－女性学校管理職はどうすれば増えるのか？』を書評に取り上げていただいた編集委員会、ならびに書評を執筆いただいた柴田聡史会員に、まずは心より御礼を申し上げたい。柴田会員には限られたスペースのなかで本書の構成と内容を丁寧にご紹介いただくと同時に、「女性学校管理職はどうすれば増えるのか」という課題解決を目指す著者へいくつかの論点を提起していただいた。この機会をお借りして、本書で記述できなかった点を含め、制度設計の観点から論点に対して可能な限りお答えしたいと思う。

1　登用促進政策が主任等の登用にいかに影響するか

　一つ目の論点は、「主任への登用が基本的には現場の裁量であるとするならば、積極的な女性教員の登用はどのようなプロセスによって促進されるのであろうか」という点である。おそらく評者は校長の校内人事に影響を与えうる政策がどのようなものかを知りたいのではないだろうか。しかし、筆者は登用促進政策が校長の意識変化にどう影響したか、主任数がどの程度増加したのかといった具体的なプロセスについて調査を行っていない。それゆえ、筆者が上記論点に対して明確な回答をすることは困難であり、今後の研究課題である。

　ただし、これまで A 自治体で行ったインタビュー調査の結果もあわせると、何らかの影響はあると言い得るだろう。A 自治体では公立小中学校教職員人事取扱要領において、「女性教職員の人事について」という項目を設けており、そのなかでは、「各学校における主任等の任命に当たっては、女性教職員の活用を計画的に進める」こととしている。この点について、市町村教委を通して、校長会などにおいて管理職のなり手不足、女性登用促進の大切さを繰り返し伝えている。A 自治体のある市の教育委員会学校教育部指導課課長代理（教頭格・女性）は、管理職を目指した理由として当時の校長（男性）の繰り返しの声かけ

が大きいと述べており、さらに、周りに若手教員が多く、自分がもう年齢的にもそのような役割（主任、その後管理職）を担わなければならないと認識したという。校長は女性教員のキャリア形成上のキーアクターであり、校長に対して影響を与える登用促進政策となれば、大きな変化が期待できよう。

　B自治体の場合、女性教頭、女性校長の割合はすべて全国トップレベルにあるが、登用促進政策がない。では、「登用政策が無くとも、小学校の教務主任の半数を女性教員が占めているが、そこには政策以外にどのような要因が考えられるのか」という評者の質問についてお答えしようと思うが、もし質問の意図を外していたら御容赦願いたい。二つの要因が考えられる。

　一つ目は、優秀な者が管理職になるという当たり前の文化の存在である。女性校長も当初一教員としての教育実践への努力と力量を認められ、先輩校長に評価されていた。その後、校務分掌の変化（主任への任用）によって管理職へのキャリア意識が形成されていた。B自治体の学校現場（校長）は学校経営参画の機会を男女教員に関係なく、校務分掌を通して与えていた。二つ目は、拙著の結論と同様となるが、異動範囲の狭さである。異動範囲が狭くなれば、女性教員にとって、育児・介護が大きな問題となりにくく、また家族からの子育て等の支援を得やすくなる。女性教員にとっての育児・介護等の負担を軽減する異動範囲については今後考慮すべき課題だと考えている。

2　先輩女性管理職の役割は何か

　二つ目の論点は、「通常の職務や任用制度との関わりの中で、女性管理職は女性教員のキャリア形成にとってどのような役割を果たしているのか」、「女性管理職の存在とその拡大自体が今後どのように促進要因となり得るのか」という点である。

　この点に関連して、拙著では女性管理職団体の女性教員に対する相談や研修について触れたが、通常の職務における上司としての女性管理職の役割については十分な調査を重ねているわけではないため明確な答えを出せない。可能な範囲で、これまで多くの女性校長へのインタビュー調査から判明した点を指摘したい。

　女性校長の多くは優秀な後輩女性教員に管理職になってほしいとの思いが強い。そして、女性校長たちは管理職を目指すうえでの女性教員ならではの苦労を理解しているため、それを乗り越える支援・配慮を積極的に行っている。

280　書評にお応えして

　ある女性校長は、「あの先生なら絶対うまくやれる」と思う女性教員が勤務校にいた場合、研究大会の委員長を任せたり、主任経験を与えたりしていた。その理由は、自らもそのような機会を通して、学校経営の面白さを知ったからである。一方、子育てと仕事の両立の困難を経験した女性校長は、自校の子育て期の女性教員の配慮も行っていた。「自分が子育ての忙しい時期、同じ学校の女性校長から声かけられ、悩みなどを聞いてくれた。また校務分掌上の配慮もしてくれた。自分が職場復帰したら、今まで配慮してもらった分以上に、頑張ろうと思った」と語った女性校長もいた。このような女性教員のキャリアを中断させないような支援・配慮は、女性管理職特有の役割ではないかと考えられる。

　ただし、筆者は女性管理職を対象とした調査は重ねているが、男性管理職への調査は少ないため、女性管理職ならではの促進要因と断言することはできない。男性校長も同様の支援・配慮をしている可能性もあるため、今後調査を進めていきたい。

3　そもそも学校管理職は魅力的なのか

　三つ目の論点は、「『システム内在的差別』のない制度設計がなされたならば、女性教員がより積極的にあるいは早い段階から管理職を志向していくことになるのだろうか」という点である。評者の「管理職が積極的に目指したいキャリアかどうかということ自体が、女性管理職の増加を阻む1つの大きな要因であると感じられる」というご指摘は筆者も同感である。さらにいうと、男女教員に関係なく、教員になった当初は、管理職は魅力的な選択肢ではないかもしれない。というのは、教員の多くは、「子どもが好き」、「教えるのが好き」、「教科の専門性が強み」といった理由で、教員を目指し、教職に就いたからである。そして、学校経営参画の機会が少ない場合、つまり、それによって学校経営のおもしろさを感じる機会が少ない場合、管理職を魅力的な職と見ることはなく、男女にかかわらず、管理職を目指そうとしないのではないか。

　このため、教育委員会の課題であり、拙著でも述べたところであるが、いかに学校管理職を魅力的な職とするか、そしてそれを教員に伝えられるかが重要であろう。これまで行ったインタビュー調査の中で、当初、子どもが好きで、子どもに接する学級担任の仕事だけしたいと思っていた女性校長たちも、主任等の経験を通して、学級経営では経験できない学校を動かす面白さを発見した

と語っていた。「一クラスですと、30人、40人の子どもたちのためになるが、一つの学校ですと、学校にいるすべての子どもたちのために、いろいろとできる」と、学校管理職のやりがいを語った女性校長もたくさんいた。

学校経営参画をしていない教員にとって学校管理職は遠い存在である。教員のキャリアの早い段階から職のイメージをつかませ、さらに学校経営参画の機会を与えることで、職に対する心理的な距離を近づけることが可能になろう。

4　新たな職の導入が女性教員のキャリアにもたらす意味は何か

四つ目は「今後の課題でも言及される主幹教諭や指導教諭といった新たな職の導入は」、「女性教員のキャリア形成にとっていかなる意味を持つのだろうか」という点である。この点に関しては、今後学校管理職の任用制度にとっても、教員のキャリア形成にとっても大きな課題だと考えられる。筆者が自治体調査を行ったタイミングからいうと深く追求できなかった点であり、評者から論点の提起をしていただき、感謝を申し上げる。

この論点については、本書のA自治体と全体の結論から少しは予測ができるかもしれない。例えば、A自治体の場合、管理職選考試験の受験者の枠を拡大するために、2003年の管理職選考・任用方法の改正により、「女性管理職の積極的登用を行う」ようになった。一方、2007年より首席（主幹教諭）の選考・設置を行うようになり、その際に、「女性教員の積極的な推薦に配慮すること」とされた。このように、女性教員の中間管理職としての育成・登用に関して、女性登用促進の姿勢のある教委が主導権を握り、A自治体では、高い女性首席の割合（39.4%、2016年）を達成している。

かつて（現在も、であるが）、主任経験は教員の管理職への志向や力量を獲得する機会の拡大となり、学校管理職としての適性判断の機会ともなっていた。そしてそれは校内人事の意思決定権を有する校長に依存していた。しかし、女性登用促進の姿勢・政策のある教委の場合、新たな職に関する人事上の主導性が強く発揮できるため、この依存を解消、あるいは弱めることができる。それゆえ、女性管理職の増加という点で見れば主幹教諭、指導教諭の導入は利点が多いと言えるだろう。

しかし、評者の「『システム内在的差別』が機能する機会が増えることになるのだろうか」という疑問も看過できないと考えられる。もし今までの学校管理職選考・任用と同じく、「システム内在的差別」のある主幹教諭等の選考・任用

が行われる場合、女性教員が目指しにくい職になるのは間違いない。そして、主幹教諭等の経験を管理職選考時の資格要件とする場合、女性教員にとっては新たな職が厚い壁になることが予想される。例えば、主幹教諭等の異動の範囲を広域にしたり、選考・任用において試験成績より過去の業績を重視することになれば、出産・育児等の影響のある30代〜40代前半において管理職の道は自然と閉ざされることになるだろう。

　以上の点を踏まえると、新たな職の導入は都道府県・政令市間の女性管理職率の差を今後拡大する可能性がある。今後どのような結果を招くのか注視する必要があろう。

おわりに

　本研究は「管理職任用制度」と「教員のキャリア形成の契機」という二つのファクターを組み入れた女性教員の管理職昇任プロセスの分析枠組みをもとに複数の自治体調査を実施し、女性教員の管理職へのキャリア形成の実態を明らかにし、「システム内在的差別」はどのような形で存在しているのか、どのように制度設計を行えば、女性学校管理職は増えるのかについて明らかにした。しかし、この研究スタイルがすべての自治体の実際を解明しうる完璧なものだと考えていない。今回ご質問いただいた点をふまえ、研究スタイルを洗練させつつ、新たなタイプの任用・養成システムの構築の観点も念頭において研究活動を進めていきたい。

日本教育制度学会情報

日本教育制度学会会務報告

日本教育制度学会会則

日本教育制度学会役員選挙規程

日本教育制度学会役員一覧

日本教育制度学会紀要編集規程

日本教育制度学会著作権規程

『教育制度学研究』投稿規程

紀要編集委員会

日本教育制度学会会務報告

2017.11.11　2017/2018年度第1回理事会（東北大学）
- ①　事務局会務報告
- ②　紀要編集委員会報告
- ③　2016/2017年度決算案及び監査報告について
- ④　2017/2018年度事業計画案について
- ⑤　2017/2018年度予算案について
- ⑥　総会議題案について
- ⑦　次年度大会校について
- ⑧　入退会について
- ⑨　その他

2017.12.22　『学会ニューズレター』（第25号）発行

2018.03.10　2017/2018年度第2回理事会（筑波大学東京キャンパス文京校舎）
- ①　事務局会務報告
- ②　紀要編集委員会報告
- ③　役員体制の変更について
- ④　第26回大会について
- ⑤　課題別セッションの予算について
- ⑥　理事選挙について
- ⑦　入退会について
- ⑧　その他

2018.05.25　2017/2018年度第3回理事会（筑波大学東京キャンパス文京校舎）
① 事務局会務報告
② 紀要編集委員会報告
③ 第26回大会について
④ 入退会について
⑤ その他

2018.10.05　2017/2018年度第4回理事会（筑波大学東京キャンパス文京校舎）
① 事務局会務報告
② 紀要編集委員会報告
③ 第26回大会について
④ 2017/2018年度決算案について
⑤ 2018/2019年度事業計画案について
⑥ 2018/2019年度予算案について
⑦ 総会議題案について
⑧ 次年度大会校について
⑨ 入退会について
⑩ その他

日本教育制度学会会則

1993 年 11 月 27 日制定（創立大会総会）
1995 年 10 月 14 日改正
1998 年 12 月 05 日改正
2002 年 01 月 25 日改正
2014 年 11 月 08 日改正

第1条（名称） 本学会は、日本教育制度学会（The Japan Society for Educational System and Organization）と称する。

第2条（目的） 本学会は、教育制度研究の発展に寄与することを目的とする。

第3条（事業） 本学会は、前条の目的を達成するために、次の各号の事業を行なう。

(1) 研究部による教育制度の共同研究
(2) 研究集会等の開催
(3) 学会紀要の発行
(4) 教育制度関係出版物の刊行
(5) 内外の学会等との交流
(6) 会員の研究交流
(7) その他、本学会の目的を達成するに必要な事業

第4条（会員） 本学会の会員は、本学会の目的に賛同し、教育制度またはこれに関連のある学問の研究に従事する者、または教育制度の研究に関心を有する者で、会員の推薦を受けた者とする。

2 会員は、[1]通常会員、[2]支援会員の2種類とし、入会希望者は、入会時にどの種類の会員になるか意志表示するものとする。支援会員の会員資格は入会年度を含め3年度とする。但し、再入会を認める。

3 会員となるためには、入会申し込み書を提出すると同時に、入会金2,000円および入会年度の会費を納入しなければならない。但し、支援会員は、

入会金を免除される。

4　会員は、会費（年間8,000円）を納入しなければならない。但し、支援会員は入会時に3年度分の会費100,000円を納入するものとする。

5　3年以上会費滞納の会員は、除籍とする。その手続きについては、理事会において決定する。

第5条（役員）　本学会を運営するために、次の各号の役員を置く。

(1)　会長　　　　　1名
　　会長は、会務を統括し、本学会を代表する。

(2)　理事　　　　　若干名
　　理事は、理事会を構成し、本学会の重要事項を審議する。

(3)　監査　　　　　2名
　　監査は、会計を監査する。

(4)　顧問　　　　　若干名
　　顧問は、理事会や学会の諸活動に対し、指導・助言を行う。

第6条（役員の任期および選挙）　役員の任期は、3年とする。但し、再任を妨げない。

2　会長は、会員の投票により、会員の中から選出する。

3　理事は、全国区理事、地区別理事、課題研究担当理事により構成される。

4　全国区理事及び地区別理事は、会員の投票により、会員の中から選出する。

5　課題研究担当理事は、投票により選出された理事の会議において指名される。

6　監査及び顧問は、理事会の推薦により、総会の承認を受ける。

第7条（事務局）　本学会の事務を遂行するために、事務局を置く。

2　会長は、事務局の所在地を決定する。

3　事務局には、事務局長1名、幹事若干名を置き、会長がこれを委嘱する。

第8条（総会）　総会は、本学会の事業および運営に関する基本的事項を審議決定する。

2　総会は、会長が招集する。定例総会は、毎年1回開催する。臨時総会は、会員5分の1以上の署名により、開催される。

288

3 事業計画、予算・決算、監査の推挙、会則改正は、定例総会の議を経る
ものとする。

4 総会は、会員の3分の1の出席をもって成立する。委任状は、出席者数に
加えることができる。ただし、実出席者が会員の5分の1以上でなければ、
総会を開くことができない。票決は、実出席会員の過半数をもって議決と
なる。

5 定足数に達しない総会は、仮総会とし、その議決は、1ヵ月以内に全会
員に告知され、告知後1ヵ月以内に会員の5分の1以上の異議がない場合
に総会議決となる。

第9条（会則改正） 前条の規定にもかかわらず、本会則の改正は、総会におい
て出席会員の3分の2以上の賛成を必要とする。

第10条 本学会の会計年度は9月1日に始まり、8月31日に終わるものとする。

日本教育制度学会役員選挙規程

1995年10月14日総会決定
1998年12月05日総会決定
2014年11月08日改正

第1款　総則
第1条　日本教育制度学会会則（以下、会則）に定める役員を選出するために、日本教育制度学会役員選挙規程（以下、規程）を定める。

第2条　選挙は、役員任期の最終年度の5月1日から8月31日までの間に行われる。

第3条　有権者は、5月1日までに前年度の会費を納入している会員とする。

第4条　規程に定めのない事態が生じた場合、理事会が判断する。

第2款　会長の選出
第5条　会長は、会員による単記無記名投票によって、会員の中から選出し、最高得票者をもって充てる。

第3款　理事の選出
第6条　理事定数は、当分の間、30名以内とする。

第7条　理事選出の区分は、次の種類と定数による。
　ア　全国区理事　9名
　イ　地区別理事　12名
　ウ　課題研究担当理事18名（うち、その2分の1はアまたはイの理事より指名）

第8条　地区別理事の「地区」は、次の6地区とし、各地区2名を選出する。
　ア　北海道・東北　　イ　関東　　ウ　中部

エ　近畿　　オ　中国・四国　　カ　九州

2　各地区の被選挙人名簿は、会員の所属機関の所在地区（所属を有しない場合は、居住地区）による。海外の機関に所属し、もしくは海外に居住する会員は、希望を申し出た地区に所属させる。

第9条　課題研究担当理事の「課題研究」は9つ以内とし、選出された理事の会において各課題研究ごとに理事1名及び理事以外の会員12名を課題研究担当理事として指名する。

2　「課題研究」は、会員の意見を聴取して理事会が審議・決定し、総会に報告される。

第10条　会員は、全国区、各地区について、投票する。ただし、記名数は各区分枠の定数未満であることを可とする。

1. 会長、2. 全国区理事、3. 地区別理事の3種の投票用紙に、同一氏名を重複記名することができる。

第11条　当選者の決定は、以下のように行われる。

1)　全国区理事は、上位から9位まで（会長当選者が含まれる場合、順位繰り上げ）

2)　地区別理事は、当該地区所属会員の、上位2名まで（会長・全国区理事当選者が含まれる場合、順位繰り上げ）

第4款　選挙管理委員会

第12条　役員の選挙を行うため、選挙管理委員会（以下、委員会）を置く。委員会は、3名の会員をもって構成する。

第13条　委員会の委員は、理事会の推薦により会長が委嘱する。

第14条　委員会は、次の事務を行う。

ア　有権者の確認

イ　被選挙人名簿の確認

ウ　選挙通知の作成

エ　開票

オ　当選者・次点者の決定
　　カ　理事会、総会への報告

※申し合わせ事項
役員選挙規程第8条における「地区」は以下の区分による。
「北海道・東北」＝北海道・青森・岩手・秋田・山形・宮城・福島の各道県。
「関東」＝茨城・千葉・群馬・栃木・埼玉・東京・神奈川の各都県。
「中部」＝山梨・静岡・長野・新潟・福井・富山・石川・愛知・岐阜の各県。
「近畿」＝滋賀・京都・大阪・三重・和歌山・奈良・兵庫の各府県。
「中国・四国」＝広島・岡山・鳥取・島根・山口・香川・愛媛・徳島・高知の各県。
「九州」＝福岡・佐賀・長崎・大分・熊本・宮崎・鹿児島・沖縄の各県。

日本教育制度学会役員一覧

2018 年 10 月 19 日

顧問：桑原 敏明 （筑波大学名誉教授）

会長：清水 一彦 （山梨県立大学）

理事（全国区）：大谷 奨 （筑波大学）　　　大桃 敏行 （学習院女子大学）

　　　　　　　小野田 正利（大阪大学）　　　窪田 眞二 （常葉大学）

　　　　　　　坂田 仰 （日本女子大学）　　　高橋 寛人 （横浜市立大学）

　　　　　　　藤井 穂高 （筑波大学）　　　　藤田 晃之 （筑波大学）

　　　　　　　元兼 正浩 （九州大学）

理事（地区別）：青木 栄一 （東北大学）　　　宮腰 英一 （東北大学）

　　　　　　　荒川 麻里 （白鴎大学）　　　　池田 賢市 （中央大学）

　　　　　　　木岡 一明 （名城大学）　　　　南部 初世 （名古屋大学）

　　　　　　　大脇 康弘 （関西福祉科学大学）　山下 晃一 （神戸大学）

　　　　　　　古賀 一博 （広島大学）　　　　滝沢 潤 （広島大学）

　　　　　　　高妻 紳二郎（福岡大学）　　　　上寺 康司 （福岡工業大学）

課題研究指名理事

制度原理：　　　前原 健二 （東京学芸大学）　　〔元兼〕

幼児教育：　　　秋川 陽一 （関西福祉大学）　　〔坂田〕

義務教育：　　　高橋 哲 （埼玉大学）　　　　〔宮腰〕

後期中等教育：　服部 憲児 （京都大学）　　　　〔大脇〕

高等教育：　　　沖 清豪 （早稲田大学）　　　〔上寺〕

教員制度：　　　藤原 文雄 （国立教育政策研究所）〔山下〕

教育行財政：　　末富 芳 （日本大学）　　　　〔青木〕

教育経営：　　　押田 貴久 （兵庫教育大学）　　〔滝沢〕

生涯学習：　　　背戸 博史 （琉球大学）　　　　〔大桃〕

　※亀甲括弧内は各課題研究の選出理事

監査：中村　　裕（聖徳大学短期大学部）　　　山田 朋子（女子美術大学短期大学部）

事務局担当

事務局長：　　　藤井 穂高

事務局次長：　　大谷　　奨

幹　事：　　　　本田 辰雄（筑波大学大学院）

幹　事：　　　　小牧 叡司（筑波大学大学院）

HP 担当：　　　和賀　　崇（岡山大学）

事務局住所：〒 305-8572

　　　　　　茨城県つくば市天王台 1-1-1

　　　　　　筑波大学人間系教育学域教育制度研究室

　　　　　　TEL/FAX：029-853-7382/7392　E-mail: jseso1993@gmail.com

　　　　　　HP: http://www.gakkai.ac/jseso/

日本教育制度学会紀要編集規程

1. 日本教育制度学会紀要『教育制度学研究』は、日本教育制度学会の機関誌で、原則として、1年に1回発行する。
2. 本紀要には教育制度学及びそれに関連する研究に関する未公刊の論文・資料・書評などの他、学会会務報告書その他会員の研究活動についての記事を編集掲載する。
3. 編集委員の定員は、原則として、編集委員長・副委員長を除き、10名程度とする。編集委員の任期は3年とする。ただし、再任を妨げない。
4. 編集委員長・副委員長は理事から選出する。編集委員長は編集委員会を代表し、編集委員会会務をつかさどる。編集委員長に事故ある時は、会長の委嘱により編集委員の一人がその職務を代行する。
5. 編集委員は、理事会において決定し、会長が委嘱する。
6. 編集業務を担当するために、編集委員会事務局を組織し、そこに編集幹事を若干名おく。編集幹事は編集委員長が委嘱する。
7. 本紀要に論文を掲載しようとする会員は、所定の論文投稿規程に従い、紀要編集委員会事務局宛に送付するものとする。
8. 論文の掲載は、紀要編集委員会の会議において決定する。
9. 本紀要に掲載した原稿は原則として返還しない。抜き刷りは自己負担とする。

　付則　本規程は1994年8月10日から施行する。

日本教育制度学会著作権規程

施行 2015 (平成27)年11月8日

1. この規程は、著作権の帰属と著作物の利用基準を定め、日本教育制度学会紀要 (以下、紀要と呼ぶ) の電子化 (インターネット上での公開) 事業とその運用を適正に行うことを目的とする。

2. 紀要の電子化の対象は、原則として、紀要に掲載されたすべての著作物とする。

3. 著作権 (著作権法21条から第28条に規定されているすべての権利を含む。) は学会に帰属するものとする。

4. 学会は、著作者自身による学術目的等での利用 (著作者自身による編集著作物への転載、掲載、WWW による公衆送信、複写して配布等を含む。) を許諾する。著作者は、学会に許諾申請する必要がない。ただし、刊行後1年間は、WWW による公衆送信については、原則として許諾しない。また、学術目的等での利用に際しては、出典 (論文・学会誌名、号・頁数、出版年) を記載するものとする。

5. 著作者が所属する機関の機関リポジトリでの公開については、刊行1年後に限って無条件で許諾する。著作者自身および著作者が所属する機関による許諾申請をする必要がない。ただし、出典は記載するものとする。

6. 第三者から論文等の複製、翻訳、公衆送信等の許諾申請があった場合には、著作者の意向を尊重しつつ、理事会において許諾の決定を行うものとする。

『教育制度学研究』投稿規程

2014年12月1日

1. 投稿募集

(1) 投稿の種別は、「自由研究論文」および「研究情報」の2つとする。

(2) 投稿原稿は未発表のものに限る。ただし、口頭発表したものについてはこの限りではない。二重投稿は一切認めない。

(3) 投稿原稿は、原則として日本語で執筆すること。

2. 投稿資格

(1) 日本教育制度学会員は投稿資格を有する。

(2) 非会員の投稿も受理するが、事前に入会手続きを踏むこと。

3. 掲載種別

(1) 掲載する論文等の種別は、次の通りとする。次に掲げるもの以外の掲載については、日本教育制度学会紀要編集委員会（以下、編集委員会）がこれを決定する。

(2) 自由研究論文：教育制度にかかわる研究成果をまとめたもの

(3) 研究ノート：教育制度にかかわる史資料の紹介に重点をおきつつ考察を加えたもの、または萌芽的もしくは提言的な研究を記したもの

(4) 研究情報（研究動向・国内最新情報・国外最新情報）：教育制度にかかわる研究動向、または最新情報を整理し、紹介したもの

4. 掲載の可否

(1) 投稿原稿の掲載の可否は、編集委員会が決定し、投稿者に通知する。

(2) 編集委員会は、投稿原稿の修正を求める場合がある。

(3) 編集委員会は、「自由研究論文」への投稿原稿について、「研究ノート」への種別変更を投稿者に促す場合がある。

5. 投稿様式

(1) 投稿原稿の字数制限は、「自由研究論文」18,000字、「研究情報」10,000字とする。

(2) 字数制限には、タイトル、脚注、図表等を含める。

(3) 投稿原稿には、「投稿申請書」を必ず添付する。「投稿申請書」には、タイ

トル（日本語および英語）、キーワード（日本語で5つ程度）、連絡先等をすべて記入すること。

(4) 「自由研究論文」には、400words 以内の「英文摘要」を添付すること。

6. 執筆要領

「『教育制度学研究』執筆要領」に従い、執筆すること。

7. 提出期限

投稿原稿の提出期限は、3月末日必着とする。

8. 提出方法

(1) 原則として、Eメールの添付ファイルにて、投稿原稿および「投稿申請書」を提出すること。

〈提出先メールアドレス：seido@human.tsukuba.ac.jp〉

(2) 添付ファイルの容量が2,000KBを超える場合には、事前に編集委員会へ連絡すること。

(3) 提出後、2日以内に受領確認メールが届かない場合には、編集委員会へ連絡すること。

〈連絡先〉日本教育制度学会紀要編集委員会事務局

〒305-8572 茨城県つくば市天王台1-1-1 筑波大学人間系教育学域

E-mail: seido@human.tsukuba.ac.jp

紀要編集委員会

（○：常任編集委員）

委員長	○高橋 寛人（横浜市立大学）	
副委員長	○高妻 紳二郎（福岡大学）	
委員	秋川 陽一（関西福祉大学）	○井深 雄二（大阪体育大学）
	大谷　奨（筑波大学）	○窪田 眞二（常葉大学）
	久保 富三夫（立命館大学）	佐々木 幸寿（東京学芸大学）
	佐々木 司（山口大学）	佐藤 修司（秋田大学）
	○猿田 真嗣（常葉大学）	○日永 龍彦（山梨大学）
	○藤井 佐知子（宇都宮大学）	山村　滋（大学入試センター）

英文校閲	セシリア・池口（筑波学院大学）
編集幹事長	小野瀬 善行（宇都宮大学）
編集幹事	星野 真澄（筑波大学）

編集後記

　『教育制度学研究』第25号は、今期編集委員会として皆様にお届けする最初の学会紀要です。昨年の大会から編集委員会のメンバーがかわりました。前期は藤田晃之委員長のもと、「研究ノート」が新設され、「研究動向」「国内最新情報」「国外最新情報」が各1本掲載に変更となりました。また、会員外の方々にも広くお読みいただけるよう、（株）東信堂からの発行として通常の書籍市販ルートに載せることとなりました。このような刷新を今期委員会でも踏襲して、第25号を作成してまいりました。

　本号の特集テーマは「教員養成・研修制度の変革を問う」と致しました。2015年に中央教育審議会が「これからの学校教育を担う教員の資質能力の向上について～学び合い、高め合う教員育成コミュニティの構築に向けて～」を答申、これを受けて翌年、教育公務員特例法、教育職員免許法、独立行政法人教員研修センター法等が改正されました。今回の改革の経緯・内容と課題、教員研修改革の問題点、諸外国との比較からの検討を、それぞれ田子健会員、久保富三夫会員、佐藤仁会員に執筆いただきました。

　『教育制度学研究』は、「特集論文」「自由研究論文」、「研究ノート」「研究動向」「国内最新情報」「国外最新情報」の他にも、「大会シンポジウム」、複数の「課題別セッション」、「書評」など様々種類の論稿で構成されています。本号の執筆者はおよそ40名を数えました。皆様方には深く御礼申し上げます。

　「自由研究論文」に14論文の投稿がありました。これらの論文に対して、第1次査読を3名の委員、再査読を4名の委員で行い、一部の論文にはさらに再々査読も加えて厳正な審査を行いました。その結果、「自由研究論文」として4論文、「研究ノート」として2論文を掲載するに至りました。査読にあたられた委員の方々にも深く御礼申し上げます。

　編集委員は大幅に交代しましたが、編集幹事は前期とかわらず小野瀬善行編集幹事長と星野真澄幹事に担当していただきました。これまでの経験をいかして、執筆者や編集委員への連絡など煩雑な業務を、いつも迅速かつ的確に遂行してくれています。お二人の力なしには、本号を刊行することはできませんでした。大変有り難うございました。

　最後になりましたが、やはり前号に引き続いて本号の刊行にご尽力をいただいた東信堂社長の下田勝司氏にも感謝の意を表します。

紀要編集委員長　髙橋　寛人

教育制度学研究 第25号 2018年11月20日発行 ISSN2189-759X
　編　集　日本教育制度学会紀要編集委員会
　発行者　日本教育制度学会（会長 清水一彦）
　発行所　株式会社　東信堂

　日本教育制度学会事務局　〒305-8572　つくば市天王台1-1-1
　　　　　　　　　　　　　筑波大学人間系教育学域教育制度研究室気付
　　　　　　　　　　　　　TEL/FAX 029-853-7382/7392
　　　　　　　　　　　　　振替 00150-7-429667
　　　　　　　　　　　　　Email jseso1993@gmail.com

　株式会社　東信堂　　　　〒113-0023　東京都文京区向丘1-20-6
　　　　　　　　　　　　　TEL/FAX 03-3818-5521/5514
　　　　　　　　　　　　　Email tk203444@fsinet.or.jp

ISBN978-4-7989-1527-2　C3037

日本教育制度学会創立20周年記念出版

現代教育制度改革への提言〈全2巻〉

日本教育制度学会記念出版編集委員会編

上下巻・各Ａ5判・上製・本体二八〇〇円
二〇一三年一一月刊

【本書の特徴】
〇学会創立後20年間の研究・体験の蓄積を踏まえ、今日のわが教育制度を、教育制度の原理はじめ初期教育から高等教育、さらに教育経営・行政制度に至る9分野に分け、その現状・問題点・課題を総括。
〇今日のグローバル化した世界に対応しうる「自立力」と「共生力」を備えた人材育成のため、「現在形」から「未来形」へと視野を拡げ、具体的かつ実現可能な教育制度の設計・構築・改革への方途を追究。
〇各章編集チーム延べ32名、執筆者延べ45名──学会の総力を挙げた編集・執筆体制のもと、全員が各専門分野の知見を傾注した、記念出版にふさわしい必備の労作。

主要目次

※〔 〕内は各章編集チーム（◎チーム代表）、（ ）内は執筆者

〔上巻〕

はじめに（清水一彦）

序　章　教育制度学のすすめ（桑原敏明）

第1章　教育制度の諸原理〔佐藤修司・清水一彦・藤井穂高・藤田晃之・荒川麻里〕
1教育制度における教育権論の課題と展望（佐藤修司）／コラム（江幡裕・青木栄一）

第2章　初期教育制度〔秋田喜代市・藤井穂高・元兼正浩〕
1子どもの権利保障から見た初期教育制度の課題（秋田喜代一）／2幼児教育義務化論（藤井穂高）／3初期教育制度と保育・教育自治論（伊藤良高）／コラム（梨子千代美）

第3章　義務教育制度〔南部初世・窪田眞二・高橋寛人〕
1義務教育諸学校の評価制度構築上の課題（窪田眞二）／2義務教育段階における学校間連携・接続の課題と展望（南部初世）／3周辺的

〇教育理念の課題（池田賢市）／コラム（半田勝久・澤田裕之）／2教育の機会均等の課題（池田賢市）／コラム（半田勝久・澤田裕之）／2教育の機

〔下巻〕

第4章　後期中等教育制度〔◎亀井浩明・大脇康弘・井深雄二〕
1「最若年移行困難層」への支援制度の拡充・藤田晃之）／2高校教育改革の展望（山崎保寿）／3適切なる「学習評価」と「グローバル人材育成」としての「学力向上」〔桑原哲史〕／4改革への見解と提言（亀井浩明）／コラム（福野裕美・松原悠・大脇康弘）

第5章　高等教育の革新と質保障〔山田礼子・◎清水一彦・大桃敏行〕
1大学単位制度の再構築（清水一彦）／2学修評価制度の改革提言（溝上智恵子）／3学習支援に関する政策提言（山田礼子）／コラム（黄海玉・和賀崇・戸田千速）

第6章　教員制度〔◎山下晃一・小野田正利・八尾坂修〕
1教員制度改革の争点と展望（山下晃一）／2対保護者トラブルに遭遇する教職員への支援体制の現状と課題（小野田正利）／コラム（大脇康弘）

第7章　専門教育・生涯教育制度〔◎背戸博史・宮腰英一・荻原克男〕
1専門職制の強化と市民協働（泉山靖人）／2生涯教育施策の課題と展望（背戸博史）／3コミュニティ形成としての生涯学習活動（吉原美那子）／コラム（荒川麻里）

第8章　看護教育・福祉教育制度〔三宮皓・河野和清・◎高瀬淳〕
1看護養成機関の多様性とカリキュラム（佐々木幾美）／2看護・医療・福祉職の資格制度と専門職性（中嶋一恵・大町いづみ・楠木伊津美）／3「健康権」を保障する看護・福祉教育制度の意義と課題（高瀬淳・住岡敏弘）／コラム（坂田仰・中嶋哲彦）

第9章　教育経営・行政制度〔福本みちよ・◎坂田仰・中嶋哲彦〕
1学校教育の法化現象とスクール・コンプライアンス（坂田仰）／2現代資本主義国家における教育行政とその改革（中嶋哲彦）／3学校改善に向けた学校支援制度の構築（福本みちよ）／コラム（吉田武大）

〔附録〕日本教育制度学会20年の歩み

成果からみた学校運営協議会の意義と課題（佐藤晴雄）／コラム（星野真澄）

〒 113-0023 東京都文京区向丘 1-20-6
http://www.toshindo-pub.com
東信堂
TEL03-3818-5521　FAX03-3818-5514
Email tk203444@fsinet.or.jp　価格税込

東信堂

ネオリベラル期教育の思想と構造
―書き換えられた教育の原理　福田誠治　六二〇〇円

アメリカ公立学校の社会史
―コモンスクールからNCLB法まで　W・J・リース著　小川佳万・浅沼茂監訳　四六〇〇円

アメリカ 間違いがまかり通っている時代
―公立学校の企業型改革への批判と解決法　D・ラヴィッチ著　末藤美津子訳　三八〇〇円

教育による社会的正義の実現
―〔アメリカの挑戦1945-1980〕　D・ラヴィッチ著　末藤美津子訳　五六〇〇円

学校改革抗争の100年
―20世紀アメリカ教育史　D・ラヴィッチ著　末藤・宮本・佐藤訳　六四〇〇円

現代学力テスト批判
―実態調査・思想・認識論からのアプローチ　北野　秋男　小笠原喜康　下司　晶　編著　二七〇〇円

ポストドクター
―若手研究者養成の現状と課題　北野秋男編著　二八〇〇円

日本のティーチング・アシスタント制度
―大学教育の改善と人的資源の活用　北野秋男　三六〇〇円

現代アメリカの教育アセスメント行政の展開
―マサチューセッツ州（MCASテスト）を中心に　北野秋男編　四八〇〇円

アメリカ公民教育におけるサービス・ラーニング　唐木清志　四六〇〇円

【増補版】現代アメリカにおける学力形成論の展開
―スタンダードに基づくカリキュラムの設計　石井英真　四六〇〇円

ハーバード・プロジェクト・ゼロの芸術認知理論とその教育戦略
―内なる知性とクリエイティビティを育むハワード・ガードナーの教育戦略　池内慈朗　六五〇〇円

アメリカにおける学校認証評価の現代的展開　浜田博文編著　二八〇〇円

アメリカにおける多文化的歴史カリキュラム　桐谷正信　三六〇〇円

現代教育制度改革への提言 上・下　日本教育制度学会編　各二八〇〇円

日本の教育をどうデザインするか　村田翼夫　上田学　岩槻知也　編著　二八〇〇円

現代日本の教育課題
―二十一世紀の方向性を探る　村田翼夫　上田学　編著　二八〇〇円

日本の教育制度と教育行政（英語版）　関西教育行政学会編　二五〇〇円

バイリンガルテキスト現代日本の教育　村田翼夫　山口満　編著　三八〇〇円

人格形成概念の誕生
―近代アメリカの教育概念史　田中智志　三六〇〇円

社会性概念の構築
―アメリカ進歩主義教育の概念史　田中智志　三八〇〇円

グローバルな学びへ
―協同と刷新の教育　田中智志編著　二〇〇〇円

学びを支える活動へ
―存在論の深みから　田中智志編著　二〇〇〇円

社会形成力育成カリキュラムの研究　西村公孝　六五〇〇円

〒113-0023　東京都文京区向丘1-20-6　TEL 03-3818-5521　FAX03-3818-5514　振替 00110-6-37828
Email tk203444@fsinet.or.jp　URL http://www.toshindo-pub.com/

※定価：表示価格（本体）＋税

東信堂

大学教学マネジメントの自律的構築 ―主体的学びへの大学創造二〇年史	関西国際大学編	二八〇〇円
学修成果への挑戦 ―地方大学からの教育改革	濱名篤	二四〇〇円
転換期を読み解く ―大学と時評・書評集	潮木守一	二六〇〇円
大学再生への具体像 ―大学とは何か【第二版】	潮木守一	二四〇〇円
リベラル・アーツの源泉を訪ねて	潮木守一	三二〇〇円
「大学の死」、そして復活	絹川正吉	二八〇〇円
大学教育の思想 ―学士課程教育のデザイン	絹川正吉	二八〇〇円
大学教育の在り方を問う	絹川正吉	二八〇〇円
北大 教養教育のすべて ―エクセレンスの共有を目指して	小笠原正明・安部有生・細川敏幸 編著	二三〇〇円
国立大学法人の形成	大﨑仁	三七〇〇円
検証 国立大学法人化と大学の責任 ―その制定過程と大学自立への構想	田中弘允・佐藤博明・田原博人 著	四二〇〇円
国立大学・法人化の行方 ―自立と格差のはざまで	天野郁夫	二六〇〇円
国立大学職員の人事システム ―管理職への昇進と能力開発	渡辺恵子	二六〇〇円
教育と比較の眼	江原武一	三六〇〇円
大学は社会の希望か ―大学改革の実態からその先を読む	江原武一	二六〇〇円
転換期日本の大学改革 ―アメリカとの比較	江原武一	三六〇〇円
大学の管理運営改革 ―日本の行方と諸外国の動向	江原武一 編	三六〇〇円
大学経営・政策入門	東京大学 大学経営・政策コース編	二四〇〇円
大学経営とマネジメント	新藤豊久	二五〇〇円
大学戦略経営の核心	篠田道夫	三六〇〇円
戦略経営Ⅲ 大学事例集	篠田道夫	三六〇〇円
大学戦略経営論 ―中長期計画の実質化によるマネジメント改革	篠田道夫	三六〇〇円
カレッジ（アン）バウンド ―米国高等教育の現状と近未来のパノラマ	J・J・セリンゴ 著／船守美穂 訳	三四〇〇円
大学の財政と経営	丸山文裕	三四〇〇円
米国高等教育の拡大する個人寄付	福井文威	三六〇〇円
私立大学マネジメント	(社)私立大学連盟編	四七〇〇円
私立大学の経営と拡大・再編 ―一九八〇年代後半以降の動態	両角亜希子	四二〇〇円
学長奮闘記 ―学長変われば大学変えられる	岩田年浩	二〇〇〇円
大学のカリキュラムマネジメント	中留武昭	三三〇〇円

〒113-0023　東京都文京区向丘 1-20-6　　TEL 03-3818-5521　FAX03-3818-5514　振替 00110-6-37828
Email tk203444@fsinet.or.jp　URL:http://www.toshindo-pub.com/

※定価：表示価格（本体）＋税

東信堂

学生エリート養成プログラム
—日本、アメリカ、中国　北垣郁雄編著　三六〇〇円

韓国の才能教育制度
—その構造と機能　石川裕之　三八〇〇円

トランスナショナル高等教育の国際比較—留学概念の転換　杉本 均編著　三六〇〇円

チュートリアルの伝播と変容
—イギリスからオーストラリアの大学へ　竹腰千絵　二八〇〇円

[新版]オーストラリア・ニュージーランドの教育
—グローバル社会を生き抜く力の育成に向けて　青木麻衣子 佐藤博志 編著　二〇〇〇円

戦後オーストラリアの高等教育改革研究　本柳とみ子　三六〇〇円

オーストラリアのグローバル教育の理論と実践
—開発教育研究の継承と新たな展開　木村 裕　三六〇〇円

オーストラリアの教員養成とグローバリズム
—多様性と公平性の保証に向けて　杉本和弘　五八〇〇円

オーストラリア学校経営改革の研究
—自律的学校経営とアカウンタビリティ　佐藤博志　三八〇〇円

オーストラリアの言語教育政策
—多文化主義における「多様性と」「統一性」の揺らぎと共存　青木麻衣子　三八〇〇円

英国の教育　日英教育学会編　三四〇〇円

イギリスの大学—対位線の転移による質的転換　秦由美子　五八〇〇円

統一ドイツ教育の多様性と質保証
—日本への示唆　坂野慎二　二八〇〇円

ドイツ統一・EU統合とグローバリズム
—教育の視点からみたその軌跡と課題　木戸 裕　六〇〇〇円

教育における国家原理と市場原理
—チリ現代教育史に関する研究　斉藤泰雄　三八〇〇円

中央アジアの教育とグローバリズム　嶺井明子編著　川野辺敏　三三〇〇円

インドの無認可学校研究
—公教育を支える「影の制度」　小原優貴　三三〇〇円

タイの人権教育政策の理論と実践
—人権と伝統的多様な文化との関係　馬場智子　二八〇〇円

バングラデシュ農村の初等教育制度受容　日下部達哉　三六〇〇円

マレーシア青年期女性の進路形成　鴨川明子　四七〇〇円

東アジアにおける留学生移動のパラダイム転換
—大学国際化と「英語プログラム」の日韓比較　嶋内佐絵　三六〇〇円

〒113-0023　東京都文京区向丘1-20-6　TEL 03-3818-5521　FAX03-3818-5514　振替 00110-6-37828
Email tk203444@fsinet.or.jp　URL:http://www.toshindo-pub.com/

※定価：表示価格（本体）＋税

東信堂

書名	著者	定価
リーディングス 比較教育学 —多様性の教育学へ／比較教育学 地域研究	近藤孝弘・中矢礼美・西野節男 編著	三七〇〇円
比較教育学事典	日本比較教育学会編	一二〇〇〇円
比較教育学の地平を拓く	山田肖子・森下稔 編著	四六〇〇円
比較教育学—越境のレッスン	馬越徹 編著	三六〇〇円
国際教育開発の研究射程—伝統〈挑戦〉新しいパラダイムを求めて「持続可能な社会のための比較教育学の最前線」	M・ブレイ編著／馬越徹・大塚豊監訳	三八〇〇円
国際教育開発の再検討—途上国の基礎教育普及に向けて	小川啓一・北村友人 編著	二八〇〇円
ペルーの民衆教育—「社会を変える」教育の変容と学校での受容	工藤瞳	三三〇〇円
アセアン共同体の市民性教育	平田利文 編著	三七〇〇円
市民性教育の研究—日本とタイの比較	平田利文 編著	四二〇〇円
社会を創る市民の教育—協働によるシティズンシップ教育の実践	桐谷正信・大友秀明 編著	二五〇〇円
アメリカにおける多文化的歴史カリキュラム	桐谷正信	三六〇〇円
アメリカ公民教育におけるサービス・ラーニング	唐木清志	四六〇〇円
発展途上国の保育と国際協力	浜野隆・三輪千明 著	三八〇〇円
中国における大学奨学金制度と評価	王帥	三〇〇〇円
中国教育の文化的基盤	顧明遠著／大塚豊監訳	二九〇〇円
中国大学入試研究—変貌する国家の人材選抜	大塚豊	三六〇〇円
東アジアの大学・大学院入学者選抜制度の比較—中国・台湾・韓国・日本	南部広孝 編著	三三〇〇円
中国高等教育独学試験制度の展開	南部広孝	三六〇〇円
中国の職業教育拡大政策—背景・実現過程・帰結	劉文君	五四〇〇円
中国の高等教育の拡大と教育機会の変容	王文亮	五〇四八円
中国の素質教育と教育機会の平等に関する事例研究—都市と農村の小学校の事例を手がかりとして	代玉	三三〇〇円
現代中国初中等教育の多様化と教育改革	楠山研	三六〇〇円
グローバル人材育成と国際バカロレア—アジア諸国のIB導入実態	李霞 編著	二九〇〇円
韓国大学改革のダイナミズム—ワールドクラス〈WCU〉への挑戦	馬越徹	二七〇〇円
文革後中国基礎教育における「主体性」の育成	李霞	二八〇〇円

〒113-0023　東京都文京区向丘1-20-6　TEL 03-3818-5521　FAX03-3818-5514　振替 00110-6-37828
Email tk203444@fsinet.or.jp　URL:http://www.toshindo-pub.com/

※定価：表示価格（本体）＋税

溝上慎一 監修　アクティブラーニング・シリーズ（全7巻）

東信堂

アクティブラーニング・シリーズ

①アクティブラーニングの技法・授業デザイン　水野正朗 編　一六〇〇円
②アクティブラーニングとしてのPBLと探究的な学習　安野舞子 編　一八〇〇円
③アクティブラーニングの評価　松下佳代・石井英真 編　一六〇〇円
④高等学校におけるアクティブラーニング：理論編（改訂版）　溝上慎一 編　一六〇〇円
⑤高等学校におけるアクティブラーニング：事例編　溝上慎一 編　二〇〇〇円
⑥アクティブラーニングをどう始めるか　成田秀夫　一六〇〇円
⑦失敗事例から学ぶ大学でのアクティブラーニング　亀倉正彦　一六〇〇円

学びと成長の講話シリーズ

①アクティブラーニング型授業の基本形と生徒の身体性　溝上慎一　二八〇〇円
②学習とパーソナリティ──「あの子はおとなしいけど成績はいいんですよね。」をどう見るか　溝上慎一　一六〇〇円

大学生白書2018
──今の大学教育では学生を変えられない　溝上慎一　二八〇〇円

アクティブラーニングと教授学習パラダイムの転換
──グローバル社会における日本の大学教育　溝上慎一 編著　三八〇〇円

大学のアクティブラーニング
──全国大学調査からみえてきた現状と課題　河合塾編著　三三〇〇円

「学び」の質を保証するアクティブラーニング
──3年間の全国大学調査から　河合塾編著　二〇〇〇円

「深い学び」につながるアクティブラーニング
──全国大学の学科調査報告とカリキュラム設計の課題　河合塾編著　二八〇〇円

アクティブラーニングでなぜ学生が成長するのか
──経済系・工学系の全国大学調査からみえてきたこと　河合塾編著　二八〇〇円

附属新潟中式「3つの重点」を生かした確かな学びを促す授業
──教科独自の眼鏡を育むことが、「主体的・対話的で深い学び」の鍵となる！　新潟大学教育学部附属新潟中学校 編著　二〇〇〇円

社会に通用する持続可能なアクティブラーニング
──ICEモデルが大学と社会をつなぐ　土持ゲーリー法一　二〇〇〇円

ポートフォリオが日本の大学を変える
──ティーチング/ラーニング/アカデミック・ポートフォリオの活用　土持ゲーリー法一　二五〇〇円

ティーチング・ポートフォリオ──授業改善の秘訣　土持ゲーリー法一　二〇〇〇円

ラーニング・ポートフォリオ──学習改善の秘訣　土持ゲーリー法一　二五〇〇円

〒113-0023　東京都文京区向丘1-20-6　　TEL 03-3818-5521　FAX03-3818-5514　振替 00110-6-37828
Email tk203444@fsinet.or.jp　URL:http://www.toshindo-pub.com/

※定価：表示価格（本体）＋税